本书得到中国青年政治学院出版基金资助

中/青/文/库

产权结构化
与公共产权改革

吉富星◎著

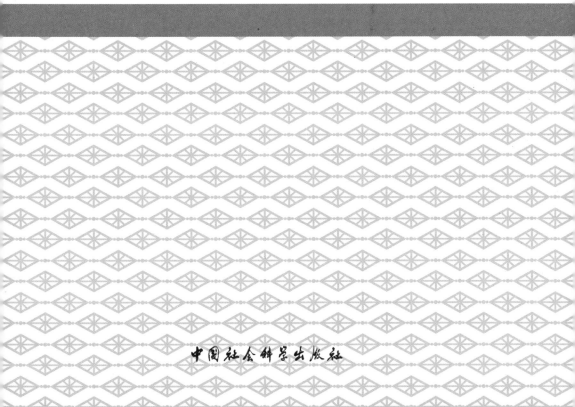

中国社会科学出版社

图书在版编目（CIP）数据

产权结构化与公共产权改革／吉富星著 . —北京：中国社会科学
出版社，2016.5
ISBN 978 - 7 - 5161 - 8040 - 2

Ⅰ.①产… Ⅱ.①吉… Ⅲ.①产权—经济体制改革—研究—
中国 Ⅳ.①F121

中国版本图书馆 CIP 数据核字（2016）第 084328 号

出 版 人	赵剑英
责任编辑	李炳青
责任校对	张依婧
责任印制	李寡寡

出　　版	中国社会科学出版社
社　　址	北京鼓楼西大街甲 158 号
邮　　编	100720
网　　址	http://www.csspw.cn
发 行 部	010 - 84083685
门 市 部	010 - 84029450
经　　销	新华书店及其他书店

印　　刷	北京君升印刷有限公司
装　　订	廊坊市广阳区广增装订厂
版　　次	2016 年 5 月第 1 版
印　　次	2016 年 5 月第 1 次印刷

开　　本	710 × 1000　1/16
印　　张	14.5
插　　页	2
字　　数	249 千字
定　　价	52.00 元

《中青文库》编辑说明

　　《中青文库》，是由中国青年政治学院着力打造的学术著作出版品牌。

　　中国青年政治学院的前身是 1948 年 9 月成立的中国共产主义青年团中央团校（简称中央团校）。为加速团干部队伍革命化、年轻化、知识化、专业化建设，提高青少年工作水平，为党培养更多的后备干部和思想政治工作专门人才，在党中央的关怀和支持下，1985 年 9 月，国家批准成立中国青年政治学院，同时继续保留中央团校的校名，承担普通高等教育与共青团干部教育培训的双重职能。学校自成立以来，坚持"实事求是，朝气蓬勃"的优良传统和作风，秉持"质量立校、特色兴校"的办学理念，不断开拓创新，教育质量和办学水平不断提高，为国家经济、社会发展和共青团事业培养了大批高素质人才。目前，学校是由教育部和共青团中央共建的高等学校，也是共青团中央直属的唯一一所普通高等学校。学校还是教育部批准的国家大学生文化素质教育基地、全国高校创业教育实践基地，是中华全国青年联合会和国际劳工组织命名的大学生 KAB 创业教育基地，是民政部批准的首批社会工作人才培训基地。学校与中央编译局共建青年政治人才培养研究基地，与国家图书馆共建国家图书馆团中央分馆，与北京市共建社会工作人才发展研究院和青少年生命教育基地。2006 年接受教育部本科教学工作水平评估，评估结论为"优秀"。2012 年获批为首批卓越法律人才教育培养基地。学校已建立起包括本科教育、研究生教育、留学生教育、继续教育和团干部培训在内的多形式、多层次的教育格局。设有中国马克思主义学院、青少年工作系、社会工作学院、法学院、经济管理学院、新闻传播学院、公共管理系、中国语言文学系、外国语言文学系9个教学院系，文化基础部、外语教学研究中心、计算机教学与应用中心、体育教学中心4个教学中心（部），中央团校教育培训学院、继续教育学院、国际教育交流学院等3个教育培训机构。

学校现有专业以人文社会科学为主，涵盖哲学、经济学、法学、文学、管理学、教育学6个学科门类，拥有哲学、马克思主义理论、法学、社会学、新闻传播学和应用经济学6个一级学科硕士授权点、1个二级学科授权点和3个类别的专业型硕士授权点。设有马克思主义哲学、马克思主义基本原理、外国哲学、思想政治教育、青年与国际政治、少年儿童与思想意识教育、刑法学、经济法学、诉讼法学、民商法学、国际法学、社会学、世界经济、金融学、数量经济学、新闻学、传播学、文化哲学、社会管理19个学术型硕士学位专业，法律（法学）、法律（非法学）、教育管理、学科教学（思政）、社会工作5个专业型硕士学位专业。设有思想政治教育、法学、社会工作、劳动与社会保障、社会学、经济学、财务管理、国际经济与贸易、新闻学、广播电视学、政治学与行政学、汉语言文学和英语13个学士学位专业，同时设有中国马克思主义研究中心、青少年研究院、共青团工作理论研究院、新农村发展研究院、中国志愿服务信息资料研究中心、青少年研究信息资料中心等科研机构。

在学校的跨越式发展中，科研工作一直作为体现学校质量和特色的重要内容而被予以高度重视。2002年，学校制定了教师学术著作出版基金资助条例，旨在鼓励教师的个性化研究与著述，更期之以兼具人文精神与思想智慧的精品的涌现。出版基金创设之初，有学术丛书和学术译丛两个系列，意在开掘本校资源与迻译域外精华。随着年轻教师的增加和学校科研支持力度的加大，2007年又增设了博士论文文库系列，用以鼓励新人，成就学术。三个系列共同构成了对教师学术研究成果的多层次支持体系。

十几年来，学校共资助教师出版学术著作百余部，内容涉及哲学、政治学、法学、社会学、经济学、文学艺术、历史学、管理学、新闻与传播等学科。学校资助出版的初具规模，激励了教师的科研热情，活跃了校内的学术气氛，也获得了很好的社会影响。在特色化办学愈益成为当下各高校发展之路的共识中，2010 年，校学术委员会将遴选出的一批学术著作，辑为《中青文库》，予以资助出版。《中青文库》第一批（15 本）、第二批（6 本）、第三批（6 本）、第四批（10 本）陆续出版后，有效展示了学校的科研水平和实力，在学术界和社会上产生了很好的反响。本辑作为第五批共推出 13 本著作，并希冀通过这项工作的陆续展开而更加突出学校特色，形成自身的学术风格与学术品牌。

在《中青文库》的编辑、审校过程中，中国社会科学出版社的编辑人员认真负责，用力颇勤，在此一并予以感谢！

目　录

第一章　导言

第一节　研究背景、研究范畴及选题的意义

一　研究背景

产权（Property Rights），亦即"财产权"，它是一个经济学范畴的概念，同时也是一个法学范畴的概念。一提到产权改革，人们大都自然而然地想到国有企业改革。事实上，我国改革开放以来的产权改革，率先从农村土地产权改革开始，但随后产权改革重心长期置于国企改革领域，然而，农村土地改革长期以来未有进一步的实质性突破。同时，自然资源与非经营性国有资产等多个公共领域的产权改革则相当滞后。不管是国企改革、农村土地改革，还是其他领域的产权改革不仅没有完成，并且已进入了"深水区"。正如苏轼的《晁错论》所言："天下之患，最不可为者，名为治平无事，而其实有不测之忧。"这些公有制领域的产权改革直接关系到我国当前政治、经济及社会领域的诸多问题，产权改革深化问题应引起我们的高度重视。

改革开放以前，我国基本沿用苏联时期"斯大林模式"下的"两种公有制"，即"一大二公三纯"的全民所有制形式和集体所有制形式。改革开放以后，我国积极探索公有制的有效实现形式，以国有企业改革为主线，开展了多个领域的产权改革。客观上讲，国有企业改革成效显著，但在改革的进程中出现了设租、寻租、资产流失和效率低下等现象。与此同时，近十多年来，产权改革的步伐变缓，有些领域甚至出现倒退现象。2008年国际金融危机爆发以来，关于国有企业的讨论再一次达到高潮。大体上有两类观点：一类是持批评或质疑的声音，如"国进民退""国企垄断""与民争利"等，认为国企做强做优反而不符合市场化改革取向，应限制国企扩展、甚至应推行私有化；另一类是担

忧的声音，认为公有制地位已被削弱，已出现严重私有化的改革倾向，坚称不仅不能放弃公有制的主导地位，反而应大力发展国有经济。事实上，从 20 世纪 90 年代以来，这种对立在理论上、实践上一直都存在。

在国家或集体公共所有的土地、矿产等资源领域也存在诸多产权改革的深层问题。我国宪法和《物权法》都规定了土地、矿藏、水流、海域和森林等大量的资源属于国家或集体所有。但这些资源进入市场普遍存在着不规范、非市场化或"伪市场化"现象，进而导致资源所产生的大量收益直接或间接流入了少数人腰包，引发了巨大的贫富差距、严重的社会不公、腐败等问题。对此，国家高度重视，2012 年 3 月在《政府工作报告》中首次正式提出"建立公共资源出让收益的全民共享机制"，2012 年 11 月《十八大报告》再次提出"建立公共资源出让收益合理共享机制"，2013 年 2 月国务院批转的《发展改革委等部门关于深化收入分配制度改革若干意见的通知》又一次提出。但从现实情况看，公共资源收益全民共享在现有基础上无法做到。

对我国而言，公私所有制都面临着寻求有效实现方式、产权改革深化的压力，其中，公共产权改革仍是当前产权改革的难点和重心。根据有关统计，2012 年年底我国经营性国有资产价值约 30 万亿元，资源性国有资产（国有土地、资源等）价值约 500 万亿元。这些巨额国有资产，到底产生了多少收益、流失了多少资产、如何支配和使用收益等仍是一笔"糊涂账"，民众普遍没有感受到切身受益，反倒更多是抱怨、甚至质疑。改革开放 30 多年以来，我国产权改革成绩斐然，但是，公有经济快速发展的背后也掩盖、累积了一些深层次矛盾。

中国与西方国家搞市场经济有相似之处，但历史条件和起点不同。西方发达国家基本都采用市场经济体制，税收是其财政收入主要来源，通常都在 80% 以上。中国是以公有制为主体的社会主义国家，政府既是社会的管理者，又是拥有大量国有资产的所有者或代表；前者主要体现为公共权力，主要收入为税收，后者主要体现为公有资产的所有者，主要获得公共产权收益。在深入推进社会主义市场经济进程中，离不开公共产权改革，当前的公共财政改革也无法绕过公共产权。

客观来讲，我国多个公共领域的产权改革问题依然，当前的产权改革大都触及深层次矛盾，公有制产权改革无论是理论上还是实践上都远远没有结束。作为公有制为主体的国家，这直接关系到公有制在经济层面如何落地？如何保证公有制实现形式的效率与公平？产权改革尤其是公共产权改革如何系统、深入推进？这些问题对处于转型发展期的中国而言，都需要在理论上和实践上作进一步探索。

二 研究对象和核心概念的界定

（一）所有制及所有制实现形式

长期以来，普遍性存在"所有制实现形式"等同于"所有制"本身的误区。实际上，这是两个相互联系但有区别的概念，前者侧重于微观层面经济运行，后者侧重于制度属性。

"所有制"是指一个社会或国家的基本经济制度，它是指占统治（主导）地位的生产资料的占有形式。所有制属于基本经济制度的层次，是生产关系范畴。"所有制实现形式"是指在经济运行过程中的具体经营方式或组织形式，是生产资料在出资关系与治理结构等社会微观层次上的具体体现。它是属于"中性"的范畴，与所有制和社会制度性质本身没有必然联系。

（二）所有权与产权

无论是在经济学界还是法学界，并没有统一的产权定义，但各种定义大都与所有权紧密相关。在英文中，Property 是财产、资产和所有物的总称，也可指地产、房地产等，Property Rights 或 Rights of Property 可以译为财产所有权、财权，简称为产权。《中华人民共和国民法通则》第 71 条的所有权是指：所有人依法对自己财产所享有的占有、使用、收益和处分的权利。所有权在大陆法系国家的财产法用语中极为重要，如 dominium（拉丁语）、propriété（法语）及 Eigentum（德语），用语基本类似，通常是指绝对权、全面支配权。

西方学者从多个视角对产权进行了定义，但也不存在一个统一的定义。西方制度经济学及产权学派代表人科斯认为，产权理论"所要决定的是存在的合法权利，而不是所有者拥有的合法权利"[1]。德姆塞茨从外部性的角度来界定产权的功能，他认为："产权是一种社会工具。它之所以有意义，就在于它使人们在与别人的交换中形成了合理的预期。

---

[1] ［美］罗纳德·哈里·科斯：《企业的性质》，盛洪、陈郁等译，上海三联书店 1990 年版。

产权的一个重要功能就是为实现外部效应的更大程度的'内部化'提供行动的动力。……谁拥有产权，他人就会允许他以某种方式行事。"①阿尔钦认为，产权是一个社会所强制实施的选择一种经济品的使用的权利。②总体上，西方产权的界定基本摆脱了"所有权"束缚，强调规则条件下的人们的自由选择权利，即"产权是一种通过社会强制而实现的对某种经济物品的多种用途进行选择的权利"③。这种界定侧重于人们对物的实际处置的权利。

"产权"这一概念很难准确定义，在我国通常有以下几类观点：第一类观点认为，产权就是所有权或等同于所有权，所有权可以从狭义或广义上来理解，即"所有权"是指人对资产的占有和支配关系（程恩富，1997；吴宣恭，1995；黄少安，1997）④；第二类观点认为，产权等同于物权，"不断扩展的物权观念，日益接近于我们表述的产权。因此产权观念可以作为发展的物权的目标参照"（吴易风，2007）⑤；第三类观点认为，产权是债权，"从广义上讲，产权包含两层含义，一是所有权，二是债权。……从狭义上讲，产权实际上就是债权……是所有权在市场运动中的一种动态的体现"（刘伟、平新乔，1998）；第四类观点认为，产权即财产权（王利明，1998）。产权是一种包含物权、债权以及由此衍生出的各种具体权利的复合财产权利。从目前来看，第四类观点为经济学界和法律界所普遍认可。

综上所述，产权界定上基本都在强调一组权利以及其经济性价值。本书产权界定大体采用西方的定义，产权即财产权，是一种通过社会强制而实现的对某种经济物品的多种用途进行选择的权利，是一组或一束权利（a bundle of rights）。实际上，产权的内涵及外延都远大于所有权、物权。产权直接体现为经济利益的权利，包括以所有权为主的物权、准物权以及债权和知识产权等权利，还包括了其他广泛性经济利

---

① H. Demsets（1967），"Toward a Theory of Property Rights"，American Economic Review，vol. 57. pp. 347. 中文译文参见《产权论》，载《经济学译丛》1989 年第 7 期。

② ［美］A. A. 阿尔钦：《产权：一个经典的注释》，载科斯等《财产权利与制度变迁》，上海三联书店、上海人民出版社 1994 年版。

③ ［英］约翰·伊特韦尔等编：《新帕尔格雷夫经济学大辞典》，经济科学出版社 1992 年版。

④ 程恩富：《西方产权理论评析》，当代中国出版社 1997 年版。

⑤ 吴易风：《产权理论：马克思和科斯的比较》，《中国社会科学》2007 年第 2 期。

益。此外，所有权、产权在历史变迁、各大法系演变过程中，均呈现不同的逻辑和进路，我们在后面做进一步探讨。

（三）公共产权及产权结构化

1. 公共产权

通常的产权分类是沿袭所有权的支配或归属思维，主要依据排他性程度进行划分，即将产权分为国有产权、共有产权及私有产权三大类，也是基于产权的主体（国家、多个主体共有、私人等）属性确定。其中，共有产权的主体范畴比较模糊，性质可能是多个私人集合，也可能是未做明确界定的泛主体，通常指复合型私人为主的产权。

公共产权尚无权威、统一的定义。本书的"公共产权"是以"公共"为前置条件，基于"国有资产"的定义和范畴为基础，从"权利"及其衍生角度来定义。公共产权比国有资产、公有制经济范畴更具广度和深度。公共产权首先是基于公共主体而言，但产权或"权利"可进行质和量的区分。

（1）资产、国有资产的界定

会计学的资产界定相对狭窄。美国财务会计准则委员会《财务报表的各种要素》中，资产（assets）是特定个体从已经发生的交易或事项所取得或加以控制的可能的未来经济利益。我国《企业会计准则——基本准则》中资产是指：企业过去的交易或者事项形成的及由企业拥有或控制的及预期会给企业带来经济利益的资源。总体上看，会计学上的"资产"定义严格，强调的是一种可为特定主体带来一定经济利益的经济资源。

对政府而言，政府资产和负债通常按照未来经济利益或服务潜能的流入或流出来界定。国际会计师联合会（IFAC）公共部门委员会（PSC）发布的《国际公共部门会计准则第 1 号——财务报表的列报》规定，政府资产是指政府会计主体通过过去的业务活动形成的、由会计主体拥有的或控制的、预期能够为主体带来未来经济利益或服务潜能的公共资源。资产自身的共同特征是服务潜力（service potencial）或未来经济利益（future economic benefit），其中，提供货物和服务、但并不直接产生净现金流量的资产，可称之为"服务潜能"，如一些公共品或服务，很难依据企业会计的"资产"来定义。

与会计学的资产概念有所不同，经济学意义上的资产概念并不强调收益在货币形态方面的可计量性，只要能够增进人们的效用价值，就应被认定为有经济收益。政府代表国家行使所有者、公共服务职能，也必须凭借一定的经济基础，对社会主义国家而言，政府掌控的各类国有资源比重更大一些。这些资源中，一部分符合会计上的资产定义，如国有资本、经营性资产；另一部分，如未开发的土地、自然资源、文物和文化资源等，存在会计确认、计量方面的困难，比较难纳入一般会计的资产范畴，但依然属于政府重要的资产。

国有资产是指国家所有的一切财产和财产权利，能为国家提供经济和社会效益的各种经济资源的总和。我国的国有资产，广义上涵盖经营性资产、非经营性资产和资源性资产等。其中，经营性国有资产又可细分为金融性国有资产（如国有银行、保险公司等）和生产经营性国有资产（如国有企业），非经营性国有资产可细分为行政性国有资产（如政府、党委、人大等）和事业性国有资产（如国有科研机构、医院、学校等）。资源性资产，包括如土地、森林和矿产等，文化、知识产权等亦可算在内。未作特别说明的国有资产概念，通常是指在狭义上的国有资产，即特指经营性资产。严格来讲，国有资产（state - owned assets）与国有资本（state—owned capital）是有所区别的，国有资本就是国有资产的价值表现形态，它是资本所有权所享有的一种权益。随着法律、经济发展，国有资产的概念也在调整，"权益"逐步取代了"资产"的概念。2009 年 5 月 1 日起施行的《中华人民共和国企业国有资产法》规定，国有资产是指国家对企业各种形式的出资所形成的权益。国有资产也逐步侧重于指资本及其权益，或者是企业价值形态的资产，与产权的"权利束"观点趋近。

（2）公共产权的界定

苏联、东欧等传统社会主义国家深受教条主义强烈影响，将经济学意义的公有制神化。长期以来，我国也深受苏联的强烈影响，无论相关立法还是理论界一般都将所有权分为国家所有权、集体所有权和公民个人所有权。比如宪法《民法通则》《物权法》等均是如此。

本书"公共"主要是对于"公共主体"而言，即政府、集体分别作为国有资产、集体资产的所有者或代表人。国际货币基金组织《2001 年政府财政统计手册》中，公共部门包括广义政府部门和公共公司。我国的广义政府包括党政机关、人大和政协等行政机关，还包括为数众多的事业单位。

基于以上，本书将产权形式大体分为三类：第一类是私人产权（private property rights），主要是指以自然人为主的私人拥有的产权或经济权利；第二类是共有产权或混合产权（common property rights），这是当前社会最主要的产权形式，主要表现为集合性主体、多元化主体拥有的产权或经济权利，可以是多个私人主体共同拥有某一产权或权利，也可以是公私主体共同拥有某一项产权或权利；第三类是公共产权（public property rights），即公有制主体（国家或集体）拥有的产权或经济权利，这一类产权可以单一公共主体拥有的形式独立存在，也可存在于第二类的混合产权之中。故此，公共产权可进行质或量的细分，单独国有或集体所有都可以，也可以是混合产权中细分的一部分。即本书的公共产权不是依据排他性程度或其他标准进行的线性排列划分，而是可进行一定范围的分割和交叉、混合。

本书的公共产权是指国家、集体拥有的权利或权益，主要包括自然资源（含土地）、国有企业（含金融企业）和非经营性国有资产等各类公有制基础上的所有权或资产，及其衍生的各类财产权或权利。本书研究的公共产权范畴大于国有企业，不仅包括有体物，还包括各类衍生的无体物，既包括国有资产、集体资产，又包括这些资产本身分解、衍生的各类权利（如使用权、收益权等）。本书为了简化分析，后续侧重于国家作为主体的公共产权研究。

2. 产权结构化

本书提出了"结构化"一词，即 structuring，将其作为一个动名词，而不是名词 structuralization 或 structure，也不是形容词 structural，旨在强调产权动态形成的过程，尤其是该概念的"动态性""博弈性"和"状态依赖性"。"产权结构化"是指，以所有权或各类权利自身为起点，各种权利进行不断裂变、流动、重组及衍生的过程，进而形成多种权利的有机联结、并呈现一种复杂的契约结构状态。产权结构化包括两类结构、两种类型，即宏观产权结构、微观产权结构，以及要素类产权结构化、经营主体类产权结构化。该概念及基于结构化的框架、范式作为本书逻辑和理论分析的重要基础。

（四）研究的问题

我国社会主义市场经济体制深入推进过程中，公共产权改革依然滞后，同时忽略了公共财政预算体系的完整性。我国数百万亿元的国有资产作为公有制的重要基础，并没有"封存"，而是以各种方式使用或进入市场。如何界定、使用、分配、处置以及保护这些国有资产，直到今天依然存在巨大的争议，产权改革经常陷入混乱、无序、僵化之中。

在我国诸多问题中，"公有制悬置"是一个深层基础性问题。其含义是指公有制存在于上层建筑（法律规定意识形态要求），但由于缺乏合理的制度安排、有效的运行机制而导致悬在半空中，未能落地成为强有力的经济基础。在经济运行中，公有制应得的权益、体现的效率与公平性均未真正得到充分的彰显。在理论上存在公共产权理论缺失，在实践上，尚未找到非常有效的公有制实现形式，也很难有他国成功的案例可以借鉴。即便是国有企业领域，新加坡的淡马锡模式备受推崇，但是我国国有资产体量是新加坡的数百倍，并且结构、功能非常复杂及资产质量差异很大，面临的体制、法律不一样，不可能复制。世界范围内没有现成的成功模式可以借鉴，产权改革远未结束，尤其是公共产权改革已进入攻坚期和深水区。

本书以公共产权作为研究对象，在讨论其范畴、历史、发展及现状与改革历程的基础上，探索有效的公有制实现形式、探讨深入推进公共产权改革这一重大政治、经济和社会命题。如何通过产权改革的深化，找到有效的公有制实现形式的路径，既能使公有制很好地与市场经济相容、发挥其经济效率，又能有助于共同富裕、完善公共产权制度与公共财政预算体系，这便是本书要探讨的问题。

三 选题的理论和现实意义

作为以公有制为主体的国家，我国产权改革的基础和起点与西方市场经济国家不同，公有制与市场经济结合也存在较大的难度。我国所有制实现形式、产权改革的难点和重点在于公有制的实现形式、公共产权改革。

公有制领域的产权改革普遍呈现碎片化与多轨制，存在沿袭计划经济和滥用市场经济、渐进式私有化倾向和寻租与腐败等特点。许多土地、矿产等公共资源处于无序和失控状态，从某种意义上讲，国家或集体所有权异化为部门、地方及个人所有。在一些领域公有制甚至于名存实亡，公有制在经济层面上的一个重要组成部分实际上被瓦解了。相当部分的公共产权所有者权益以及制度设计的初衷无法体现，形成了"跛脚"的市场经济体制。此情此景引致一些学者对公有制的攻击，认为公有制与市场经济不兼容，私有化主张一次次兴起。

公有制如何更好地促进共同富裕是我们当前必须直面的问题。对于搞公有制为主的社会主义中国而言，近年来收入差距问题十分严重。全国居民收入的基尼系数从 2003 年的 0.479 逐年攀升到 2008 年最高点的 0.491，经过近几年小幅度回落，降为 2012 年的 0.474，但均高于 0.4 的"国际警戒线"。总的来看，中国的基尼系数明显高于许多西方发达国家，也高于一些发展中或新兴经济体。

在改革开放初期，私有制差不多从零起步，在过去 30 多年的改革进程中，无论是部分私有化，还是股份制改革都为社会各个阶层普遍接受。尽管有争议，但这种"增量改革""渐进式改革"大体上得到主流认同。然而，目前阶段的国有企业在很多领域中总量已经"不占优"。尤其是一些沿海私有经济发达地区，国有经济成分基本上微乎其微。这时候，人们不禁要问：社会主义公有制的主体地位如何体现？公有制企业股份制改造的空间还有多大？对此我们一直缺乏清晰的认识、产权改革事实上存在左右摇摆！进一步改革则触及社会主义与公有制等一系列"大是大非"问题，不深化改革则社会和经济矛盾丛生，造成改也不是、不改也不是，产权改革形成"半拉子"工程、处于"僵持"状态。

公有制基础上的产权改革在实践上进入"深水区"、触及深层次矛盾，在理论上也基本仍然处于僵化、停滞状态。究其深层原因是公共产权制度的残缺，未找到公有制的有效实现形式。公有制与市场经济结合、有效实现形式等依然是一个全新的探索领域。公共产权改革也是全面改革深化的一个重要突破口和抓手，也是健全社会主义市场经济、基本经济制度的基础性理论。本书在探索有效的公有制实现形式、深入推进公共产权改革方面具有一定的理论创新和突破。尤其是公有制兼容市场经济、促进共同富裕和完善公共财政体制等方面上，具有较强的现实需要，并具有一定的理论意义。

第二节　国内外研究现状

一　国外研究现状

亚当·斯密是西方经济自由主义的鼻祖，他认为人类有自私利己的天性，追求自利并非不道德之事。他主张财产私有制，"看不见的手"

（市场）能够自主调节并实现资源配置的最佳状态。政府应担任"守夜人"角色，不应直接干涉经济事务。当国家干预经济活动时，将破坏经济和谐与秩序。① 哈耶克认为，私有制是实现个人自由的最重要的保障和最重要的表现形态，实施私有制能够有效防止政府的极权主义，实施公有制将出现分配不均等问题。② 这些观点成为西方主流经济学的基本论点。

西方产权理论是新制度经济学（New Institutional Economics）的重要流派之一，以科斯为代表。科斯 1937 年发表的《企业的性质》一文，首次引入交易成本的概念，1960 年发表了《社会成本问题》，由此诞生了著名的"科斯定理"。即在不存在交易费用的情况下，产权的界定是不重要的，私人成本和社会成本能自动实现相等。随后，斯蒂格勒（Stigler）、德姆塞茨（Demsetz）、阿尔钦（Alchian）、威廉姆森（Williamson）、诺思（North）、舒尔茨（Schultz）和张五常（Steven Cheung）等人不断研究和丰富了产权理论。西方产权理论特别强调产权、制度和交易费用等在经济学中的重要性，交易费用及科斯定理成为现代产权经济学的核心和理论基础。

在此基础上形成了制度经济学的多个分支或流派，如阿尔钦、德姆塞茨等人的产权理论，威廉姆森等人的交易成本经济学，杰森、麦克林和哈特等人的契约经济学，诺思等人的制度变迁理论，布坎南等人的公共选择理论等。

在实证分析方面，大多数文献认为产权私有化有助于提高企业绩效。Megginson、Nash 及 Randenborgh（1994）对民营化前后公司的绩效进行了考察，发现在任何情况下私有产权都有助于提高效率。③ 但也存在对私有化的一些质疑之声，如 Caves 与 Christiansen（1980）通过对公营和私营铁路公司进行对比研究发现，在相同的竞争条件下，公营与

---

① ［英］亚当·斯密：《国民财富的性质和原因的研究》，郭大力等译，商务印书馆 1994 年版。

② ［英］安德鲁·甘布尔：《自由的铁笼：哈耶克传》，王晓冬等译，江苏人民出版社 2002 年版。

③ Megginson，William L.，Robert C. Nash and Matthias van Randenborgh. 1994，" Financial and Operating Performance of Newly Privatized Firms：An International Empirical Analysis." Journal of Finance 49（2）：403 – 452.

私营公司间并不存在效率差异。①

西方绝大多数研究表明，私有制的效率高于公有制，私有产权唯一高效且永恒发展。② 产权明晰是企业绩效提高的决定性因素，在产权明晰的情况下，可以充分发挥价格机制的作用，实现有效的资源配置。资产要想产权清晰，就必须将产权界定至自然人，即私有。③

在 20 世纪 80 年代，产权的研究达到了新的高潮，主要聚焦在两种对立的产权分析模式，即马克思所有制理论基础上的产权理论、西方新制度经济学派的产权理论。西方经济学者佩乔维奇在其《马克思产权学派和社会演变过程》一文中指出，马克思是第一位有产权思想的社会科学家。

二　国内研究现状

20 世纪 90 年代以来，随着国有企业改革的推进，许多经济学家在国外研究基础上，大致形成了以下三类不同的产权改革观点：

一部分经济学家坚持马克思主义所有制基础上的产权理论观点，以程恩富、吴宣恭、吴易风和刘诗白等为代表。他们认为，尽管马克思的著作没有明确、系统论述产权问题，但其所有制理论中含有产权理论思想。《资本论》第一次构建了人类思想发展史较完整的产权经济体系（程恩富，1997），马克思主义经济学的所有制理论被认为是两种产权理论的范式之一（林岗、张宇，2000）。吴易风（2001）认为，必须以马克思主义的生产资料所有制理论为指导，绝不能用西方产权理论来取代马克思主义生产资料所有制理论，不允许以产权清晰或清晰化为由搞私有化。刘诗白（1998）认为，国有企业进行产权改革，必须以马克思主义经济理论为指导，不能在理论上照抄西方书本，在方式上照搬他国模式。吴宣恭（2001）认为，现代西方产权学派无法讲清现实产权关系的社会性质，在理论上存在明显的辩护性和庸俗性，只有马克思的

---

① Caves，Douglas W. and Laurits R. Christ ensen . 1980 ，"The Relative Effi ciency of Public and Private Firms in a Competitive Environment：The Case of Canadi an Railroads ." Journal of Political Economy88（5）：958 – 976 .

② 何秉孟：《国有企业改革必须坚持以马克思主义产权理论为指导——兼评科斯的产权理论》，《马克思主义研究》2004 年第 5 期。

③ 蒋洪：《公共经济学（财政学）》，上海财经大学出版社 2011 年版。

产权理论才能深刻地揭示各种产权关系的社会性质及其历史地位。

相当多一部分经济学家则坚持西方产权理论，以张维迎、周其仁等为代表，有些经济学家甚至直截了当地提出了私有化的政策主张。张维迎（1995，1999，2004）认为，国有企业产权模糊，产权主体虚置，国有产权主体整体没有行为能力。周其仁（2000）认为，流行的"委托—代理"框架和"所有权经营权分离"框架都不适合分析公有制企业的经济性质，国企改革首先是确立以自然人为基础的微观产权主体。张维迎（1995，1999）认为，国企改革就是改革所有制，否则，国企的公司治理改革就是"在马背上画白条条冒充斑马"，主张将企业中的国有资本变成债权（1996，1997，2001）和私有化（2008，2012）。在实证分析方面，许小年（1997）对中国上市公司的研究表明，国有控股比例越高的公司，绩效越差；法人股比例越高的公司，绩效越好；个人股比例与企业绩效基本无关。[1] Jefferson 等人（2005）利用 1994—1999 年 22000 家大中型国有企业产权改革前后的数据进行了实证研究，发现民营化提高了这些企业的生产率。[2] 陆挺和刘小玄（2005）利用抽样调查数据研究了改制模式与改制绩效之间的关系，他们发现，向私有产权方向改制的企业效率得到显著提高；不同的改制模式是改制绩效的重要决定因素，经营者持大股具有最优的绩效效果。[3]

此外，还有一类观点是竞争环境论，即"超产权论"。该理论认为，企业效益与市场竞争程度有正相关关系，与产权的归属没有必然关系。林毅夫（1995）认为，国有企业产权界定是清晰的，重要的是让其有公平竞争的机会而不是先验地去认为其他所有制的形式会比国有制好。国有企业效率不高的根源在于不公平竞争条件下形成的企业预算软约束，国企改革的关键在于为其创造公平的竞争环境（林毅夫等，1995）。刘芍佳、李骥（1998）直接提出了"超产权论"，认为竞争、治理机制与绩效更直接相关。林毅夫（2001，2004，2005）进一步认

---

① 许小年：《以法人机构为主建立公司治理机制和资本市场》，《改革》1997 年第 5 期。

② Jefferson, Gary H., Su, Jian, Yuan, Jiang, Yu, Xinhua, 2005, "The Impact of Shareholding Reform on Chinese Enterprise Performance, 1995—2001", in Nellis, John, Birdsall, Nancy (Eds.), Reality Check: Assessing the Distributional Impact of Privatization, Center for GlobalDevelopment, Washington, DC.

③ 陆挺、刘小玄：《企业改制模式的改制绩效——基于企业数据调查的经验分析》，《经济研究》2005 年第 6 期。

为，国有企业产权效率低下的主要原因在于缺乏充分竞争，剥离政策性负担则是硬化企业预算约束的关键条件。

第三节 研究方案

一 本书研究内容

本书共分九章，主要内容如下：

第一章：导言。主要阐述了研究背景、研究范畴，认为公有制在经济层面如何落地（解决公有制悬置）、确保实现形式的效率与公平是目前一个非常现实的问题。产权改革进入了攻坚期、深水区，如何深入推进公共产权改革需要在理论上和实践上进一步探索。然后，分析了目前国内外产权理论的现状，介绍了本书的研究思路与方法、整体架构以及创新之处。

第二章：我国公共产权领域面临的现实困境和理论缺失。从行业、类别、监管和运作等多个维度，框架式描述了当前公共产权改革存在的各种现实问题、弊端和深层负面影响。在理论上，产权改革存在理论静态、滞后，公有制的制度价值、应有的权益和经济效率无法体现、悬在半空中，导致公有制悬置、公共产权制度残缺。以往的增量改革、渐进式改革的空间已经被大大压缩。公共产权改革依然处于"半拉子"工程，改革任务仍然艰巨，需要创新和突破。

第三章：基于法律、社会及经济三个视角的理论分析。首先，通过两大法系的财产权体系的研究，认为现代产权经济学与英、美、法系契合度更高，尤其表现在以"利用"为中心，扩展到无体物、强调权利平等等方面。其次，从政治和社会视角分析了马克思所有制理论，认为其理论总体上属于"归属＋权能"的所有权理论，带有大陆法系国家（德国、法国等）的历史与逻辑痕迹。再次，对西方产权理论，尤其是科斯理论进行了系统分析。最后，对以上进行了评述，建议在新的经济形势下互相借鉴、融合及互促，以使其在经济和法律层面不断发展。

第四章：产权制度的演进与近现代社会的产权变革。第一，论述了财产制度（所有权、产权）的法律变迁、人类社会发展进程中所有权及产权制度的演进趋势与规律。第二，对近现代资本主义国家的土地、矿产资源和国有企业等领域的现状和产权改革进行系统分析和总结。并重点对我国的国有企业、农村土地、矿产资源的改革历程及存在的问题进行了较为深入的分析。不论是社会主义国家，还是资本主义国家，不断调整生产关系、完善产权制度。本章从历史与逻辑相统一的角度出发，为后续的理论建构、政策建议奠定了基础。

第五章：现代社会的公与私命题和所有制改革的必然。从历史文化、民主和财政等多个视角出发，认为现代社会的公私产权都需要改革，应在公平博弈中走向融合、共进。所有制的核心是产权，国家及其法律的出现是为了节约交易费用的需要。现代经济发展趋势下，从产权的契约或合同角度看，是不完全的，权利的博弈、治理机制必不可少。进而，提出从所有权到产权的动态演进趋势、产权结构化定义。在金融化趋势下，公私所有制都面临产权改革，产权结构化成为必然，

第六章：金融化发展趋势下的产权结构化逻辑分析框架。首先，对当前经济金融化趋势下，产权不完备性与效率不确定性进行了深入研究，认为产权只能相对清晰，产权的效率受多因素影响，最优的产权结构存在状态依赖性。其次，提出了产权结构化的理论，并对其立体建构、动态均衡及效应与量度进行了探讨。最后，在此基础上，认为所有制实现形式依托于产权结构化基础上的产权改革，提出了以动态的、互动的产权 SGP（Structuring 结构化—Governance 治理—Performance 绩效）耦合范式，以及产权改革路径和方式。

第七章：有效的公有制实现形式及其产权结构化与改革。首先，对社会主义、公有制理论进行了深入探讨，并提出了相关动态的、全面的及与时俱进的完善建议。其次，探讨了公共产权改革是公有制与市场经济有机联系的桥梁，公共产权制度是实现效率与公平的制度基础。公共产权改革应以兼容市场经济、促进社会公平正义以及有助于共同富裕为改革方向，有效衔接公共财政、行政体制改革等。最后，提出了公共产权 SGPB（Structuring 结构化—Governance 治理—Performance 绩效—Budegt 预算）的分类改革框架、着力点，以及相应的体制与机制安排。此外，在以上基础上探讨了公共财政框架下，整合建立相对独立的公共产权预算管理体系的必要性和设想。

第八章：关于我国公共产权重点领域的改革设想。主要对当前农村土地、自然资源、国企改革三个热点以及难点领域存在的问题进行了简要总结。结合 SGPB 的分类改革框架以及相关理论，对产权改革的体制

机制、产权结构化等方面提出了相关政策建议。

第九章：结论和讨论。主要对本书进行了总结，对下一步研究需改进的地方进行了阐述。

二 研究思路和方法

在系统梳理马克思所有制理论、西方产权理论的基础上，进一步借鉴了制度经济学（契约经济学、代理理论和制度变迁理论等）、机制设计理论、公共管理及公共风险理论等相关思想或理论，提出了产权结构化的思路、范式及分析框架。本书拟采用如下研究方法：

（一）历史与逻辑相结合

从法律、经济社会变迁和演进等多个角度，研究产权起源和发展、相互作用等。进而总结出规律，为后面概念、理论、框架的提出奠定了基础。注重历史与逻辑相统一原则，在产权研究、产权结构化理论等方面，注重二者互相结合。

（二）静态分析与动态比较分析相结合

从法学（两大法系）、产权理论、中外产权制度变革及实践等方面进行了比较分析。以动态的、演化的角度去把握和研究产权、产权结构化的均衡及治理机制和行为等。对此，提出了产权结构最优的相对性、状态依赖性。

（三）定性分析与定量分析相结合

针对公共产权的各个领域存在的现象和问题采用框架式描述，对其存在的各种弊端进行了定性分析，并对其收入形成机制、收益分配机制等进行定量分析。此外，对公共产权预算的构建也进行了定性和定量的初步分析。

（四）规范分析与实证分析相结合

规范分析是从先验标准和价值判断来阐释"应当是什么"的问题，实证分析则是对经济运行客观事实的判断和描述，从而寻求客观经济运行的真实规律。研究着重把握产权经济学研究工具，使其融入到产权效率演化研究的理论创新部分和实证分析部分，并拓展到公共产权的各个领域，并对几个重点领域提出了相应的政策建议。

第四节　本书的主要创新之处

本书的主要创新有以下几个方面：

1. 提出了产权结构化的逻辑主线与定义、建构、效应及度量。

任何产权条件都是历史的、具体的。本书从逻辑分析与历史分析结合、社会发展与法律制度变迁结合角度，循着"所有制—所有权—产权—产权结构化"的逻辑主线进行研究。所有权对大陆法系国家，如德国、法国和中国等国家而言，是构建财产权体系或产权的逻辑起点，但对英、美、法系而言仅是一种产权形式，法律效力与其他权利是平等的。以往的静态资产观和所有权的支配思维具有局限性，创新性提出了动态的产权结构化概念及相应的影响机制，突破了过去所有权/产权的原子式思维、人格化固化思维。产权沿着非物质化和权能裂变等多个维度组合演进，从强调"占有""归属"到以"利用""收益"为中心。产权结构化呈现一种复杂的契约结构状态，是一个动态界定、博弈，达到相对均衡的过程。在产权结构化过程中，应重视产权或权利的平等性与交易性、人力资本产权的激励和约束。从法学、经济学等多个视角出发，对产权演变、产权结构化的动力机制、建构以及效应和量度进行了分析。

2. 提出了产权结构化的范式、分析框架。

传统的绩效观是线性决定论，即产权结构决定组织的效率。实际上，这一线性决定论是静态的、片面的。随着经济金融化趋势，产权不完备性日益增强、效率稳定性变弱，最优产权是动态博弈下的暂时均衡，存在状态依存性。产权结构仅是组织效率一个关键影响因素，结构、治理、绩效这三者之间不是简单的线性决定关系，三者呈现闭环的相互作用、相互影响，更好地体现了博弈、均衡后对应的权责利。本书构建了闭环的相互影响，动态的产权结构化 SGP 耦合范式（Structuring 结构化—Governance 治理—Performance 绩效）。有效的公有制实现形式依托于公共产权结构化改革，落脚于公共产权制度构建。产权结构化要更关注组织治理机制及行为，重视宏观层面的公共治理机制、微观层面的公司治理。

3. 改进了公有制与公共产权范畴、基本经济制度等基础理论。

社会主义社会的终极目的，既不应局限于目前简单的"两种公有制",也不是囿于"发展生产力"这种手段,社会主义本质是保障社会公平正义、推动人民共同富裕及促进个人全面发展。公有制范畴远远超越国有企业,不仅涵盖生产经营性国有资产(即国有企业),还包括金融性国有资产,此外,包括国家和集体所有的各类自然资源(含土地)、非经营性资产、知识产权和财政盈余等。公共产权是国家、集体拥有的产权,主要包括各类公有制基础上的所有权及其衍生的各类产权形式,已经超越原来物质资料所有权的范畴。公有制不能只看静态的存量,更应注重流量管理、价值管理,注重产权的结构化效应及收益。

所有制实现形式区别于所有制。我国市场经济突出了"分税",未注重"分产"。公共产权改革是社会主义与市场经济有机联系的桥梁。公有制、市场经济有机联系和结合的纽带是公共产权制度安排和相应的产权结构化。公有制要与市场经济结合,关键是公有制企业能否成为独立的市场主体、各类公有生产要素是否能高效率配置,这些都需要制度安排和有效的结构化。

4. 提出建立公共产权制度、公共产权预算框架。

基于 SGP 范式和"国有公产—国有私产"框架,提出了 SGPB(结构化—治理—绩效—预算)的公有产权分类改革框架。提出了重点构建公共产权制度的三个机制,即管理机制、市场机制、预算及分配机制。比较全面覆盖了各类公共产权,涵盖了要素类产权、经营主体类产权,如自然资源、土地、国有企业、金融企业和事业单位等;在公共产权进入市场过程中,提出了"相机治理"机制,即完善公共治理和公司治理,强调市场化、法治化及民主化;最后,落脚点在建立公共产权预算收入、收益预算框架,更为清晰和直接地体现全民或集体共享。

在此基础上,提出了探索在公共财政框架下整合建立相对独立而又统筹协调衔接的预算体系,可以考虑将部分公共财政预算中的非税收入、部分政府性基金预算项目调整出来,与国有资本经营预算合并为公共产权预算,形成包括政府公共预算、公共产权预算及社会保障预算在内的全口径政府"复式预算体系"。

第二章 我国公共产权领域面临的
现实困境和理论缺失

第一节 在实践上,公共产权改革处于"半拉子"工程

一 公共产权改革存在的问题

我国国有企业从 20 世纪 90 年代后期以来,总体上呈现快速发展势头,效益增长也很可观。2001—2011 年,国有及国有控股企业资产总额约 85.37 万亿,所有者权益 29.17 万亿,总资产实现增长 4.4 倍,所有者权益实现增长 4.3 倍,年均增幅高于 GDP 增幅。事实上,我国公共产权改革已超越国企改革视野,快速发展背后依然难掩其各种弊端。主要表现在:

——从监管体系看,条块分割、各自为政,体系不完整、定位不清晰。2003 年国资委成立以来,国有资产管理体系依然存在着"九龙治水"问题,横向、纵向都存在多头管理现象。虽然生产经营性国有资产由国资委监管的体系基本建立,但是实质性管理范围很有限。从横向上看,现行国有企业分为三大块管:一是由国资委监管的大型企业集团 113 家;二是由财政部履行出资人代表职责或监管职责的企业,其中包括金融类央企 43 家,以及中国邮政集团、中国铁路总公司、中国烟草和中央文化企业 104 家;三是由国务院有关部门直管的企业 9988 家,涉及几乎所有部门和单位。从纵向看,按照分级管理原则,全国国有企业分属中央、省、市、县四级,分别由同级政府履行出资人职责,沿用上级管理模式。对地方而言,监管体系显得更为多样化,地方国资委、财政、投融资平台、交通和建设部门等多头投资、多头管理。金融性国有资产管理方面,也存在汇金公司、财政部、中国人民银行和银监会等多头管理现象,此外,非经营性资产和自然资源性资产的监管体系尚未系统性建立。

　　——即便是国有企业改革，也将更多精力放在中央所属的国企改革，巨量的地方国企整体盈利水平差、治理能力弱，改革进展缓慢、甚至出现倒退。根据财政部《2013年国有企业财务决算报告》统计数据，地方国有资产共计55.5万亿元，高于中央的48.6万亿元，地方国企所有者权益为20.4万亿元，也高于中央企业的16.6万亿元。但是，中央国企创造的净利润为1.2万亿元，约为地方国企净利润的2倍。很大比例的地方国有资产沉淀在地方投融资平台，占地方国有企业资产的比重总体过半，个别省市甚至达到80%以上。这些平台公司作为地方政府突破原《预算法》、举债搞建设的历史产物，发挥过十分重要的作用，但是问题也很大、很多。地方投融资平台大都投向公益性项目或现金流很差的项目，大部分平台公司基本依靠政府财政和外部举债融资维持平衡。特别是2008年以来，地方政府投融资平台的"井喷"式爆发，地方政府性债务剧增，很多地方国企甚至是"政企合一"，治理机制存在巨大隐患、对市场有较大负面冲击，地方国企改革蕴含了巨大的公共风险、产权改革的任务非常繁重而复杂。

　　——从实体性资产与金融性资产来看，产权改革的着力点主要针对前者，两者都面临着监管改革。如国资委成立，通过股份制改造、完善治理结构等使得国有企业效率普遍得到提高。央企效益、治理取得了较好业绩，但是，国资委也面临着巨大改革压力，尤其是作为出资人代表，采取"管人、管事、管资产"方式，管理事项过多、过细。行政化干预过多，进而导致定位不明确，既是出资人又当监管者；既是运动员又是裁判员。在金融领域也存在同样情况。以银行为例，2011年年末，中国银行业资产总额达到113.3万亿元，较2003年年增长了3.1倍，年均复合增长率达19.3%；各项贷款余额58.2万亿元，是2003年末的6.29倍。但是，大量金融资源依然是国有控股，并且主要投向国有企业、地方政府。国有金融领域行政垄断和经济垄断并存，在一定程度上加剧了经济结构的扭曲，对实体经济、私有经济支持不足，资金、资本市场的效能未能充分、有效发挥。此外，我国金融资本主要是财政部和中央汇金公司持有，其中由财政部直接持有的国资股权比例并不高，高达数千亿元的国有金融资本经营收入，绝大部分收益没有纳入财政预算。国资委监管需要进一步改革，但其他监管体系大都属于"老套路"行政管理，存在的问题可能更多。

——从国有与集体来看，主要推进了国企改革。集体所有制改革停留于大包干改革，城镇集体企业的改革纳入国企序列，大都采取类似中小国企私有化改革方案，农村集体资产管理薄弱、"所有者缺位"问题更为突出。根据农业部统计，截至 2013 年年底，全国农村集体经济组织账面资产（不含土地等资源性资产）总额为 2.4 万亿元，村均为 408.4 万元，其中 76.1% 的资产集中在东部地区，中西部地区仅占全国的 23.9%。部分城郊接合部和沿海发达地区农村集体财力雄厚，但更多的偏远地区、中西部地区的"空村""穷村"遍地皆是。农业依然是我国的立国之本，"三农"问题在当前依然是"重中之重"。但是，农村集体经济和农地产权改革的难度也不亚于国有企业改革，尤其是组织载体、成员权和产权流转等方面。

——从资产与要素性的资源来看，主要推进了国有资产改革，忽略大量公共资源领域的产权改革。如土地、矿产资源大量公有，自然资源没有实行系统性产权改革，土地、矿产类的资源产权的市场化交易机制长期缺失或发生"异化"，造成了占有权替代了所有权。以农民土地财产权为例，农民的土地财产权未能得到有效体现，使用、收益及保护都存在限制或歧视，经济发展的受益程度也不够，尤其城市远郊、偏远地方农民基本没有享受到土地带来的收益。大量的公共产权收益进入了少数人、部分企业的腰包，形成了一大批"暴富阶层"，造成严重的权力寻租、分配不公平和环境恶化等问题。

——从经营性资产与非经营性资产来看，主要改革了经营性资产，非经营性资产底数不清、管理无序。非经营性资产整体上看，管理制度不全，账外资产大量存在，国有资产流失严重，闲置浪费等现象大量存在。有些单位将资产出租、投资等，收益却截留在本单位，或者转移到关联企业、机构，作为本单位、甚至家属的奖金、福利，导致公有产权收益部门化、私人化倾向。

——从资产使用和处置看，各类国有资产流失、低效和超额配置等行为长期存在。许多国有企业、政府和事业单位等都存在超标准配置办公设备、用车和住房等现象，同时，各单位之间也由于"实权"不同而导致苦乐不均，部分资产闲置、保管不善时有发生。在资产处置上，低价出售、无偿出借和违规担保等现象较为普遍，"非转经"（非经营性资产转为经营性资产）对外投资、入股等过程中，存在低估国有资产价值、变相侵蚀国有资产现象。

——从财政预算看，收入散落于地方、各部门，收支不规范。中央国有企业方面，1993 年十四届三中全会就第一次明确提出了"国有资本经营预算"，1998 年财政部明确提出建立公共支出预算、国有资产经营预算和社会保障预算在内的预算管理体系。但是，2003 年国资委成立以来，并未建立起相对完整的国有资本预算。其他领域如土地与矿产资源等，更是成为地方的主要财力来源，支配的自主性非常强。许多国有资源的产权收益并没有成为全民共享，而是成为地方、部门的"钱袋子"和第二财政。

总体上看，我国公共产权改革呈现碎片化、公权化和不公性等多个问题，产权改革处于"半拉子"工程状态，产权改革任务依然艰巨。本书将在后续就重点领域的问题作进一步分析。

二 公共产权改革困境带来的负面隐忧

（一）效率、安全、生态方面存"忧"

国企规模扩张非常快，但是整体效益水平并不高。2013 年全国国企净资产收益率为 5.3%，扣除前 10 名央企后，净资产收益率仅为 2.6%，大大低于银行五年期利率。其中，国企亏损达 6.3 万户，亏损额超万亿元，2013 年国企上缴利润仅占利润总额的 5.36%。[1]

总体来看，我国资源利用效率普遍偏低。我国矿产资源的综合回收率平均不超过 50%，比发达国家低 10%—20%，其中，有色金属综合回收率为 35%，黑色金属矿综合回收率仅为 30%。国外发达国家有色冶炼企业综合利用率达到 90% 以上，我国有色金属资源的综合利用率仅约 30%—35%，重有色冶炼企业的资源综合利用率约 60%，多种有价伴生元素没有得到充分回收利用。

公共产权制度安排失范也导致生态环境破坏严重、效率低下。在趋利行为的驱使下，煤炭、石油和矿产等领域长期存在破坏性、浪费性开采，恶性事故频频发生。以煤矿为例，长期存在总体规模小、产业集中度低和安全事故频发等问题。近些年，仅煤矿事故死亡年均在 2000 人，我国百万吨死亡率是美国的 30—50 倍。国外多数国家的矿山土地复垦

---

[1] 江龙：《新一轮国企改革：分类管理与分类监督》，《中国财政》2014 年第 18 期。

率达到 50% 以上，而我国矿山总的复垦率不到 10%。如果将环境治理、生态恢复等外部性成本考虑在内，很多资源开采是不经济的、破坏性及掠夺性的，总体形势令人担忧。

（二）全民所有在收益方面的体现基本落空

公共产权收益大部分留在地方，或者地方以各种行政性收费方式将收益归为己有。以土地出让为例，土地有偿使用收入和土地税收主要归地方财政。2009 年纳入财政预算的土地收入共 14239.7 亿元，上缴中央财政的仅占 1.9%。从实际入库的数据来看，2009 年中央入库的土地财政收入仅占地方入库收入的 1.3%，仅占土地财政总收入的 1.24%。矿业权价款的流失程度较为严重，由于矿业权价款征管不规范、矿业权评估值偏低和私挖滥采现象普遍等，矿业权价款的征收率估计不超过 60%，矿业权价款中央财政分享估计不超过 20%。此外，地方政府不断通过各种"非税"方式，将资源收益留在地方。据 2012 年《中央和地方预算执行情况报告》，2012 年全国土地出让收入高达 28886.31 亿元，相当于地方财政本级收入的 43.4%。"全民所有"从收益方面看，基本上无法做到。

（三）分配不公，贫富差距过大

近年来，我国收入分配问题比较严重，全国居民收入的基尼系数均高于 0.4 的"国际警戒线"。从现实情况看，公共资源领域成为了贫富差距的助推器。"行政配置资源""圈占资源""掠夺性开发"等现象较为突出，行政权力与"伪市场化"手段结合导致资源领域无序、低效及化公为私。一些国有资源产权流转处于无规则或"无主"的混乱状态和低效率状态，相关部门、企业或个人结为利益共同体，打着市场化、招商引资和产业结构升级等旗号，或通过定向招标、串标等手段，廉价圈占了大量资源。

在实际运作过程中，一些利益集团交替使用甚至结合使用权力、资本与市场手段，迅速抢占了资源与机会，支配了大量的土地、矿产和金融等资源，进而获取了大量的财富。以房地产为例，其基本要素就是土地，但其级差暴利被少数房地产商、部分政府利益相关者拿走了，房地产行业已经成为中国富豪的主要集中地。很多暴富者与国有资产、土地、矿山和煤炭等公共资源联系在一起，这样的富豪不是在创造财富，而只是在转移、掠夺财富，在整个利益链条上滋生了各类腐败、分配不公、无序开采和生态破坏等严重问题。

我国贫富差距过大不能简单归因于市场竞争，从长期性看，完善的市场经济制度并不存在使收入差距持续扩大的机制。正是资源可获得性的不平等、公共生产要素的不合理分配，成为财富差距日益扩大的主要根源之一。

（四）价格扭曲，资源配置低效

很多资源的定价无法反映供需、稀缺和外部性，要素市场长期处于发育迟缓、扭曲状态。产权缺位、价格缺位，导致资源配置扭曲、收益分配不公，对此，我们也是缺乏认识的。

政府时常以经济规则者和所有者身份实行过度控制，地方封锁和行政垄断依然存在，导致要素价格扭曲加剧，深层次的公共产权改革任务依然艰巨。如煤、电领域，"计划煤、市场电"长期存在，扭曲了煤炭、电力的传导机制与定价机制，煤炭行业集中度低与地区封锁同时并存，电力行业各环节的产权改革仍需深层推进。即面临着如何有效放开竞争性环节定价、合理确定垄断性环节定价，以解决提高效率、节约资源等难题。这些需要依赖于公共资源领域、经营层面的大型国有企业的产权改革，都离不开公共产权改革。

此外，城乡二元分治在历史上对我国资本积累和工业化发展起到了较大支撑作用，但是，20世纪90年代以后弊端日益突出，成为社会公平正义、经济发展的制度性藩篱。城乡分割、限制生产要素流动及财产权不完整，对农村产权改革是一个巨大挑战。

（五）引发社会不满，妨碍改革深化、公有制"落地"

从某种意义上讲，公共资源处于无序和失控状态，其国家所有实则名存实亡，所有者权益以及制度设计的初衷无从体现。一部分垄断行业，如石油、煤炭、矿产和电信等资源性企业获得了"暴利"，但这些企业并没有提供质优价廉的产品和服务，"内部人"却享受了高工资、高福利，引发了社会不满。

公共产权领域尚未系统建立公共产权制度，大量的公共资源进入市场的价格是残缺的，分配是无序的，公有制的优势无法体现，必然形成"跛脚市场经济"。这也导致了进一步深化改革必将面对利益集团的巨大阻力。公共产权制度残缺的直接后果就是导致贫富差距过大，利益格局固化，造成社会普遍不满。

即便部分地方政府是作为"既得利益方",长此以往,就会陷入"卖资源"维系发展的锁定(lock‐in)状态,并呈现路径依赖,不利于当地可持续发展。2013年我国土地出让合同价款4.2万亿元,84个重点城市土地抵押贷款总额7.76万亿元,财政及系统性金融风险进一步凸显。同时,这也导致了某些地方政府机会主义倾向、某些官员的道德风险,不利于公共风险防控和市场经济体制改革的深化。

这些问题都与公共产权制度密切相关,公共产权改革依然是产权领域改革的难点所在。公共产权制度残缺,不但降低了资源配置效率,导致分配差距加速扩大,而且也妨碍改革的深化,引发了一系列十分棘手的难题,如土地财政、小产权房、资源与环境、资源产品价格、行政性垄断和金融抑制等。

第二节　在理论上,公共产权领域存在缺失

一　国内产权改革研究现状

自20世纪90年代,我国学术界围绕国企改革进行了大争论,争论直到今天依然延续。总体来看,国内产权理论研究照搬的多,创新的少。主要包括三种代表性思想:"西化"产权论及"苏化"产权论及超产权论。第一种思想属于西方产权理论范畴,批判公有制产权主体虚置或产权不清晰。其政策主张通常是私有化,依据在于"冰棍论"——不吃也会融化掉,"苹果论"——专挑烂苹果吃,结果全吃烂掉的,与其烂掉,不如卖掉,还有"靓女先嫁论"等。第二种思想基本上属于传统的政治经济学或马克思所有制理论,尖锐地指出西方产权理论指导下的私有化改革给这些国家带来的严重问题,提出产权改革以马克思主义产权理论为指导。即用西方产权理论指导我国国有企业的产权改革,完全是理论上的误导,其政策主张是"两种公有制"无须根本改革,只需自我完善,公有制主体地位不能动摇。第三种思想则是"超产权"的竞争理论,政策主张是创造公平竞争环境比产权更重要。当然,也有一些"折中"理论,如"我国产权改革在坚持马克思主义产权理论的前提下,吸收西方产权合理因素"。

1995年6月,林毅夫与张维迎就国企改革展开了一场激烈的辩论,即所谓"北大交火事件",非常具有代表性。林毅夫认为,国企

是在资金稀缺状况下优先发展重工业的发展战略而内生出来的，改革起点应在于剥离其战略性政策负担和社会性政策负担，硬化预算约束，创造公平竞争的市场环境化。① 张维迎从现代企业理论出发，强调企业剩余索取权和控制权对称安排的重要性，认为国企改革的出路在于民营化。

尽管理论层面存在争论，但国企改革由于在 20 世纪 90 年代遇到巨大经营困难，其产权改革迈进步伐反而在 20 世纪 90 年代非常之快、改革力度也非常之大。进入 21 世纪以来，国企规模、效率均得到快速发展。但是，目前我国国有企业在国民经济中占比已非绝对性控股或主导地位了。截至 2012 年年底，中央企业及其子企业控股的上市公司总共是 378 家，上市公司中非国有股权的比例已经超过 53%。地方国有企业控股的上市公司数量为 681 家，其非国有股权的比例已经超过 60%。②

不可否认，社会主义国家进行产权改革面临着很大风险。俄罗斯和东欧各国的私有化改革失败的确造成了严重后果，如国有资产严重流失、经济停滞不前、两极分化加剧和社会矛盾激化等。这也导致很多人对我国深化国企改革的忧虑。随着我国公共产权改革加快，可能进一步降低国企占比，在传统理论框架下，将直接对公有制为主体、社会主义本质引发质疑！

二 理论困境：邓小平猜想与公有制"悬置"

尽管也出现了一些"超产权"理论，但是市场经济中的交换，实质上是产权的交换，市场经济基石仍然是产权制度。任何的社会制度及经济运行都可以放在产权或权利的分析框架下加以分析。虽然产权界定并不能解决所有问题，但产权研究依然是很多经济问题的出发点和关键影响因素。"超产权论"虽能解释现实中的企业效率问题，却不能充分解释市场和竞争如何生成等问题。故此，当前国有资产改革无法脱离产权这个框架，但是面临着诸多理论困境。

---

① 林毅夫、蔡昉、李周：《现代企业制度的内涵与国有企业改革方向》，《经济研究》1997 年第 3 期。

② 杨治、路江涌、陶志刚：《政治庇护与改制：中国集体企业改制研究》，《经济研究》2007 年第 5 期。

公有制基础上的产权改革仍是我国产权改革的重心。我国是公有制为主体的国家，并从法律层面，如宪法和《物权法》等规定，土地、矿藏、水流、海域和森林等资源为国家所有、部分为农村集体所有。我国是一个公共资源和公营经济占有很大比重的发展中国家，前者主要表现为土地、矿藏和非经营性资产等，后者有存在于各个行业的大量的国有企业和可观的公共金融资产。当前的难点是如何将法律上的国家和集体所有转化为共同富裕的基础、如何更有效实现与市场经济的兼容。

一直到 1992 年邓小平南巡讲话之前，很大一部分人仍将市场经济、计划经济看成姓"资"姓"社"的重要标志。邓小平以巨大的政治勇气和智慧提出了社会主义也可以搞市场经济。但如何建立社会主义市场经济，在当时无论是理论还是实践都处于一个空白摸索状态，可称之为"邓小平猜想"。尽管我国搞社会主义市场经济 20 多年，取得了许多伟大的成就，也摸索和总结了一套市场经济规律。但是，正如前述，"公有制悬置"导致效率、公平性及权益仍未能得到应有的体现，邓小平猜想——如何建立社会主义市场经济，探索之路依然漫长而曲折。

关于公有制和私有制孰优孰劣一直争论不休。但是，客观上讲，目前的公有制理论存在理论困境，也存在着深刻的内在矛盾。我国法律规定，包括国有企业、自然资源等在内的公共产权属于全民所有。"全民所有，即国家所有"，即国家代表全体人民来行使管理权。将国有资产界定为国家所有、全民所有，从法律角度而言，产权界定与归属是清晰的。但是，真正的主人或委托人是每个公民，国家、全民是一个整体抽象概念，并没有实际行为能力，国有资产的实际使用，必须落实到具体的组织或个人，这就会导致"国有资产所有者缺位"问题。在具体行使产权上，仍需要落实到组织或个人身上，自然就可能产生目标函数不一致、道德风险等问题。同时，作为公有制经济的成员，任何个人都不能单独行使产权，但采用一致的集体行动又几无可能。在目前的制度安排下，虽然每个公民有一份属于自己的财产，但是排他性不强、无自由转让权或退出权，这与产权自身特性有一定冲突。这种理论和制度安排将导致名义上属于每个公民的财产，由于法治、民主的一些缺陷，可能被某个利益集团或少数人所操纵，导致法律上的产权与事实上的产权大相径庭。

与此同时，反对私有化的理由也很多。他们认为，国企是公有制实现形式、党的执政基础及社会主义的本质要求；国企是国家宏观调控的保障，是产业创新升级、赶超发达国家的核心手段；私有化将导致外资和权贵资本主义控制国民经济，使中国陷入"拉美化"等。

公有经济、公共产权对我国社会主义制度至关重要，然而，公共产权收入对国家财政收入的贡献极为有限，且难以有效促进全民收益共享。公有制悬置对改革与发展都产生了深层负面影响。管理权、占有权替代所有权，造成国家或集体作为所有权行使方主体虚化，全民或集体所有异化为地方所有制、部门单位所有制及个人所有，大量所有者收益流失，所有者权益以及制度设计的初衷无法充分体现。公共产权所带来的各种公共收入（占非税收收入大部分）与公共权力带来的公共收入（主要为税收收入）应摆在同等重要的地位。否则，不仅会带来公共收入的流失，还会导致公共产权虚置和社会不公，公共产权的效率与公平兼失。

当前公有制的有效实现形式、公共产权改革存在理论困境，改与不改、改到什么程度都存在很多难点。现在争论最多的，浮在表面的是政府与市场的关系和边界问题，而真正分歧的实质是市场的产权基础和运行机制。产权改革之路艰辛而曲折，导致经济改革在行动上处于"两难境地"。公有制改造好了，可以超越私有制，带来效率、公平，即共同富裕。"富裕"是提高效率的结果，"共同"是公平要求。若改造不好，二者皆失，甚至比私有制更糟。在此意义上讲，我国在公有制基础上的产权改革是一种创新的过程，是人类的另一种探索。公有制悬置的原因在于未找到公有制的有效实现形式、公共产权制度残缺，社会主义市场经济体制的完善依然任重道远。

三　静态"物"化、线性、对立思维的局限性

以往的静态资产观和所有权的支配思维具有局限性，导致了经济改革进程中，时常出现过"左"（全盘国有化或"主体—补充"论）、过"右"（全盘私有化）倾向的摇摆、争论。据国家统计局统计，截至2012年年底，在我国规模以上工业企业中，国有经济占23%。目前，在很多领域，国有企业占社会相应总量的比例下降较快，量上不占优，很多地方国企占比基本上可以忽略不计，导致一些人对社会主义社会性质的担忧、甚至提倡"退回去"。以往的增量改革、渐进式改革的空间

已经被大大压缩。

在传统文化、意识形态领域，我国一直存在公私对立思维，很多学者的纠结源于所有权的"归属"思维，导致改革难以迈开较大步伐。中国传统文化的"崇公抑私"政治思维方式使得民营企业的发展备受争议、挤压。其理论和逻辑上也存在循环论证、目的与手段混淆等问题。许多学者基于静态、意识形态出发，认为社会主义以公有制为主体，所有权等同产权。进一步推导，则得出：产权改革等于改变所有权，也就是私有化，显然，私有化比重过大绝对不是社会主义。进而，这部分学者得出结论：产权改革可能丧失公有制或主体地位，也不是社会主义，故此，不能搞私有化，至少要保持"50%"以上量的优势。随着市场在资源配置中起决定性作用的进一步深入，国有企业的资产占比还存在一种下降趋势，在原有思维下，的确存在国有企业的股份制改造的产权改革空间还有多少的疑问。实际上，这种思维还是不加区分地强调"主导"，这种观点应该是狭隘的、静态的及片面的。将公、私对立起来，必然导致改与不改、改到什么程度的摇摆不定。

进入金融社会，产权的客体越来越多地呈现无体物或权利本身，等量的资产并不等同获得同等收益。从所有权或资产支配角度来度量所有制的性质、控制力等存在一定的局限或新的挑战。例如，像土地、森林、海域和矿产等大量自然资源采用国家或集体所有权，政府大都以用益物权方式（使用权或开发权）让渡给企业和私人而获得收益或财政收入，所有权（自物权）、用益物权（他物权）分离对于资产的公私属性难以明确划分。此外，国有资产进入企业后形成的企业产权是以"契约性权利束"为客体的产权，可以理解为一种无形物、集合物，已经演变成为权利、脱离了传统资产属性，不具有所有权的特性。公有制的静态资产"量"本身没有太大意义，也即所有制本身与效率、收益并不直接挂钩。

以往的静态资产观和所有权的支配思维，必然导致如下理论和改革误区：其一，产权改革更多关注国企这一类的经营主体产权改革，忽略了自然资源等要素类产权改革、金融类及部分国有资源（财政资金、外汇等）领域产权改革；其二，囿于对公有制主体地位的担忧，国企改革陷入单一的"国有控股的股份制改革"的产权改革模式。尽管我们一再强调所有制实现形式不等于所有制，公有制不等于"公有公用公营"，但实际上，目前很多人仍未跳出这些误区。

股份制改革、私有化只是产权改革的其中的情形而已，不是全部。即便是私有化，依然还没有统一的定义和一致的认识。从我国目前现阶段的现实来看，完全的私有化并不是"灵丹妙药"。从西方看，私有化未必就更有效率，更谈不上避免经济危机。用资产占有观、所有权控制等思维来度量所有制和社会主义性质本身存在一定局限性。综上所述，之所以产权改革曲折甚至停滞源于相关理论探索的停滞。关键是对所有制、所有制实现形式混为一谈，将所有权、产权在理论上简单等同，静态的"物"化思维严重，导致问题越积越多。

目前的财产权体系只能起到静态的私人财产"定纷止争"的功用，并不能从分配正义的角度实现动态的公共产权收益、财政资金的"物尽其用"。简言之，资产只有在流动的过程中才能实现保值增值，但是我国国有资产一直存在流动性差与缺乏结构化等问题，导致活力不足、效率偏低。

第三节　本章小结

中国经济进入新常态，面临着复杂多变的国际形势，前进道路上充满着各种挑战与不确定性。当前，我们要警惕"中等收入陷阱"（Middle - income Trap），更需要警惕的是转型陷阱（Transition Trap）。其中，公有制的有效实现形式、公共产权改革深化都是必须直面的难题。

我国产权改革在实践层面处于"半拉子"工程，在理论上缺乏创新，在改革上面临深层矛盾。公共产权效率、权益及公平性均未得到有效体现，造成"公有制悬置"、公共产权制度残缺。关于产权改革理论对学术界而言也是两极分化。国内大多数学者依然是简单地沿袭两大产权理论，照搬的多，国有企业效率、股份制的产权改革仍是争论焦点。国有企业的股份制改造的产权改革空间还有多少？毋庸置疑，以往的增量改革、渐进式改革的空间已经被大大压缩。产权理论与中国实践相结合过程中，以往研究更多地关注了财产的归属或占有问题，整体上缺乏突破和创新，缺乏全面、动态及系统的公共产权改革思维。

综上所述，经过多年的不断探索，产权改革发展已经取得很大成效，但仍要进一步解决体制问题、机制问题和结构问题。这就需要我们在理论层面要厘清所有权、产权、所有制和所有制实现形式等之间的差异与联系；探索有效的公有制实现形式，使公有制能提高效率、促进共同富裕及体现制度价值。

第三章　基于法律、社会、经济三个视角的理论分析

第一节　财产法律制度:法律视角

一　两大法系的所有权、产权（财产权）

从两大法系来看，德国法、法国法是大陆法系代表，而英国法、美国法是普通法系或英美法系代表。所有权是人们财产占有关系的法律体现，更多体现在大陆法系中。严格意义上来讲，"所有权""物权""债权"作为重要的法学概念在大陆法系中有充分体现。所有权是主体对客体的绝对控制权、最终支配权，财产的利用权处于依附地位。

罗马法的"绝对所有权"观念深得 18 世纪末 19 世纪法学家推崇，其体现的"绝对的、独立的、自由的观念以及一物一权主义"，符合自由资本主义时期思潮，被大陆法系各个国家立法所继承。所有权是"对物的一般的实际主宰或潜在主宰"，实质上就是对物的完全的、绝对的支配权。《法国民法典》第 544 条规定:"所有权是对于物有绝对无限制地使用、收益及处分的权利，但法令所禁止的使用不在此限。"《德国民法典》第 903 条仍然规定所有权人可以"依其喜好"支配所有物，在之前还曾使用所有权人可以"依其任意"支配所有物的表述。只要所有权人"不违反法律的规定或者妨碍第三人的权利"，其所有权就是绝对的，这些限制相对于绝对的所有权而言，只是一些"例外现象"。①中国也属于大陆法系国家，《民法通则》第 71 条规定:"财产所有权是指所有人依法对自己的财产享有占有、使用、收益和处分的权利。"《物权法》第 39 条规定，所有权是指"所有权人对自己的不动产或者

---

① 张翔:《财产权的社会义务》，《中国社会科学》2012 年第 9 期。

动产，依法享有占有、使用、收益和处分的权利"。

与所有权相比，物权、债权两个概念是更加纯粹意义上的大陆法系概念。罗马法创造了以抽象所有权（proprietas）为核心，所有权权能分离为基础的物权制度。物权是权利人对特定的物享有直接支配、排他性的权利，包括自物权和他物权，自物权就是所有权。所有权是对物的抽象的支配权，各项权能脱离所有权人由他人行使的权能称之为"他物权"。很长一段时期，大陆法系国家不认可无体物作为所有权、物权的客体，所有权作为对物权的一种，其客体仅限于独立的有体物，通常，无体物和集合物不能成为所有权客体。直到现在，还有部分大陆法系国家不承认无体物作为物权、所有权的客体。在大陆法系国家，古罗马财产体系是以物为客体构建的，对财产权的法律调整主要集中在物权和债权，即物权债权二元体系。其中，物权、债权分别调整物的静态占有和动态流转关系，一般情况下，他物权依附所有权而存在、物权优先债权。

日耳曼法被英美法系各国立法所继承，其所有权不是绝对的而是相对的，早期的所有权并不表示物的归属，而是说明对于土地之上权益的拥有。在英、美、法系中，产权基本与财产权同义。英美财产法具有较大的灵活性，普遍采用"财产"的概念，较少使用"物"的概念，可以容纳多种权利。既可以调整有体物，也可以调整无体物。随着无形财产如知识产权、商业信誉的发展，无形财产权的价值逐渐超过有形财产，19世纪以后，普通法的财产概念已明显具有了无体性，任何具有潜在利益价值的物和权利，都可以作为财产权的客体。① 财产包括有体物和无体物，无体物还包括专利、商标、版权和商业秘密等知识产权。诚然，英美财产法在财产权利的取得方式及其分类不如大陆法系严格，却较好摆脱了概念法学的束缚，以保证人们对财产的充分利用和保护。Ownership（所有权）这一术语仅表示权利与主体之间的此种归属关系，而非所有权本身。

综上所述，大陆法系以往的所有权侧重于对财产归属的静态确认和实体占有，基本上是静态化、绝对性的范畴。从英、美、法系看，所有权一词纯粹是作为占有的对应词，其意义并不比产权包括更多的含义

---

① 王利明：《物权法论》，中国政法大学出版社1998年版。

（拉登，1998）。在英、美、法系的财产法体系中，甚至可以不提到所有权而讨论财产权的法律问题。

二　法律与产权改革

产权具有双重属性，一方面是属于经济关系，另一方面属于法律关系。20 世纪 70 年代后期，法律的经济分析在欧美主要国家流行起来，1973 年波斯纳出版的《法律的经济分析》确立了法经济学研究的理论体系和研究范式。什么样的法律能够使交易成本最小化、社会财富最大化成为以波斯纳为代表的法经济学所研究的主题。他们将效率作为评判法律是否适当的标准，对法律规范进行经济学分析，来考察法律制度的运行所产生的结果是否满足"帕累托最优"或卡尔多—希克斯标准。法律作为一种正式的规则（formal rule），可以利用国家的强制力，为产权提供更有效的保护。权利是法律的基础，法律的效率是通过权利的合理配置来实现。美国法学家弗里德曼说："权利是建造法律的基本材料。"①

经济与法律关系密不可分，法律属于上层建筑的一个重要构成部分，二者关系也属于经济基础与上层建筑之间的关系范畴。"产权"一词主要源于西方制度经济学，在法学界通常以"财产权"出现。法律与市场的共通性在于它们都是人们围绕着权利的取得与让渡而进行的交易行为。确定经济交易游戏规则是指法律制度能够确定经济交易的游戏规则，从而使社会按照某一特定的规范运行，发挥规范的激励与约束作用，为经济交往主体提供较为准确的预测，保障资源有效配置的实现。②从公共选择理论的角度来看，法律也存在于政治市场之中。立法活动就是政治家、选民以及利益集团之间的相互博弈行为，而现实的法律规则是这场博弈的结果。产权制度安排很难超越当前法律，同时，也对产权改革起到进一步支撑、固化作用。

大陆法系总体上倾向于以物化思维、运用"物权"思维去分析财产关系，使得"物""所有权"成为分析民法上财产关系的最基本的工具和参照物。罗马法以归属为核心要素构建的"所有权"概念，成为近

---

① ［美］弗里德曼：《法律制度》，李琼英、林欣译，中国政法大学出版社 1994 年版。
② 丁以升：《法律经济学的意义、困境和出路》，《政治与法律》2004 年第 4 期。

现代大陆法系各国法典化中所有权的模型，即"归属＋权能"的模式。大陆法系的他物权看似不直接强调财产的归属，与经济学层面产权具有很多的相似之处。但他物权这种权利也是所有权派生的，是对所有权的暂时限制。故此，他物权仍然是围绕着绝对所有权概念延伸的，仍然间接体现着归属观，而这与产权的利用观有所不同。

大陆法系是对罗马法"所有权"概念的继受，在"归属与权能"相一统的"所有权"概念下，所有权表现为对物完整的、统一的、全面的及不可分割的权利。这种立法思维与近代西方自由资本主义时期的个人主义精神相契合，成为自由资本主义时期民法的重要原则之一。

在英、美、法系大多数国家中，产权（property rights）与财产权（the rights of property）是等同的，英、美、法系的财产权思想与现代产权的经济学层面的概念与内涵大体上一致。在英、美、法系中，虽然存在"所有权"（Ownership）一词，但其仅是一种抽象的存在，并不代表特别的意义。英、美、法系从"权利"角度或对权利如何进行救济的角度来拓展财产的空间，即以利用为中心，而非以归属为中心。英、美、法系没有特别强调物权和债权概念，对各种具体财产权利予以平等保护，对物的所有权并不比对其他权利具有优先性。

现代产权经济学与英、美、法系契合度更高，尤其表现在以"利用"为中心，扩展到无体物、强调了权利平等，但大陆法系的所有权对自由资本主义时期的个人主义影响较大。我国所使用的"所有权"概念是大陆法的概念，而科斯定理为代表的西方主要产权理论中的产权概念更多是英美法中的产权概念。两者在内涵和外延上均存在不同，在经济活动、改革进程中逻辑起点也有所不同。法律对产权的界定、保护更有效率，必须高度重视法律对经济的影响。

第二节　马克思所有制理论：社会、政治视角

一　所有制理论

马克思主义关于产权的理论属于一种所有制分析范式。马克思未使用过"产权""产权制度"这样的名词，但德文原著中的"所有权"（Eigentum）与"财产"一词同义；在英文版《马克思恩格斯全集》中，恩格斯以及后人根据自己的理解将马克思的德文用词"Eingentum"

或"Einentum recant"译为"property rights"，"the rights of property"，即财产权或产权。中文版《马克思恩格斯全集》等著作中，这些词组根据语境不同译成所有制、所有权。从这个角度讲，所有权与产权的含义是相近的，马克思的所有权或所有制理论就是其产权理论。①

在马克思的所有制理论中，也包含了所有权的权能分解思想。在中文中，我们一般看不出"所有权"这一概念在不同语境下的差别，但在德文和英文的原著中，上述词汇和短语有明显的区别。有时它指财产占有而获得的全部权利，有时则指其中的部分权利，还有时指其中的某一项权利。马克思研究的产权包含所有权、占有权、使用权、支配权、经营权、索取权、继承权和不可侵犯权等一系列权利，包括广义所有权和狭义所有权（rights）。此外，他认为，资本所有权和资本使用权的分离在股份公司中得到了进一步的发展，"在股份公司内，职能已经同资本所有权相分离，因而劳动也已经完全同生产资料的所有权和剩余劳动的所有权相分离"。在权利统一而不相互分离的情况下，拥有所有权，就意味着拥有与财产有关的全部权利，也就是拥有完全产权。

马克思是从所有制角度讨论法律上产权或所有权的问题，他认为产权或所有权是所有制的法律形态，是财产归谁所有的法律制度，是"一定所有制关系所特有的法的观念"。马克思认为，"财产关系……只是生产关系的法律用语"。他认为所有制是产权、所有权的经济形态，基础和核心部分是生产资料所有制。马克思的所有制理论里，产权或所有权是一个生产关系概念，并不是交易关系概念。

马克思通过对资本主义社会的分析，揭示出剩余价值规律，指出资本主义制度的内在矛盾及其灭亡必然性。马克思认为，私有制是对雇佣劳动的剥削，是阶级对立和阶级压迫的经济根源，要消灭剥削就要消灭私有制。马克思、恩格斯在《共产党宣言》中说：共产党人可以用一句话把自己的理论概括起来，这就是"消灭私有制"。从生产力决定生产关系角度出发，认为公有制与社会化大生产相适应，资本主义财产关系必将被社会主义财产关系所代替。即以公有制替代私有制，社会主义运动的起点应该是：为生产资料的公有化创造条件。

马克思所有制理论从生产力和生产关系矛盾出发，侧重于阶级分

---

① 吴易风、关雪凌等：《产权理论与实践》，中国人民大学出版社 2010 年版。

析，揭示所有权的演变及社会经济发展的内在联系。马克思并未阐释公有制在经济运行层次上如何实现和具体操作等问题，没有论述所有制实现形式。

当然，马克思、恩格斯也意识到理论的时代局限性。当时距《宣言》发表仅 25 年时间，他们在《〈共产党宣言〉1872 年德文版序言》中承认："这个纲领现在有些地方已经过时了。"恩格斯在晚年告诫后人："马克思的整个世界观不是教义，而是方法。它提供的不是现成的教条，而是进一步研究的出发点和供这种研究所使用的方法。"恩格斯特别告诫："我们对未来非资本主义社会区别于现代社会的特征的看法，是从历史事实和发展过程中得出的确切结论；脱离这些事实和过程，就没有任何理论价值和实际价值。"

二　所有制与产权、法律

马克思考察的是 19 世纪之前的资本主义社会私人所有权的运动，故马克思关于所有权的理论，首先是以私人所有权为核心内容，仍属于公、私产权观念对立思维。严格来说，马克思产权理论的实质是其特定时代下的所有制理论，虽然在所有制范畴下考察了产权的起源、各种具体权项及其功能、论证了产权的统一性和可分性，但马克思并没有专项及系统研究法律范畴的产权问题，没有现代意义上的产权理论。

马克思将所有制理解为广义所有制，将其认为是生产关系的总和，其理论基本未涉及所有制实现形式及公有制具体形式。但是，苏联则将其理解为狭义的所有制，即生产资料所有制关系。苏联斯大林两种公有制模式和前南斯拉夫社会主义自治模式在这些方面都进行了十分有益的探索，但最终均以失败而告终，都不是实现公有制的正确形式。

从法律角度看，对大陆法系国家（德国、法国、中国等）而言，所有权是构建财产权体系的逻辑起点，但所有权在英美法上只是财产权或产权的一种表现形式而已，并不是逻辑起点。所有权的"个人本位"和"绝对所有权"观念迎合了自由资本主义发展所要求的个人创造精神。罗马法虽然产生于奴隶社会，但它差不多完满地表现了马克思称为商品生产的那个经济发展阶段的法律关系。

综上所述，马克思产权理论总体上属于"所有权"理论，尽管也强调所有权的权能分离，但从法律渊源上看，德国法采用的是大陆法系的

"物权"思维，强调"归属"，采用"归属 + 权能"的模式。马克思产权理论总体上还是停留在"所有权"的"物化"阶段，在微观层面具体运行、产权改革等方面尚有局限性。

第三节　西方产权理论:经济学视角

一　科斯产权理论及逻辑

科斯是产权经济学的代表人物，也是新制度经济学的鼻祖。事实上，在科斯的著作中并没有关于产权的明确界定，他本人也没有直接提出过"科斯定理"。现代产权经济学始于科斯，以 20 世纪 30 年代的《企业的性质》和 60 年代的《社会成本问题》为代表，产生了"科斯定理"为核心的产权理论。科斯指出："人们通常认为，商人得到和使用的是实物（一亩土地或一吨化肥），而不是行使一定（实在）行为的权力。我们会说某人拥有土地，并把它当作生产要素，但土地所有者实际上所拥有的是实施一定行为的权力。"[①] 此外，科斯强调，财产拥有者实际上拥有的是一定行为的权力，而且这种行为权是受限制的，所以产权理论"所要决定的是存在的合法权利，而不是所有者拥有的合法权利"[②]。科斯于 1937 年和 1960 年分别发表了《企业的性质》和《社会成本问题》两篇论文，论点后来被人们命名为著名的"科斯定理"。

"科斯定理"这个术语是乔治·斯蒂格勒（George Stigler）1966 年首次使用的。他在研究外部性与产权效率联系的基础上，在其著作《价格理论》中引证科斯关于"养牛和种庄稼"的私人成本和社会成本案例后，将其基本命题称为"科斯定理"，并且该定理也基本上被科斯认可。该定理认为，只要财产权是明确的，并且交易成本为零或者很小，那么，无论在开始时将财产权赋予谁，市场均衡的最终结果都是有效率的，最终实现资源配置的帕雷托效应最优。

科斯定理是在分析"外部性"问题的过程中逐步形成的，他认为市场运行缺陷的根源在于产权界定不清，造成交易过程的摩擦和障碍。科

① 段文斌、陈国富、谭庆刚、董林辉：《制度经济学——制度主义与经济分析》，南开大学出版社 2003 年版。

② ［美］罗纳德·哈里·科斯：《企业、市场与法律》，盛洪、陈郁等译，上海三联书店 1990 年版。

斯第一定理：斯蒂格勒（Stigler）的表述是："在充分竞争的条件下，私人成本和社会成本相等。"威廉姆森认为科斯定理是：只要交易成本为零，那么初始的合法的权利配置对于资源配置的有效性是无关的。《新帕尔格雷夫经济学辞典》的表述是：只要交易成本为零，财产的法定所有权的分配不影响经济运行的效率。科斯第二定理——科斯定理的反定理：当存在交易成本时，可交易权利的初始配置将影响权利的最终配置，也可能影响社会总体福利。因此，应该选择提供较大社会福利的权利初始配置。科斯第三定理——科斯第二定理的补充：当交易费用大于零时，产权的清晰界定将有助于降低人们在交易过程中的成本，改进效率。

西方产权理论的逻辑是，市场经济条件下清楚界定产权或权利，能提高经济效率，而产权清晰就是将之界定给私人，即只有私有产权才能提高经济效率。阿尔钦认为，"除私有产权以外的其他产权都降低了资源的使用与市场所反映的价值的一致性"，即承认私有产权最有效率。

在西方经济学界对科斯定理的各种批评中，《新帕尔格雷夫经济学大辞典》尖锐地提出"科斯定理是真理还是谬误"的问题？回答是："科斯定理有可能是错误的或仅仅是同义反复！"不少西方经济学家指出"科斯的产权清晰就是私有产权"，但斯蒂格利茨（Stiglitz）则反对这种"市场原教旨主义"，他将产权清晰论叫做"产权神话"。

二 其他西方产权理论概述

科斯定理是产权经济学研究的基础，其核心和逻辑起点是关于交易费用的论断。20 世纪 70 年代之后，产权理论作为制度经济学的重要分支，研究越来越深入。德姆塞茨在《关于产权的理论》中认为："产权包括一个人或其他人受益或受损的权利"，"产权是界定如何受益或如何受损，因而谁必须向谁提供补偿以使他修正人们所采取的行动"，"产权是一种社会工具，其重要性就在于事实上它们能帮助一个人形成他与其他人进行交易时的合理预期"。阿尔钦在《产权：一个经典注释》中认为："产权是一个社会所强制实施的选择一种经济品的使用的权利。"菲吕博腾和配杰威齐在《产权与经济理论：近期文献的一个综述》中将产权定义归结为："产权不是指人与物之间的关系，而是指由于物的存在及关于它们的使用所引起的人们之间相互认可的行为关系。产权安排确定了每个人相应于物时的行为规范，每个人都必须遵守他与其他人之间的相互关系，或承担不遵守这种关系的成本。因此，对共同体中通行的产权制度，可以描述为一系列用来确定每个人相对于稀缺资源使用时的地位的经济和社会关系。"① 张五常（1989）以私有产权为考察对象，认为从其功能上看，私有产权包括三个权利，一是私有的使用权（有权私用，但不必然私用）；二是私有的收入享受权；三是自由的转让权。西方学者关于产权的定义中，归纳起来可以认为，产权是一种排他性的一组权利或权利束。

西方产权理论多从交易费用角度阐述了私人产权有效性，私人享有剩余利润索取权则有较强的激励动机去不断提高企业的效益。德姆塞茨主要从对产权功能和作用的理解出发来定义产权，他认为"产权的一个主要功能是引导人们实现将外部性较大地内在化的激励"。他指出，如何在共有制、私有制和公有制中判断哪种产权结构更有效率，这取决于哪种产权结构能够以较低的成本将外部性内部化，在这方面私有制具有天然的优势。② 阿尔钦认为，"私有产权之外的其他产权形式，减弱了资源使用和市场上体现价值的一致性"，"如果公共产权意味着负有责任的资源使用者能够阻挡更多的人使用资源，那么资源将利用不足"。诺斯（1990）认为私有产权界定带来的收益大于它的费用的增加，私有产权的效率比公有产权的效率高。按照哈特的不完全合同理论，由于剩余收入的存在，在合同关系中必须由剩余控制权的拥有者——企业所有者"兜底"，否则交易成本会过高。

但也有一小部分西方经济学家对私有制效率提出疑问，如巴泽尔、斯蒂格利茨等。巴泽尔认为，决定产权界定的不是资源的总价值（租），而是净价值（净租），"先验的推理不能表明私人所有一定比政府所有更具有效率。正如上面所指出的，如果测量和监督成本很高，那么私人所有与零交易费用相比，就决不会没有浪费"。斯蒂格利茨认为，科斯的产权清晰是产权神话，"在经济学中，大概没有一种神话像产权

---

① 费方域、蒋士成主编、翻译：《不完全合同、产权和企业理论》，上海人民出版社2011年版。

② 盛洪：《现代制度经济学》，北京大学出版社2003年版。

深化那样影响人们的观点和行动"。

在制度经济学分支中的企业契约理论，也进行了深入研究，代表性的理论如：不完备契约理论和委托—代理理论。把企业的要素所有者划分为人力资本所有者和非人力资本所有者，通过不确定性、资产专用性和机会主义行为等重要概念的引入，分析两类要素所有者的产权特征并讨论企业所有权的最优安排。企业契约理论在企业治理问题的探讨中出现"资本雇佣劳动"和"劳动雇佣资本"两种截然对立的观点，探讨了人力资本属性与人力资本产权。

三 相关逻辑

西方产权理论以利用、效率为中心，哲学基础是自由主义。负外部性可以作为理解其逻辑的一个入口，而公地悲剧通常是私有产权必要性的一个论据。如果不存在交易费用，私人所有权和公共所有权并无什么区别，市场交易和企业内部交易也没有什么区别，可以制定包括一切的合同，产权的配置也不重要。

主流的西方产权理论主要从排他性权利、交易性等角度出发定义产权、强调私有产权高效。西方现代产权理论主要是根据产权的外部性分析，得出了私有产权较之公有产权有效率的结论。产权清晰是市场交易的先决条件，而产权清晰就是私有产权。科斯定理的各种解释都在说明产权界定或产权清晰与经济效率的关系，产权理论更多的是一种交易关系理论。西方产权理论基于个体之间的权利界定，属于微观分析，整体研究比较深入。西方产权理论对国有企业与自然资源产权改革等多个领域的具体产权改革和运行具有很强的指导意义。

西方产权理论通常认为，产权不是在历史形成的生产方式和生产关系基础上产生的，而是反映人的超历史的自然本性的法律为基础的，是法律创造了产权。事实上，它颠倒了经济与法律之间的辩证关系，并认为所有权可有可无也是有偏颇的。

主流西方经济学对私有产权重大意义论述较为全面，尤其是在解决信息不对称带来的激励问题方面。经济人假设在整个经济学思想体系中起着逻辑支撑点和方法论原则的重要作用。

第四节　理论分析与评述

一　两大产权理论的逻辑起点、范式与视角

西方的产权理论与马克思主义的所有制理论的根本区别主要表现在以下几个方面：研究产权问题是坚持个体主义的方法还是坚持整体主义的方法；是经济关系决定法权关系还是法权关系决定经济关系；产权关系是一种交易关系还是一种生产关系；财产权利是一种自然权利还是一种历史权利。[①]

马克思主义的所有制理论和西方的产权理论都是以产权和制度为研究对象的。马克思产权理论的实质是其特定时代下的所有制分析范式，以产品产权分析为逻辑起点，从宏观整体上全面把握产权运动及其规律，而现代西方产权理论以契约分析为逻辑起点，从微观具体的角度部分把握产权运动及其规律。比较而言，西方产权经济学往往缺乏历史观，常常从抽象的理性经济人和经济现象出发，但是对于改善企业经营管理和公司治理结构等多个层面具有重要的借鉴意义。

马克思产权理论强调产权的最初获取及后来运用时所包含的根本社会性质；而西方产权经济学家的产权却在默认私有产权既有性质的合理性，或（有意）忽略产权上述属性的情况下，又强调产权的效率和利益分配。诺思（North）认为，马克思理论也有其优点和说服力，尤其是在制度、产权、国家和意识形态宏观层面的研究。

马克思对产权理论的分析是历史性和逻辑性的，但由于时代的局限，马克思不可能穷尽一切问题，并没有形成一个系统的产权理论、微观层面操作体系。马克思所有制理论没有对既定的社会制度下，具体的产权形式、制度安排及市场经济微观主体给出具体的设想和指导。西方产权理论研究尽管其在研究的基本立场、方法上都存在着一定缺陷，但在具体的理论实践上均有一定指导性，并对市场经济条件下微观企业的产权问题给出了较为清晰的回答。

---

① 林岗、张宇：《产权分析的两种范式》，《中国社会科学》2000 年第 1 期。

二 两大产权理论局限性

两大产权理论均是从所有制既定、各自意识形态为前提来研究，基本都是公私对立思维，都具有历史局限性。马克思所有制理论一个重要来源就是资产阶级古典政治经济学，该理论旨在研究资本主义经济制度的本质和发展趋势，对社会主义制度安排、具体的产权问题并没有形成一个系统的理论，更不可能做出具体的设想。应该看到，马克思的产权理论毕竟是一百多年前在当时的时代背景下提出的理论，而西方产权理论属于自由主义学派阵营，是在较为发达的资本主义私有化大环境中萌芽的。发端于美国的全球性金融危机摧毁了私有产权具有最高效率的神话，苏联、东欧剧变也说明了"一大二公三纯"的公有制模式在现阶段难以为继。事实上，包括科斯本人在内的许多西方经济学家并未绝对性阐述公共产权的低效。

西方产权理论主张私有化实质上是"重塑以自然人为基础的产权主体"，完全清晰的界定产权与现实、法律等均产生一定的矛盾或不经济性，具有很大的局限性。西方产权理论基于意识形态，通常排斥公有制，认为公有制是一种无权利状态、混沌社会形式，不加以历史客观的研究和分析。

马克思主义所有制理论在产权交易、市场经济运行和法律分析等方面缺乏系统的理论和坚实的微观基础。马克思产权理论关于生产资料公有制的界定及分析有局限性，如公有制经济侧重于企业领域，对一些重要的生产要素，如土地、自然资源等方面研究存在一定的局限。如土地是自然的产物，不是劳动产品，没有价值，也不创造价值。总体而言，在土地产权、自然资源产权、知识产权和企业家人力资本等领域仍需进一步研究发掘。

两种产权理论均存在一定程度上产权内涵界定的分歧与混乱，都存在割裂现象。两种理论分别侧重于生产关系、交易关系或费用。相当一部分学者，如张五常等将产权和所有权完全割裂、脱离所有权去讨论产权，另一部分学者则将产权局限于所有权"物"的视角。所有权是完备形式的产权，单纯的所有权概念已经不能满足现实经济、法学实践的需要。

三　法律、社会、经济视角的综合

当今社会，经济与法律互相影响。通常认为，产权同时属于经济学和法学范畴，但最早产生于经济学、更侧重于经济学的把握。然而，作为一种权利（束）或与权利有关的概念则不能脱离法律视野，并且与所有权紧密相关。但是，经济学界和法学界并没有统一的认识，即便在各自内部也存在差异。经济学的产权，更加侧重考察动态的产权发生与行使的过程，而法学的产权观念则侧重静态地判断权利主、客体的界区及执行结果。我国民法制度和理论一直以对德国民法典和德国民法的继受为主，属于大陆法系范畴，受到其所有权、物权概念的深刻影响，具有一定的局限性。当前的重点是让法律和制度安排有效率，法律与经济改革更好配合，以使得交易成本最小化，资源配置最优化。

主流西方产权理论与英、美、法系财产法体系更契合，尤其是产权的范畴、利用观及权利平等观。英、美、法系财产法更为灵活，大陆法系的财产法更为严谨，大陆法所有权概念对近现代自由资本主义的个人主义影响较大。马克思所有制理论的产权思维从法律层面上讲，与法国、德国的大陆法系的物权、所有权思维接近。科斯为代表的西方产权理论与英、美、法系匹配，但却默认或忽略产权既有性质、制度属性等。在经济运行层面更为强调产权的界定、流转与交易，更关注利益或效率。

英、美、法系、西方产权理论有助于在法治、经济运行层面推动当前的产权改革。其积极意义在于：有利于改革者进一步认识产权明晰化的重要性，不仅满足于法律上对产权的规定，更重视经济运行中具体明确产权边界；探讨更为合理和更为有效的产权配置时，必须考虑交易费用或必要的法律救济。不可否认，马克思所有制理论的历史性和逻辑性分析、宏观制度规律分析方面，值得借鉴。

两大产权理论、两大法系的研究在经济金融化的今天需进一步突破以往静态、对立及线性思维，产权应在法律与经济层面互相促进、融合与发展。产权理论与实践结合需要将经济、法学、政治和社会学等多个学科进一步融合与创新，互鉴与互促。

综上所述，公有制与市场经济结合、有效实现形式等依然是一个全新的探索领域。产权是所有制实现形式的载体和核心，无论公有制还有私有制，都是通过一定的产权制度来实现。在经济金融化的大背景下，必须从所有权与产权的特性、社会主义本质和公有制实现形式等方面入手，基于历史与逻辑、经济与法律视角推动产权改革深化并解决公有制悬置问题。

第四章 产权制度的演进与近现代社会的产权变革

第一节 基于法学视角看产权或财产制度的变迁

一 两大法系的财产法体系变迁

对所有权、物权、产权或财产权这些概念的深入理解，离不开对大陆法系和英、美、法系的财产法律制度的历史变迁的考察。

（一）两大法系的财产权（所有权）法律制度演变

大陆法系以简单而稳定见长，英、美、法系则相对复杂而灵活。古罗马法强调绝对、独立及完全的所有权观念，及与此相应的一物一权主义引起了 11 世纪法学家的关注，在大陆法系的财产法律制度中得到了再现。英、美、法系的财产法律制度，则是在古日耳曼法和中世纪封建习惯法的基础上，围绕着 12 世纪形成的普通法和 16 世纪形成的衡平法，逐渐发展起来的。尽管英国的财产法也曾受到古罗马绝对所有权观念的影响，但仍独立走出了一条法律体系之路。

大陆法系源于古罗马法。在古罗马社会，奴隶不享有人格而只是奴隶主"财产"的一部分。古希腊斯多葛学派的自然法思想经西塞罗传给罗马法学家，西塞罗倡导的保护自由公民的权利、建立合乎自然精神的法律秩序等思想，奠定了古罗马法抽象的财产权制度的理论基础（马俊驹、梅夏英，1999）。在上述经济和文化两种作用下，古罗马法中诞生了强调所有者"绝对支配权"的抽象的法学概念——所有权（dominium）。罗马法学者将所有权定义为"对物的一般的实际主宰或潜在主宰"，实质上就是对物的完全的、绝对的支配权（P. Birks，1986）。①

---

① 尹德洪：《产权理论及法律制度的经济学分析》，对外经济贸易大学出版社 2008 年版。

当时社会条件下，财产绝大多数都表现为有体物，虽然法学家已经认识到了"无体物"的存在，但只是作为财产的特殊形式。因此，罗马法学家在定义所有权概念时，所使用的"物"的概念主要是指"有体物"，但也并没有特意与"无体物"相区别。但罗马法进一步完善了财产法律制度，创造了以抽象所有权（proprietas）为核心，所有权权能分离为基础的物权制度。他物权由所有权派生，是对所有权设定的暂时限制，他物权到期后，对所有权的限制即随之解除，所有权恢复圆满，即所有权有弹性力或称归一力。

与大陆法系不同，英、美、法系的财产法更多地受到古日耳曼法的影响。古日耳曼人在北欧的部落集团——盎格鲁—撒克逊人在公元 5 世纪左右侵入不列颠，与古罗马社会相比，当时的英国有两点因素决定了其财产法律制度迥异于古罗马法的特点。其一，英国正处于原始社会解体和封建制度逐步形成时期，农耕社会需要大量的劳动力协作，劳动力虽然受到封建义务的种种限制，但已取得了法律人格，劳动力主体与生产资料所有者之间必须"合作"。其二，私有制尚未充分发展，集体共同占有生产资料的原始习惯仍有延续，并且具有"共同协商"传统。随着私有制和封建土地分封制的形成和发展，古日耳曼财产法律制度形成了几个特点：进行权利的分配时，没有抽象支配的观念，同一物上设定的不同利用形态的数个权利之间是平等关系，没有派生关系；并未形成一物一权的规则，而形成了不动产之上的多重所有关系，典型的形式是在同一土地上并存着上级所有权和下级所有权。[①]

英、美、法系从 11 世纪时开始形成，基本未受到革命的干扰而再无中断，保持着历史的连贯性、有机演变。在历史渊源上看，英国与欧洲大陆国家有着类似文明，两大法系重大差别的起点源于 1066 年诺曼底公爵对英国的征服，其中，英国土地"保有制"（tenure）是法系差异的关键。英国地处欧洲大陆之外，与法国的绝对君主制不同，仍保留原始部落的色彩、习惯法。在入侵不列颠之前，盎格鲁—撒克逊人与朱特人和其他日耳曼部落一样处于原始社会氏族公社开始解体阶段，这一时期私有制并不发达，仍具有"团体主义"的色彩，大多数土地由公社成员共同享有。但在 1066 年威廉一世凭借其军事力量，将土地收归国王所有。他宣称所有

[①] 祁志钢：《两大法系财产权概念比较研究》，《法制与社会》2011 年第 6 期。

被征服的土地都归他本人所有，将大部分土地以承担军事义务等条件分封给贵族保有，贵族又效法国王，其余土地也附条件地再分封。如此层层分封，便形成了以土地保有关系为纽带的金字塔形的土地权利体系，国王名义上拥有全国的土地，但实际上只占有和使用一小部分土地，其余都是土地保有人。"保有"是一种围绕土地而建立的领主及其附庸之间的社会关系，即附庸持有领主的土地，并向领主承担各种封建义务；领主向附庸提供保护，并保留在某些情况下收回土地的权力。各级土地保有人虽然名义上不是土地所有人，但却是全国大部分土地的实际占有和使用者，是土地权利关系的真正主体。国王作为土地所有权人的土地权益与领主权益融为一体，领主权益对于国王至关重要。随着国王的领主权益在历次司法改革中逐步退隐，英王所享有的土地利益也被实质上抽空。土地作为当时最重要的财产，所有权并无特别意义。土地所有权人的身份对于国王而言已经毫无意义，不能给英王带来实质的土地利益。因此，英国土地法自诺曼征服以来所关注的重心不是土地所有人的权利，而是土地保有人的权利。

在大陆法系中，财产权以财产所有权为基础，强调所有权的"绝对性"，财产的利用权处于依附地位。英国的这种"保有"制度下的地产权是一个抽象化程度较低的概念，不带有绝对性、排他性特征，既可以"一物多权"，也可以按时间与权能自由分割。英、美、法系的财产权中，所有权一词纯粹是作为占有的对应词，其意义并不比产权包括更多的含义（拉登，1998）。至于物的使用，则很少发生所有权争议的问题，所有权在英、美、法系上没有任何特别的意义。大陆法系重视的是立法制定的法典中的抽象规范，英美法采取了正义直觉的进路。

（二）保有与信托

所有权理论下，不允许自由创设（权益），而保有制度下却积极鼓励。英国的地产权里，"一地多权"最早是封建保有制时期对土地层层保有的结果。因此，英国土地法是关于保有和租户的权利义务，单单所有权的概念并不管用。① 同一块土地上，几种不同的地产权可以同时并存，互不排斥。

现代信托制度源于英国，最早来源于"受益权"、土地保有制度的"地产权"。"受人之托，代人理财"是信托制度的基本理念。美国《信托法重

---

① 约翰·亨利·梅利曼：《所有权与地产权》，《比较法研究》2011年第3期。

述》规定信托是指以明示意思表示而设定的，发生在当事人之间的一种财产信任关系，在这种关系中，一方享有财产上的所有权，并负有为另一方在衡平法上的利益处分和管理财产的义务。信托是关于特定财产的一种信任关系，受托人、受益人都享有所有权，即存在"双重所有权"，受托人为了他人利益而享有该特定财产的法律上的所有权，该他人作为受益人则享有该特定财产的衡平法所有权。英美信托财产中受托人与受益人的双重财产权最早源于用益制时期分割地产权的"法律创造"。大约从12、13世纪开始，英国部分地产权人为了规避封建赋税以及将土地收益捐给教会，采用了一种将土地占有与收益分开的用益制做法，将土地转交给自己信任的亲戚或朋友占有。用益关系的设立事实上分割了原来的地产权，由此产生了受让人与受益人两种权益，奠定了信托双重财产权的历史基础。英美信托财产权的创设基于合意，具有与"债权"密不可分的交叉特性。

将英美信托财产权完全融入大陆法物权体系中存在较大难度。其一，英美信托财产"双重所有权"与大陆法中的所有权概念的"一物一权"原则存在冲突；其二，英美信托财产权受普通法与衡平法共同调整，与"债权"密不可分，跟物债二分的大陆法体系难以相容。信托法移植到大陆法系国家过程中，信托财产的所有权归属就成为一个难题，有的国家采取回避方式，或将之视为一种特殊的权利。

（三）两大法系财产权特点

大陆法系以先验哲学为基础，注重演绎推理，通常先有法律理念，再依此制定法律。英、美、法系以经验理性哲学为基础，遵循归纳推理，一般先由社会发展出规则，再上升为法律。英美法没有大陆法系的物权法概念，没有物的概念，直接使用了财产概念。与英、美、法系不同，大陆法系习惯性为某种经济利益找到客体。

大陆法系创制之时，人类社会还处在实物经济的时代。调整静态财产关系的民法制度成为物权法，调整动态财产关系的民法制度成为债权法。通过物权和债权分别建立起以有体物的享用与交换为中心的静态秩序和动态秩序，足以满足当时的社会经济需要。从历史沿革看，大陆法系的财产法模式是围绕着"物"的概念演进的。他物权、债权以无体物的形式存在，但没有取得与所有权平行的地位，前者对后者具有依附性。[1] 但随着

---

① 王卫国：《现代财产法的理论建构》，《中国社会科学》2012年第1期。

人类社会进入实物经济、知识经济与信用经济等多位一体的新时代，这种体系就难免在现实面前显示出局限性。

英、美、法系的财产权并不强调所有权，所有权与其他产权地位平等。集合物和集合财产可以作为支配的客体，可将管理、处分、使用和收益等各项权能进行分割，由不同的主体分享，分割后各部分相互独立，而各部分的权利内容和价值并不是完全统一的，即可将所有权进行质的分割。

两大法系的财产法律制度在形成之初，即表现出了各自鲜明的特点。古罗马法基于简单商品经济的需要，建立在私有制充分发展的基础上，以个人为本位，给予权利归属更多的关注，强调主体对财产的绝对排他控制。古日耳曼法是农业社会的法律规定，反映前资本主义的精神，又建立在原始共有的基础之上，富于"团体本位"的思想，更多地关注财产的利用。随着资本主义的发展，日耳曼法形成"团体本位"思想和"以利用为中心"的原则，因此较符合资本主义社会经济发展的要求。① 现代英、美、法系中的财产权体系更具有包容性、开放性，各种权利不仅可以自由地流转，而且可以便利地相互转换。

二　趋势：交融互鉴

大陆法系的现代财产权体系应包括以所有权为核心的有体财产权，以知识产权为主体的无体财产权，以债权、继承权等为内容的其他财产权。② 随着新的财产权类型不断涌现，旧的财产权制度渐次嬗变。

法律上从"绝对所有权"到"相对权"达成一致共识。自19世纪中叶以来，绝对权的概念受到了批评，为维护社会利益应对所有权进行适当限制，防止或禁止"权利滥用"，权利的行使不得专以加害他人为目的。各个法系都认同，权利与义务存在一定的对等性，而不能仅仅强调绝对性权利。

逐步强调由"个人本位"到"社会本位"、由所有到利用。两大法系都否认所有权绝对化，对其效力范围、行使方式及权益获取进行了适当的限制，与此同时，产权或权利的客体层面，也由单一实物形态向实物、价

---

① 祁志钢：《两大法系财产权概念比较研究》，《法制与社会》2011年第6期。
② 吴汉东：《论财产权体系》，《中国法学》2005年第2期。

值双重形态转变。两大法系对"财产"的理解日渐趋同，财产被认为是一种法律关系或者权利，而不是直观上所感知到的物，都对无体财产予以保护，只不过在大陆法系中，无体财产权是一种特殊的支配权；而在英、美、法系，无体财产权是内生于财产权体制内的一种财产权形式。

在权利的客体方面，尤其是大陆法系也在逐步演进。通常大陆法系的财产法律体系规定的所有权客体为有体物，否则，将打乱物权债权二元体系的逻辑构建基础。但当新型财产权出现时，法律理论往往采用"物权债权化""债权物权化""准物权"等概念解释。纵观大陆法系国家，对财产首先有广义财产和狭义财产之分，广义财产指物与一切有经济价值的权利，包括债权、有价证券和知识产权等，而狭义财产则仅指有体物。

随着经济社会发展，无论是大陆法系还是英、美、法系的财产权，对财产的界定、使用都越来越具有开放性、延展性，日益呈现相互借鉴与部分融合的趋势。随着经济社会发展，产权与物权也呈现更快的融合态势，大陆法系许多国家在民事立法中也经常性使用"产权"一词，如房屋产权、土地产权，等等。尤其是随着经济金融化趋势，英美信托财产制度在世界范围内盛行，面对信托"双重所有权"等问题，大陆法系国家在引进过程中也在逐步消化、吸收和改变。两种法系互相借鉴、交融发展，权利（产权）的多样性、平等性日益获得认可，但客观上讲终极所有权依然重要。

顺应社会变迁潮流，法系间的融合和共通也在加快。构筑具有包容性和开放性的新的财产法体系是当今世界的一个趋势。各个法系，尤其是大陆法系也在日趋克服以往财产权理论在功能和价值上的片面性，实现产权经济效用与政治、伦理等价值之间，以及个体利益与社会利益之间的会通与平衡。

第二节 人类社会发展进程中所有权及产权制度的演进

一 人类社会的所有权、产权制度变迁脉络

（一）人类社会财产变迁的轨迹

对于人类财产制度变迁，马克思与古典经济学家亚当·斯密等都有

相关的描述。马克思认为，资本主义私有制社会以前有三种财产形式，第一种状态是原始公有制，第二种状态是以劳动者自己劳动为基础的所有制和私人所有权，第三种状态是以无偿占有他人劳动为基础的所有制和私人所有权（吴易风，2001）。马克思据此将所有制划分为部落所有制、古代公社所有制和国家所有制、封建的或等级的所有制三种形式。斯密则把人类社会分为狩猎时期、游牧时期、农耕时期和工商业时期，四个时期分别对应相应的财产结构。马克思与斯密等人在对人类历史发展阶段划分、定义和定性上有所区别，但总体而言，财产变迁的形式上没有太大分歧。

回顾人类社会发展，财产制度的变迁相伴人类文明进步而行。在人类社会初期或原始阶段，应该说人类整体及个体均处于完全蒙昧状态，没有财产概念，个体仍处于大自然一员，主要靠采集自然食物为生。原始社会进一步发展，人类以部落、群居形式生活在一起，能够制造和使用简单的工具，主要靠食物采集和共同狩猎。由于生存需要，个人服从氏族和部落，不享有独立的财产权，即这个时期基本上属于原始公有制，所有成员在经济上处于相对平等地位。

随着游牧和农业出现，部落日益强大，生产力水平提高，开始出现剩余产品，必然开始产生分配不均、部落阶层分化。同时，有产者抵抗无产者现实需要，萌发了私有产权、国家及法律。农牧业的进一步发展导致人类正式走向文明，世界范围内的公国、王国等各类国家形式建立，社会形态或以农奴国家、或以分封制国家以及或以中央集权制的农业国家面貌出现。此时，社会财富以土地为载体、以农牧业为主要财富，私有制完全建立起来，同时，手工业和商业也逐步发展起来。西方的贵族领主、东方的一些权贵豪绅们将土地租给底层劳动人民，将剩余产品用以交换，推动了工商业发展、城市的发展，简单商品经济社会由此诞生。

随着工商业发展，社会化大生产时代到来，资本主义社会私有制占据主导形式，同时，市场经济、政治与法律也逐步发展到一个新的阶段。通过市场来扩张私有产权具有了可行性，成为新兴阶级发展的根本动力，进而促进了自由竞争的资本主义经济制度的形成。同时，1917年俄国十月革命建立了人类历史上第二个无产阶级政权、第一个社会主义国家（第一个无产阶级政权是巴黎公社）。至此，世界范围内出现了资本主义和社会主义并存局面，直至今日。

通过建立排他性的产权，形成稳定、长期的预期，进而推动生产性活动、资源配置优化。其中，企业产权变迁大体经历了三个阶段：一是业主制企业阶段；二是合伙制企业阶段；三是公司制企业阶段。前两个阶段都是以自然人为主体的产权制度形式，第三个阶段是以法人为主体的产权制度形式，也谓之法人产权制度。与自然人产权制度相比，借助于股权这一特定的产权形式来实现创新。在经济金融化发展趋势下，产权更为复杂化。

（二）私有产权的起源

西方普遍认为，私有财产起因于相对的稀少性（康芒斯，1962），产权产生的根本原因是由于外部性的存在。外部性是指经济活动的当事人之间的行为在利益上一方对另一方或其他诸方造成的伤害（负的外部性或外在不经济），或提供了收益（正的外部性或外在经济），不能通过市场加以确定，也难以通过市场价格进行补偿或支付。德姆塞茨1967年的《关于产权的理论》认为，新的产权是相互作用的人们对新的收益—成本的可能渴望进行调整的回应，当内部化的收益大于成本时，产权的发展是为了使外部性内部化。

诺思从人口增长所引起的与资源稀缺之间的矛盾这个角度来探讨产权的起源的。他认为，由于史前时期的资源是相当丰富的，人口的增长并没有导致食物资源的紧张进而威胁到人类的生存，财产资源都是共有的。但是，当人口进一步扩张到资源被充分利用的程度、并为了占有公有财产资源而展开竞争时，资源就会日趋稀缺，花费必要的成本去界定和建立产权就成为必然的选择。诺思提出的模型中，外生变量是人口压力，当人口增加快于自然资源增加时，早期社会的各个部落间对食物的竞争和争斗增强了，定居农业逐渐比狩猎游牧更有吸引力，但农业生产需要支付确立排他性权利的费用。马克思则认为，生产力的发展是公有产权解体和私有产权产生的根本原因，是生产力和生产关系矛盾运动的必然结果。①

从前述可以看出，产权是一个历史范畴，其产生及演变必然会随生产力的发展而变化，没有永恒。西方主流的产权理论把资源稀缺和人口压力视为产权演进的动力，并将私有制看作解决上述问题最有效的产权形式。

---

① 林岗、张宇：《产权分析的两种范式》，《中国社会科学》2000年第1期。

运用"交易成本、契约自由、个人选择、相对价格等资本主义自由经济范畴"来分析一切社会的产权问题，这是一种超越历史的观点。①

在一个资源不稀缺的世界里，是不需要产权的。私有产权只是资本主义生产发展过程中的一种产权形式，而不是一个永恒的范畴。财产观念是人在社会关系中与生俱来的，起初并不带有浓郁的私有色彩，仅仅是夹杂着原始朴素情感的一种观念，财产观念并未上升为真正意义上的权利。历史地看，私有产权是在生产力发展基础上由原始公有产权演变而来的，从这个意义上讲，公有产权是产权形成的起点，产权是历史演进中形成的。

二　财政危机催生的革命、产权制度演进

在资产阶级历史上有两次与财政（征税）、产权相关的著名的革命，一是英国的光荣革命（Glorious Revolution），二是法国的大革命。以英国为代表的西方国家是在漫长的私有产权博弈、政治革命过程中逐步壮大，英国也因此成为世界范围内最早建立现代预算制度的国家。在此期间，西方国家的宪政基础、私有财产权制度、自由主义与财产保护意识都得到逐步强化。

中世纪欧洲实行的是封建领主制，不同于中国古代的封建专制或高度集权制。国王并不能控制一切，封建领主或贵族在经济上是高度独立的，通常情况下，封建领主有权在自己的领地上发行货币，决定税赋。"我封臣的封臣不是我的封臣"，即封建领主的下属只向领主负责，而不用对国王尽义务，反过来，封建领主负有保护臣属财产的义务，国王向贵族和平民额外征税时需得到后两者的同意。欧洲具有浓厚的个人主义和重商主义文化传统，同时，也具有强烈的私有财产意识和一定民主意识。国王征税引起国内政治革命，其间，支持国会的商人和贵族考虑两个主要目标——宗教信仰自由和个人财产安全。英国的光荣革命和法国大革命则最终导致税收型财政制度取代租金型财政制度，使特权化的产权结构被市场化、平等性产权结构所代替，其背后的原因也是国王的财政危机。

英国的几句谚语可以道出资产阶级革命的部分背景，即"风可来，

①　林岗、张宇：《产权分析的两种范式》，《中国社会科学》2000 年第 1 期。

雨可来，国王不可来""我封臣的封臣不是我的封臣"。1215年可被视为"英国预算制度的初始之年"，由于国王约翰横征暴敛以及没收贵族土地的做法引起了贵族的反抗，在这一年约翰被迫在《大宪章》上签字，由此确立了"王在法下""非赞同毋纳税"的原则。1688年，英国国会信奉新教的辉格党、托利党联合起义，将詹姆斯二世国王罢黜，改由玛丽二世与夫婿威廉三世共治英国。光荣革命也即没有人命伤亡或受伤，国会与国王近半个世纪的斗争以议会的胜利而告结束。从1215年《大宪章》颁布到1689年"光荣革命"（1688年，英国邀请荷兰执政威廉来当英国国王），在经历了近500年的漫长斗争后，英国的议会才最终取代国王，并颁布了《权利法案》，成为国家权力的掌控者。为什么在漫长的欧洲革命中，只有"光荣革命"能够完成代议制政府的建立？很大程度上，应归功于英国自大宪章颁布以来，新的私有产权意识长期的积累和发展。

反观法国的资产阶级革命，法国大革命爆发于"光荣革命"后一百年的1789年。1789年法国大革命代表法国的"青春、热情、自豪、慷慨、真诚的年代"①，大革命颠覆了旧王朝，出现了极端的雅各宾专政，也出现了无政府形态的巴黎公社起义，并又恢复旧君主制。此后，法国陷入了长达两百年的政治对立。在罗马法体系下私有权观念根深蒂固，但王权专制力量也非常强大，导致革命更为尖锐、曲折，陷入"革命—复辟—革命"的漩涡。在自由、平等和保护私有产权的声浪下，法国革命往往走向"彻底砸烂旧世界"的激烈革命之路。

为什么英国会出现不流血的"光荣革命"，而法国会出现大规模流血冲突的大革命？英国与其他大陆国家不同的是，贵族为了保护自身权利，而倾向于让渡权益，与其他社会各阶层联合起来以制约王权。回溯历史，当时的财政危机、法律观念和产权意识等方面的差异导致两个国家民主之路迥然不同。

在诺思等看来，私有产权制度的建立是西方世界"兴起"（rising）的根本原因，国家制度和意识形态都是为维护私有产权这个核心制度服务的。各种帝国的兴衰都与国家对私有产权的保护程度相关联。黑格尔认为，"所有权是自由的定在"，财产权与人的自由不可分，精神既是

---

① ［法］托克维尔：《旧制度与大革命》，冯棠译，商务印书馆1992年版。

人的本体又构成财产的基本内容，也是权利的客体，必须通过法权制度来保护。卢梭认为，"财产、自由和生命"是人类生存的三个最基本要素，"财产权的确是所有公民权中最神圣的权利，它在某些方面，甚至比自由还重要"。洛克认为，所有权是和平等、自由一样的天赋权利，神圣不可侵犯。

古典自由主义具有财产权绝对、财产权神圣的观念。古典经济学认为，资本主义的市场经济弘扬的自由竞争以及在此基础上产生的平等、自由等权利和精神是最进步的方式。经济学家弗里德曼也认为，财产权不仅是经济自由之源，也是政治自由之根。资本主义私有制本质上是以私人财产权利的平等、自由交易为前提的，属于"天赋人权"的内容，是永恒的自然。但由于各国的政治传统、民主基础、产权意识和法律体系等方面存在差异，资产阶级私有制的确立、发展的路径也有所不同。

三　经济社会的发展不断推动产权扩围与衍生

（一）经济发展不断催生"所有权及财产权扩围"

当今社会，无体财产（不能触及的财产）是一种极其重要的财富形式，对人们的生产和生活发挥着重要影响。布莱克斯通曾有言：没有什么东西能像财产权一样，能够如此广泛地激发人类的想象，点燃人类的热情。无体财产的巨大作用已经在社会中凸显，财产的非物质化革命已经悄然而至。"知识经济""信息时代""后工业社会"一系列词汇彰显我们这个时代的特征和重要性。无体财产是当今社会中主导性的财产形式。

所有权的出发点是物的归属，而产权的出发点是物的利用，所有权的外延远小于产权，也许这正是许多经济学家所谓"广义所有权"的概念由来。古罗马把财产客体物分为有体物和无体物，即能被触觉到的东西是有体物，如土地、衣服和金银等，不能被触觉到的东西是无体物，如遗产继承权、用益权、使用权和债权等。无论是经济还是法律层面，产权客体都在不断丰富化、多样化。

财产权扩围的趋势是，从有体物到无体物，从物质化到非物质权利。随着经济、技术的发展和观念的变化，人们对财产的认识也不断深化，财产的客体范围也随之拓宽。"财产"根本就不是"物"（thing），"物"是财产的客体，财产实质是权利、价值。英国《财产法》教科书中的"财产"包括五类内容：其一是土地；其二是货物，即金钱以外的有体动产；其三是无体动产，包括债务和其他诉体财产、商业证券、作为财产的合同、商誉、工业及知识产权、债权和股票；其四是货币；其五是基金。产权作为权利，日益虚拟化，内涵也更为复杂多变。

（二）新型产权：内容的丰富化、内涵的复杂化

1. 租赁权

租赁权是日常生产生活中经常遇到的问题，它也是一种产权形式，也是一类普遍的权利形式和经营方式。租赁权和用益物权很相似，都是使用他人之物获得利益，比较难以实质性区分，在大陆法系中存在较大的区别。用益物权，是所有权权能分解产生的一种权利，如土地承包经营权、建设用地使用权、宅基地使用权及自然资源使用权（海域使用权、探矿权、采矿权、取水权、滩涂从事养殖、捕捞的权利等），是指非所有人对他人之物所享有的占有、使用以及收益的排他性的权利。

在大陆法系中，租赁权的性质还存在着物权、债权之争议，其性质通常有三个，即债权、物权及租赁权的物权化。通常将租赁权视为债权，即对他人不动产租赁使用的权利，系本身基于租赁合同设定的债权，没有对抗第三人的效力。这种法律下，承租方的权益保障性弱。故各国民法为了保护不动产承租人的利益，立法出现了"租赁权物权化"的趋势，并为大多数国家认可。如日本民法、德国民法等从不同层面有所体现，确立"买卖不能打破租赁"的原则、不动产承租人的"优先购买权"原则等。租赁合同持续期间，即便租赁物的所有权发生转移，承租人依据租赁合同所享有的租赁权仍可对抗新的所有权人，合同权利取得了对抗合同外第三人的效力，因此称作租赁权的物权化。换言之，尽管也承认租赁权具有物权效力，但还是把租赁权看作债权。事实上，不能简单地、绝对地将租赁权视为"债权"或"物权"，而是一种混合性的新型权利。随着契约自由的发展，契约逐渐成为物权与债权之间沟通的桥梁，某些债权通过契约逐渐取得物权的效力，租赁权的物权化就是一类。

抛开法律争论，从产权的权利平等视角看，在经济层面，应把租赁权、用益物权与其他物权、甚至所有权认为同等重要的产权。对我国当前的产权改革而言，要重视各类债权、租赁权等产权形式的经济、社会价值，给予同等重要的产权法律保护。

2. 企业所有权或企业产权

产权问题核心之一就是企业（法人）所有权或产权，但在这个问题上一直存在混乱与内在矛盾。众所周知，现代股份制企业的产权主体基本是多元化的，股东将资产投入企业后，并不能主张对该资产的全面支配权，资产演变成为股权，主要体现在控制权和收益权方面，以往的物质资产的全面支配权已经不适用现代企业了。这与以往的古典企业、业主制企业不同。现代企业是一种财产集合体。出现形成两种财产权，即"全体投资者拥有企业，企业拥有名下全部财产"，前者企业作为权利客体，后者企业作为权利主体。公司对其法人财产享有所有权，而作为出资者对公司享有所有权（终极所有权）。这种双重所有权，"一物一权"的传统思维下，将导致公司法人对股东的依附。换一个角度，认为公司作为法人拥有公司财产权，具有占有、使用、收益及处分的权能，而股东对于公司财产只享有股权，这种采用法人所有权说可能适应性更强。事实上，即便认可法人财产权，但并不意味着企业财产是一个简单的物权，企业资产包括各类所有权、经营权、债权和知识产权等。简言之，公司法人对其财产享有一种综合性财产权利，股东享有按份额的分红权。

西方经济学在契约经济学、现代企业理论等理论对企业所有权进行了深入研究。现代企业理论认为企业是一系列契约的联结，是不同的资产所有者通过契约形式合作组成组合资产，并把组合资产的索取权与控制权在所有者之间进行分配的组织。[1] 格罗斯曼、哈特等人的不完全合同理论明确指出，剩余控制权的重要性来自合同的不完全性。剩余控制权（Residual Control Right）是指那种事前没有在契约中明确界定如何使用的权力，是决定资产在最终契约所限定的特殊用途之外如何被使用的权力。剩余索取权（Residual Claim）是财产权中的一项重要权利，是一项索取剩余（总收益减去合约报酬）的权力，也就是对资本剩余的索取或对利润的索取。企业所有权就是指企业的剩余索取权和剩余控制权，而这两种权利的分配就被称为企业所有权安排。与此相应，将剩余权利划分为剩余索取权和剩余控制权，并以此定义企业所有权。现代企业是股东投入各生产要素的所有者"同意"设立的一系列契约组合。

---

[1] Grossman and Hart. The Cost and Benefits of Ownership: A Theory of Vertical and Lateral Integration. Journal of Political Economy1986, vol. 94, no. 4.

但合同或契约的一个重要特点是其不完备性，这决定了除了合同性权利外，还存在着没有约定的"剩余权利"。故此，如果将企业作为一个人格化的"法人"，则"企业所有权"＝剩余索取权＋剩余控制权＝剩余权利。[①] 哈特指出，剩余控制权与剩余索取权是高度互补的，它们的分离将导致"套牢"问题，且在有些情况下它们的分离根本行不通，并将导致公司控制权市场的无效率，故把它们配置给同一个人是合理的。将剩余索取权分配给经营者的一种做法就是在市场经济国家盛行的让经营者持有股份或分配给经营者期权。以此激励使经营者与其他股东形成利益共同体，利益取向完全一致。

如果将企业产权看成一种契约结构，那么，企业是非人力资本（实物资本为主）和人力资本的一种合约。企业产权可以视为剩余权（包括剩余索取权、剩余控制权），它是一类"契约性权利束"为客体的产权，该权利是一种无形物、集合物。不能简单地从归属或所有权角度，将实物（如工厂、机械等）、物质资本等视为企业产权。为有效组合实物资本和人力资本，企业产权必须设计对人力资本的监督和激励机制，重视知识产权、人力资本产权的收益分享性安排。

3. 知识产权、人力资本产权

美国商务部发布的《知识产权和美国经济：聚焦产业》报告指出：2010 年，美国 75 个知识产权密集型产业提供了 4000 万个就业岗位，占就业总量的25%以上；为 GDP 贡献了 5.06 万亿美元，占 34.8%；提供了共计 7750 亿美元的出口商品，占总出口的 60.7%。这表明知识产权密集型产业在经济中具有重要的战略性地位。随着知识经济的来临，知识生产率、人力资本将成为一个国家、产业和企业竞争力的决定性因素。

（1）知识产权

知识产权（Intellectual Property Right）是人们可以就其智力创造的成果所依法享有的专有权利，由 17 世纪中叶的法国学者卡普佐夫提出。《建立世界知识产权组织公约》第 2 条第 8 款中规定，知识产权包括一切来自工业、科学及文学艺术领域的智力创造活动所产生的权利。知识产权包括版权、专利和商标等不同的客体，在智力成果上形成的权利利益则为知识财产。

---

① 张军：《现代产权经济学》，上海三联书店、上海人民出版社 1994 年版。

　　狭义的知识产权，包括著作权（含邻接权）、专利权及商标权三个主要组成部分。广义的知识产权，除包括狭义的知识产权外，还包括商号权、商业秘密权、产地标记权和集成电路布图设计权等权利。1967年《建立世界知识产权组织公约》规定："知识产权包括以下一些权利：与文学、艺术及科学作品有关的权利；与表演艺术家的表演、录音制品和广播有关的权利；与人类在一切领域中的发明有关的权利；与科学发现有关的权利；与工业品外观设计有关的权利；与商品商标、服务商标、商号及其他商业标记有关的权利；与防止不正当竞争有关的权利；以及产生于工业、科学、文学或艺术领域的其他智力活动的权利。"可见，该公约确认的知识产权体系范围比较广泛，包括版权、邻接权、专利权、科学发现权、工业品外观设计权、商标权、商号权和其他商业标记权以及制止不正当竞争的权利。①

　　（2）人力资本产权

　　舒尔茨（1960）认为，人力资本是凝聚在劳动者身上的知识、技能及其所表现出来的能力和素质。人力资本是通过教育、培训等投资而形成的，凝结于人身上的具有经济价值的知识、技术和能力等要素。

　　同物的所有权一样，人力资本产权也可以进行权能分解，其产权属性同样具有排他性、可分解性和可交易性等特性。人力资本所有者拥有的人力资本各种权利，包括所有权、占有权、使用权和收益权等。人力资本产权是无形财产所有权及其派生权能的一种，是人力资本所有权和其派生权能的总和。

　　人力资本是要素投入的结果，目的是增加未来收益或实现价值增值。从终极所有权的层面看，关于人力资本产权的特性观点持不同意见，如人力资本产权属于股权性质、人力资本属于债权性资本、人力资本产权具有股权和债权双重特性。各种角度人力资本特性，并不妨碍其作为"权利"或"产权"，都是人与人之间的利益关系，都需要激励和约束。

　　企业是一个人力资本与非人力资本重复博弈的特别合约。斯蒂格勒和弗里德曼（1983）指出股份公司并不是什么"所有权与经营权的分离"，而是财务资本和经理知识能力资本这两种资本及其所有权之间的

---

　　①　潘石、张晓刚：《产权范畴的多维解析与内涵新释》，《吉林大学社会科学学报》2009年第5期。

复杂合约。事实上，人力资本所有者与股东一样承担风险，应享有剩余索取权。从资产专用性概念出发，人力资本更强调与组织的互相依赖性，人力资本是针对特定组织特定工作所进行的技能和知识投资，"和则互利，斗则互伤"，具有一定的互相适用性和匹配性。有些特殊或特定能力只能在特定领域里施展，一个具有某种专用性资产的人若退出，同样会给企业带来损失，也会给本人造成损失。

人力资本产权所有者的谈判能力的大小与他们的资产专用性程度以及在企业中的相对重要性变化和信息显示机制相关。专业型人力资本、创新型人力资本，更为稀缺和重要。其中，人力资本载体主要指企业家、经营管理者和科学技术工作者等，这几类人群的人力资本价值非常高，直接影响到国家、行业及企业的核心竞争力。从历史演变看，人们逐渐认识到人力资本对经济发展和提升企业核心竞争力的重要作用。赋予经营者剩余索取权也是实现经营者人力资本价值的一种必要的制度安排。国企产权改革从根本上讲，是承认和尊重个人拥有人力资本产权，承认和尊重人力资本产权可以转化为非人力资本产权（周其仁，2000）。

四　回顾与展望

在人类社会早期历史上，财产的类型很少，也很简单，范围多局限于与物质生活直接相关的物品，如土地、劳动工具和牛羊等。伴随着生产力的不断发展、社会经济的进步，人们的生活方式、生产方式也随之而变。土地作为核心财产，对产权变迁影响较大。人们将财产定义为对价值的拥有而非对物的拥有，拓展了产权范围，摆脱了物的束缚和奴役。

表4—1　　　　　　　　**人类社会发展过程中的产权变迁**

历史时期	原始社会	简单商品社会	社会化大生产	经济金融化
主要表现	群居生活、共同劳动	剩余产品、简单分工、国家、法律出现（土地是主要财产）	行政、立法、司法完善，分工复杂化	市场、政府、社会共治
产权主体	部落成员	小生产者、业主制	股份制	多元合作
主导产权形态	无财产概念到原始公有制	自然人所有权/产权	法人产权	社会化、权利化产权，新型产权（知识产权、人力资本产权）更为稀缺和重要

从人类社会发展的历程看，撇开意识形态层面，产权主要形态都在不断变迁，发生着深刻的变革，见表4—1。随着社会经济的发展，生产生活方式的变革也推动了产权内涵与外延的扩大、深化。产权主体呈现多元化、社会化及复合化，各类产权形式，如知识资本、人力资本对国家核心竞争力至关重要，这也意味着传统"资本雇佣劳动"的逻辑也需要随之而变，分享剩余权的激励约束机制日益重要。产权已超越大陆法系范畴，更具开放性、包容性及动态性。

第三节　近现代资本主义国家和社会主义国家产权变迁与改革

一　资本主义国家私有财产及公有财产制度变迁

（一）西方国家的农地和矿产资源产权制度

1. 西方国家的农地

（1）基本制度和概况

无论从原始社会还是资本主义社会，一直到今天，土地都是非常重要的财产或财富的载体。其中，农地产权制度最能反映一个社会基本的制度安排、宏观产权安排。从所有权制度看，大致可分为农地私有制、农地国有和农地集体所有三种类型。现行农地产权制度与自身的生产力发展水平、人口状况、基本经济制度及政治制度密切相关。农地私有制的代表性国家有美国、日本和英国等资本主义国家，但政府依然掌控部分土地；农地国有为主代表性国家如澳大利亚等；社会主义国家的农地多属集体所有。西方国家的农地产权制度各具特色，值得我们学习和借鉴。

美国的农地绝大多数为私有，以私有制为主体。美国私有、联邦政府所有、州政府所有土地比例大致为6:3:1，但是，联邦和州政府所有的土地绝大多数是森林、草地和沼泽等不可利用、限制利用的非耕地为主的土地。

需要说明的是，西方国家农地产权制度大都是私有制，英国有所区别，但本质上没有太大差异。此外，加拿大也存在类似差异，但基本上也是属于私有制范畴，公有土地和私有土地面积比例大致为9:1，但公有土地主要是林地、未开发土地、自然保护区、政府和公营企事业建筑用地，城镇土地、上好良田和牧场等经济效益较高的土地，大部分被私人占有。①

（2）土地产权的界定、流转和开发

美国农地产权制度遵循的是英、美、法系，其农场主拥有不完全农地所有权，美国农地产权边界明晰，组织化程度较高，侵权行为和土地纠纷较少。联邦和州政府拥有土地征用权、土地规划权和土地征税权，保留了大量的农地控制、管理和收益权利。农场主在收益、转让、租赁、抵押和继承等农地处分时完全不受权利人以外第三方干扰和侵犯。除按联邦和州政府规定缴纳固定土地税、农产品销售所得税等外不再缴纳任何其他税费。

在征地和规划方面，政府充分考虑农场主的利益，注重依法、平等协商。政府必须出于公用目的，征得社区成员同意并按市场价值补偿才能实施对农地的征用。政府对农地进行综合规划、制定土地分区法必须召集社区所有成员讨论通过方能颁布。土地分区法不能干预农场主的自主经营和使用权利，政府欲管理和调控农地利用，如执行农地休耕、减少或扩大农产品生产等，必须通过协商、加大财政支持项目来吸引农场主参加。

在土地开发模式上，西方国家更注重规划、多方参与以适应现代社会私有产权保护。例如，日本采用自上而下的"土地重划"（Land Readjustment）模式取得了较大成功。这是一种城市规划和土地再开发的手段，它通过将选定地区零散杂乱的地块交换整合为平整规则的地块，并完善地区基础设施，将剩余部分地块按照一定比例返还给地权人。土地重划在日本的新城开发、旧城更新和大型基础设施建设中应用广泛。据统计，日本新开发地区的 50% 和旧城更新的 30% 都是按照土地重划模式进行的。美国比较成功的是公私合作的"棕地再开发"模式。棕地为"废弃及未充分利用的工业用地，或是已知或疑似受到污染的用地"。欧美发达国家的政府部门都很重视棕地的治理，从法律、税收和财政等环节给予大力支持，通常由政府和开发商共同对土地进行清理和重新建设。私营部门（通常是企业或非政府组织）从政府部门获得一

---

① 彭美玉、叶子龙、王成璋：《当代中国农村土地制度中的权力依附论》，《华东经济管理》2006 年第 2 期。

定的补贴资金来具体执行再开发计划。①

2. 西方国家矿产资源产权

（1）基本制度和概况

在矿产资源方面，不同社会制度的矿产资源所有权各有不同，社会主义国家的矿产资源所有权大体归国家所有，资本主义国家的矿产资源所有权既有国家的，也有属于地方政府或私人的，还有的是根据具体资源确定归属。

美国、加拿大两国是成熟的市场经济国家，矿产资源制度基本相似。美国矿产资源总量丰富，是世界上最重要的矿产资源生产、消费和贸易国之一。美国非金属矿资源最为丰富，金属矿和能源矿次之。美国1872年《矿业法》为其矿业产权制度奠定了基石。美国矿产管理体制和土地所有权关系密切，地下矿产资源所有者一般属于土地所有者。联邦政府所有的矿产资源主要分布在美国的西部，美国东部大部分的自然资源属于私人所有。此外，美国海岸线以外3—10英里延伸到200英里以上的海上大陆架、阿拉斯加州的大部分、国家森林、国家公园及野生动物保护区的矿产资源属联邦政府，而海岸线3—10英里以内的河流、公立学校等的矿产资源属州政府所有。加拿大矿业资源分别属于联邦和州政府所有，沿海大陆架上的矿产资源也属于联邦政府所有，省政府拥有的含矿产资源所有权的公有土地占各省国土面积的84%。②

美国是比较典型的实行土地所有权制度的国家，土地分别由联邦、州或个人所有，相应的，矿产资源基本也随土地所有者拥有。巴西是实行土地所有权与矿产资源所有权分离的国家，矿产资源属于国家所有。

总体而言，大多数国家的矿产资源所有权属于国家所有。西方矿业产权制度和管理体制明晰，都是在公开、透明的环境下进行的。美国矿权管理部门的收益主要是权利金、矿地租金和红利，其中，权利金支付给矿产资源所有者——政府，矿地租金定期支付给出租人，红利支付给政府。

---

① 黎斌、贺灿飞、黄志基、周沂：《城镇土地再开发的国际经验比较及启示》（http://www.plc.pku.edu.cn/index.php）。

② 财政部企业司课题组：《加拿大和美国矿业资源税费制度及对我国的启示》，《地方财政研究》2012年第2期。

（2）公共信托原理（Public Trust Doctrine）

在美国，基于独立战争所孕育的自由主义和人民主权，对于水流、矿产等资源，规定每一个人都是所有者。"公共信托原理"是对国家所有自然资源最重要的宪法控制。英国1215年的《大宪章》是第一个保护关于公共权利（特别是捕鱼和通航方面的公共权利）的法律文件。自然资源公共信托与信托制度一样存在着双重所有权结构：国家作为受托人是信托财产的名义所有人，社会公众作为受益人则是公共自然资源的实际所有人或信托财产的利益所有人。这一原理可以追溯到罗马法上对于海洋、空气等资源公共所有的理想，并通过英国普通法和衡平法的发展而形成。在美国，公共信托的适用范围很广，包括海滨、湖泊、湖沼、河流；公园、道路、公有地；野生生物、天然资源、大气和水等；私有地的适用。

随着20世纪70年代美国环境保护运动兴起，也促进了公共信托原则立法活动。即各州政府为了公众的普遍利益对自然资源进行管理，其作为受托人负有守护公众环境资源的信义义务。公共信托保护的是公共自然资源上的公众权利，防止少数人的暴政。政府虽然享有所有权，但这种所有权本质上只是一种管辖权、代管权，是一种规制、提高和确保这些资源为每一位公民的利益而存在的权力。公共信托还必须考虑公共自然资源的利用和保护方面实现代际公平。公共信托理论核心在于制约公权力，最大限度地维护公共利益，并扩展到生态保护。公共信托理论已经成为"一个旨在保护环境的重要法律原则，这一原则既包含了政府保护环境的首要义务，也包含了公民相应地要求政府履行其义务的权利"。

（二）西方国有企业改革变迁

资本主义国家或多或少都存在公有制经济成分，尤其是国有企业，它是资产阶级国家的"自我扬弃"，作为干预经济、调节经济的工具。一直到第一次世界大战期间，资本主义国有经济的范围都很有限。第二次世界大战后，为了应对战后重建、经济危机和公用事业垄断等，国有化得以快速发展。20世纪六七十年代西方国家国有经济所占比重最高，但是，国有企业占社会企业总资产的比重基本未超过30%。另外，在享有福利国家声誉的瑞典，虽然从1932年到2006年的74年间，社会民主党执政长达65年之久，但比重一直不超过20%。据国际货币基金组织研究，20 世纪 70 年代中期，包括美国在内的 70 多个国家中，国家投资在全社会固定资本投资中比重为 16.15%，西欧诸国的国有企业产值平均占国内生产总值的 20%、工业总产值的 30%。Mahmood AliAyubi（1982）统计表明，1979 年，意大利国有资产占比为 24.7%，法国国有资产占比为 13%，西德国有资产占比为 12%，英国国有资产占比为 11%，在投资额的比重方面，意大利为 47.1%，法国为 30%，西德为 12.7%，英国为 20%。综合各个指标来看，国有企业的整体比重都不大，但国企个体平均规模较大，对某些行业影响较大。

第二次世界大战后，凯恩斯主义盛行，许多西方国家出现政府职能不断扩张、福利制度泛滥、财政入不敷出和经济运行效率低下等问题，普遍面临福利国家危机与政府失灵的挑战。20 世纪 70 年代，西方国家普遍陷入滞胀，凯恩斯主义遇到挑战，新保守主义抬头。20 世纪 70 年代后，"改革"浪潮风靡全球，如英国撒切尔夫人的私有化改革、美国里根政府再造改革等，尤其是以减税、大幅度提高国防开支及简化政府规章制度为内核的"里根经济学"，直至当代仍然在对美国政府的政策选择起着重要的影响。里根政府与撒切尔夫人同时推进私有化措施包括出售国有资产、立约承包、特许经营和放松管制等。其中，美国出售国有企业资产是所有权转让中最主要、也是最彻底的私有化措施，甚至将军工企业出售给私人企业。

20 世纪 80 年代初，发达资本主义国家国有企业产值占 GDP 的比重平均为 10% 左右，占工业总产值的比重平均为 20% 左右。20 世纪 70 年代末以来英美等国的垄断改革主要特点是自由化和私有化，其改革取得了一定成绩。仅在 1988—1992 年，美国联邦政府已出售国有资产和削减各项补助金就达 250 亿美元。撒切尔执政期间，私有化涉及了英国 2/3 的国企，其中近 40 家曾严重亏损的大国企扭亏为盈。但是，应该看到并不是所有的私有化改革都成功，也不是所有垄断国企都是低效的。通常，竞争性行业私有化产生了较好的效果，部分自然垄断性质的行业没有取得明显成效。英国的铁路私有化改革、美国加州电力私有化改革等最终以失败而告终，许多领域的垄断改革并没有取得预期的效果，反而导致竞争力下降、产品价格攀升较快等现象。反之，法国电力公司（EDF）作为法国国有企业，在法国的电力市场的"发、输、配"环节多年处于绝对垄断地位，但其运营效率是世界上同行业中最高的之一。

20世纪70年代拉美地区、80年代末东欧和苏联，先后实施的激进式私有化改革，导致经济衰退、社会两极分化和动荡。其中，俄罗斯的私有化导致"寡头经济"模式，几乎让经济走向崩溃。

从政治、政党诉求看，在西方左翼政党的纲领中，国有化一直都是他们尊重劳动、履行平等竞选承诺的重要措施。例如，战后英国的两次国有化浪潮都发生在工党执政时期。一次发生在1945年7月至1951年10月，另一次发生在1974年2月至1979年5月。不过这两次"国有化"运动随后又分别被保守党在50年代和80年代的两次"私有化"运动拉回起点。当然，也有出于选举或政治需求进行的国有化，如20世纪80年代以前的社会民主党人，将国有企业作为社会主义平等诉求的政策工具。

无论是20世纪30年代的经济大萧条，还是2008年国际金融危机，西方国家都通过设立国有企业、对陷入困境的私有企业国有化等方式，恢复市场信心、激活经济活动、熨平经济周期。如2008年美国和英国对一些陷入困境的大型私有企业都采取了国有化或救助的办法，以避免金融危机的连锁效应和巨大的负面冲击。

在西方发达国家也拥有不少国企，基本聚集在基础设施、公用事业和高技术行业，如电力、电信、邮政、铁路、航空、公路运输、石油和核能等。此外，有些西方国家在竞争性领域也存在国有企业，但总体比重不大。如芬兰政府管理国有企业中，相当一部分是竞争性领域的国有企业，如主要从事不锈钢生产和销售的芬兰奥托昆普公司，2005年不锈钢产量位居世界第三。

西方议会通常具有强力监管国有企业的权利。英美等国家的国企大都列入各级政府预算，由各级议会审批。议会根据需要，有权决定国有企业的市场准入、投融资和财政拨款等。议会或董事会通常以市场化手段聘用高管，企业财务、薪酬都非常规范及透明，接受全社会监督。公开、透明、合理成为了欧美国企高管薪酬制定的趋势，但同时也面临着自己的难题。这些国有企业大都以辖区内公众是否满意为目标，不一定追求利润最大化目标。

（三）美国、法国、新加坡等国企改革与治理

1. 美国国有企业的治理

美国甚至将一些自然垄断行业、军工国防和监狱等领域都推向了私

有化改革。目前，美国国有经济的比重已经很小，但美国依然存在少数特殊国有企业。以美国"两房"的房利美、房地美为例。1938 年，根据《国家住房法》规定，美国设立了联邦国民抵押贷款协会（FNMA，房利美），1970 年，根据《紧急住房金融法》设立联邦住房抵押贷款公司（FHLMC，房地美），"两房"设立主要是增加面向中低收入家庭的贷款供应、向一级市场提供流动性支持。房利美和房地美都是联邦政府支持企业（GSE），并不隶属于联邦政府，按照私营企业模式运作，但得到联邦政府的隐性担保或相应政策支持。2008 年金融危机中，联邦政府向"两房"注资 2000 亿美元，购买房地产有关的证券或债务，以此来救助"两房"。

这类企业通常以政府支持企业（GSE）形式出现，主要由私人投资、拥有及运作。但设立由联邦特许，并服从于某种形式的联邦监督和管理，从事国会授权的商业性活动，这种企业的地位处于私人组织和政府机构之间。除了"两房"外，美国联邦政府还拥有一些典型的 GSE 国有企业，如田纳西河流域管理局（TVA）、美国邮政服务（USPS）和美国全国铁路客运公司（Amtrak）。通常，每成立一家国有企业，国会都要通过一个专门的法律，财政部以《政府公司控制法》为基础，结合专门法律，以及根据国会决议设立的专门委员会对国有企业进行监管，政府其他部门在国有企业管理中发挥配合作用。

在类似的董事会运作机制方面，董事会均由总统提名、参议院批准后任命，高级经理人员则由董事会聘任，确保这些成员代表公共利益，不能是特殊利益集团的代表。从 2015 年美国邮政服务 USPS 网站，[①] 我们可以看出该公司拥有 11 位成员组成的管理委员会（the Board of Governors），9 名成员由总统征求参议院的意见后任命。然后，这 9 名成员选择一名邮政总长并作为成员，这 10 名成员选择一名副邮政总长，最终形成 11 名成员的委员会。每个成员获得 3 万美元的年薪，每年召开不超过 42 天的会议，其间每个成员每天收到 300 美元会议及差旅费用。全国性铁路运营商 Amtrak 现有 8 名董事会成员，2009 年 11 月经美国总统奥巴马提名 Coscia 作为董事会主席，2010 年 6 月通过美国参议院审议，Coscia 先生于 2013 当选董事会主席。其中，交通部长 Foxx 也是董

---

① http：//www. about. usps. com/welcome. htm.

事会成员。①

美国国有企业都要有长期发展战略和规划，要公开报告经营状况、补贴情况等。田纳西河流域管理局（TVA）每个年度向国会报告业绩计划，向国会和总统提交财务报告和经营报告。Amtrak 长期亏损，连年依赖联邦政府补贴维持运营，所有信息均可在其网站查询。这些战略、财务等方面的资料均在其网站上公开披露，接受社会监督。国有企业设定明确的、可考核的财务目标，使其集中于资本的有效利用。

2. 法国国有企业薪酬

在发达资本主义国家中，国有化程度比较高的是法国。1993 年法国拥有 2265 家国有企业，产值占国内生产总值的 18%，占全国投资总额的 27.5%。目前，法国政府拥有 52 家公司的股份，其中 23 个是国有全资企业，包括法国国营铁路公司和法国邮政以及一些港口和机场等。法国政府股权管理机构（APE）作为法国经济部下属的国家机构，发挥法国政府的股东角色，发展旗下资产并在国家战略性政策的框架下最大化其所持股权价值。法国政府也会在国有企业董事会派出政府代表，这些代表主要来自三个部分：APE 的代表，财政部和能源交通等部委的代表，以及其他国有企业的高层领导。

国企高管薪酬究竟是参考私企还是参考公务员，法国国内也一直有争议，但都是采用多轨制、分类区别对待方式处理。竞争性公司薪酬会参考私企，但仍然低于私企；公用性的公司，高管工资水平参考公务员体系但又高于公务员。如果是聘请的职业经理人，则按照市场薪酬水平。目前，法国国有企业高管薪酬水平通常是同级别公务员工资的 2—3 倍，是本企业职工平均工资水平的 10—20 倍。2000—2010 年的十年间，法国国企首席执行官的平均工资，每年增长 15%，但与此同时，法国普通雇员工资的涨幅仅为 2%—3%。②

奥朗德上台后，出台了一系列"均富"措施，其中一项就是对国企高管的薪酬"盖帽封顶"。凡是国有企业或国家是大股东的企业，其代表国家利益的高管最多拿该企业 10% 最低工资者平均工资 20 倍的薪

---

① http：//www. zh. amtrak. com/servlet/ContentServer？ c ＝ Page&pagename ＝ am% 2FLayout&cid ＝1251623384181.

② 高美：《各国国企如何给高管"发饷"》（http：//www. bjnews. com. cn/world/2014/09/ 07/332865. html）。

酬，最高年薪不得超过 45 万欧元，但外聘的职业经理人收入不在此法律范围之内。

欧美国企高管的薪酬，也一直是公众关注的焦点问题，一直处于不断调整、争论中，纠结于能否留住优秀人才的两难之中。

3. 新加坡的淡马锡模式

新加坡的国家资产由三大投资主体管理，即新加坡金融管理局（金管局）、新加坡政府投资公司（GIC）以及淡马锡公司。2014 年，新加坡政府从包括淡马锡和 GIC 所获得净投资回报贡献达 76.5 亿新元，为政府带来约 15% 的额外财政收入。三大投资主体中，淡马锡控股公司肩负的主要职责是管理新加坡的国有企业，即被称为与政府有联系的"政联企业"（GLC），代表为淡马锡及其下属多家公司。淡马锡是三大主体中投资风险最高、投资回报率最高的公司。

新加坡财政部对淡马锡公司拥有 100% 股权。淡马锡在 1974 年成立时，拥有的投资组合总值为 3.54 亿新元，到 2013 年 3 月 31 日财政年度末，其总值达到 2150 亿新元。淡马锡 20 年期股东总回报率为 6%，自成立以来的 40 年股东总回报率为 16%，而在 2003 年以后的投资为淡马锡实现了 20% 的年化回报率，淡马锡向股东派息并基于所得盈利纳税，直接进入新加坡政府财政收入。①

淡马锡掌控了包括新加坡电信、航空、地铁和电力等几乎所有新加坡最重要的大企业，投资着眼于四大主题：转型中的经济体、增长中的中产阶级、强化中的比较优势和新兴的龙头企业。它的投资组合涵盖面广泛，行业包括金融服务、电信、媒体与科技、交通与工业、生命科学、消费与房地产以及能源与资源。新加坡和中国仍是淡马锡最大的两个投资目的地。截至 2014 年 3 月 31 日，淡马锡在新加坡和中国的投资比例分别为 31% 和 25%。

淡马锡的职能定位日趋商业化，目标更为清晰和单一。2002 年的淡马锡宪章规定"淡马锡为新加坡的长期利益持有并管理新加坡政府在企业中的投资。通过培育成功、有活力的国际业务，淡马锡将帮助扩大和深化新加坡的经济基础"。2009 年的表述则改为"淡马锡是一家根据商业原则运作的投资公司，致力于为股东创造长期稳定回报。一家积极

---

① http://www.ce.cn/xwzx/gnsz/gdxw/201401/09/t20140109_2089004.shtml.

的价值导向的投资者，增持、减持、持有公司的股权或其他资产或前瞻性创新产品或业务，最大化股东价值。一个积极的股东，通过参与其所投资企业的董事会的管理层以获取稳定的回报"。

淡马锡公司由新加坡财政部全资拥有并负责监管，淡马锡最高权力机构是董事会。新加坡的国有资产管理体制也是"政府部门—国有控股公司或法定机构—控股公司下属企业"的"三层体制"。国有控股公司不是政府机构，因此不具有行政职能，但也不是一般的企业法人，而是具有特殊法律地位的企业法人，国有控股公司与下属企业的关系是股东与公司的关系。财政部主要通过推荐公务员任职，行使高级管理人员任免以及审核财务报表等监管职责。

建立权责分明的治理架构，发挥董事会核心作用，始终追求一种授权与守则之间的平衡。政府对淡马锡的干预是有限的，淡马锡对这些公司的干预也是有限的。董事会充当政府和管理层的"防火墙"，降低政府在投资活动中的影响，避免政府干预企业正常经营。同时，淡马锡对政联企业（GLC）的监管也定位为私人企业的"普通股东"，按照市场化运作模式，淡马锡本身不参与政联企业的决策和运营。事实上，淡马锡的董事会成员及 CEO 任免要得到总统同意，董事会也必须向总统定期汇报。但除非关系到淡马锡储备金的保护，无论是总统或政府，均不参与淡马锡的投资、出售或任何其他商业决策。同样，淡马锡对于自己投资的公司，也都由各公司董事会负责商业决策或运营，淡马锡并不直接参与。截至 2013 年 3 月底，淡马锡董事会有 10 名成员，其中大部分是非执行独立董事，来自独立私营企业的商界领袖，其中包括金融、法律和航运等领域资深管理者。[①] 政府的主要角色在于：一是建立其整体投资授权和目标；二是确保有一个胜任的董事会以监管管理层，并确保满足各自的授权；三是评估审视组合的整体风险包括在资产类别、行业及地域分布上是否适当分散；四是基于风险评估决定政府资本在三家主体（GIC、MAS 和淡马锡）的分配。政府对淡马锡的影响主要表现在两个方面：一方面派出股东董事，通过参与董事会的方式知晓企业运作情况并参加董事会决策和方针制定；另一方面，淡马锡和财政部之间也建

---

① 淡马锡年度报告 2014（http://www.temasekreview.com.sg/zh/index.html）。

立协约机制，让政府能够及时了解公司绩效，并及时通告政府买卖资产计划。

作为积极的投资者与股东，专注于实现创造长远价值。寻求建立能够创造长期回报的投资组合，采用经风险调整后要求的资本回报率作为衡量整体投资回报的标准。通常情况下，淡马锡投资的竞争性行业企业并不谋求控股地位，而是搭私人股东们的"便车"，借助私人股东的积极性和监督机制，来降低投资风险，并避免国家不正当干预。新加坡对政联企业建立了严格的退出机制，激励这些企业在市场竞争中取得较高收益，也允许其破产，与一些国家保护国有企业的操作不一样，新加坡政府通常不会拿财政的钱救政联企业。

淡马锡从国际经理人市场招聘人才、给予有竞争力的薪酬，并将国企的运营交由职业经理人管理。早在2004年，淡马锡就推出一套薪酬制度，员工的薪酬主要分为基本工资、福利、绩效指标奖金和财富增值奖励计划四个部分。其中，财富增值奖励计划中的奖金有一半即期发放，另一半取决于公司未来业绩延迟3—12年发放。2004年以来，淡马锡高管成员的多数奖金延迟3—12年发放。这使公司能不断获得世界一流的管理团队和经营人才，淡马锡管理层的薪酬与长远、持续的绩效挂钩。无论是股票还是期权，只要有助于提高人才竞争力，都是允许的。

淡马锡模式解决了世界上国有企业运营管理的两大通病：或是经济效益不高，或是借助垄断获得较高利润但是公司治理不好。淡马锡放手让政联企业的商界精英掌舵，加大授权和激励的同时，也加大了适时问责。公司治理更多依赖不占股权的独立董事，这种治理方式的效果在美国等其他国家也并不十分有效，而在新加坡却很成功，这很大程度上归功于新加坡法制意识、诚信社会所营造的整体大环境。

（四）资本主义国家国企定位与生产关系调整

1. 西方国有企业定位与目的

西方国家设立国有企业的目的主要有以下几点：第一，实现社会经济发展战略、提供公共品或公共服务；第二，进行必要的干预或调控，防止经济大起大落；第三，促进产业结构的提升和经济结构的优化。大多数国有企业的营利性目标非常有限，主要以实现政策性目标为主。

西方资本主义国家国有化运动和私有化运动交替出现，与其说是政党不同政治诉求的后果，不如说是社会应对当前经济状况作出的"调控"策略的体现。国有化也好，私有化也罢，不过是西方资本主义国家应对经济社会局势的"平等与效率"重大权衡的政策工具而已。私有化并不是解决国企低效率的充分条件，激进式的私有化改革可能带来的是灾难，垄断私有化改革的成功往往取决于诸多的市场化和法治化条件。

世界各国都普遍存在不同范围和规模的国有企业，国有企业并非社会主义国家所独有，而是一种普遍现象，即便是竞争性领域也普遍存在着国有企业。但当前西方国家的国有企业只是很少一部分，主要是基于弥补市场失灵、外部性及垄断来进行市场调节的工具，但同时也面临着政府失灵、寻租的困扰。这些企业的定位、监管及运营机制值得借鉴。

2. 生产关系的不断调整

资本主义从诞生至今已有500多年的历史，对其前途的探讨从未停止过。20世纪40年代熊彼特在《资本主义、社会主义与民主》一书中提出了资本主义能生存下去的问题，保罗·肯尼迪倡导"资本主义形式有限改变"。

第二次世界大战以来，发达资本主义国家一方面通过利用技术革命、经济全球化等有利条件，不断发展生产力；另一方面，也加强了对政治和经济方面的改革，缓和了阶级矛盾。跨国公司带来了资本主义生产方式的全球化，扩大了生产资料、劳动力、利润来源。与此同时，随着金融化发展，股份公司日益走向公开化和社会化趋势，即向所谓的公众化公司转变，员工也可以分得股份或购买股票。美国随着资本市场的不断发展，从20世纪90年代以后，企业股权逐步转为以机构持股为主的股份制度。20世纪90年代，按户数计算，业主制占73.7%，合伙制占7.7%，股份制占18.5%，似乎古典企业占多数，但是从销售收入看，股份制占90%，业主制占6%，合伙制占4%。1990年各类机构投资者持股约40%，其中，养老基金、共同基金等金融投资机构为主体。美国1999年机构投资者持股为50.5%，个人投资者持股42.4%，公共部门持股比例为0.7%，外国投资者持股6.4%。

同时，西方国家也非常注重机会以及平等的社会参与程度，关注收入流动性。收入流动是衡量居民的收入在社会中的相对位置或排序变化的指标，一个社会中较快的收入流动性可以从实质上改善收入不平等与社会矛盾。从国际经验看，部分基尼系数比较高、收入差距较大的国家，其经济社会发展却保持相对的稳定，重要的一个因素就是比较高的收入流动性大大缓解了收入差距带来的社会压力和冲突。以美国为例，美国的收入不平等不是收入分配的焦点，收入流动性大小则是问题的焦点。据测算，收入流动性使美国工资不平等程度在1979—1991年整体减少了12%—26%。美国民众更能够忍受暂时的不平等，更注重机会均等。通过教育、医疗等的公共服务均等化，公平竞争环境的构建等，让很多普通人通过奋斗也能进入中上阶层，如创业的企业家、明星等。在某种程度上，这些改革措施缓和了社会矛盾，增加了西方社会的吸引力。[1]

在国家政治及分配领域，工会组织日益强大，为劳动者提供了支持，维护了中低收入阶层利益。同时，大多数国家在社会保障方面投入巨额财政资金，完善了教育、医疗和社保等体制。这些政策和措施都进一步缓和了阶级矛盾，维护了资本主义社会的稳定与发展。

在经济运行层面，一旦出现私人风险向公共风险转变或有效需求不足，西方国家即通过国有化或政府干预方式维护经济稳定。2007年以来国际金融危机席卷全球，源于私有企业无视风险、甚至弄虚作假来追逐高额利润。危机发生后，各国纷纷对各大企业、金融机构施予援手和救助，方式有注资、提供担保和国有化等。最先实行国有化的是美国的房地美（Freddie Mac）和房利美（Fannie Mae），随后救助了美国保险业巨头AIG、花旗集团等大批私有企业。

综上所述，西方国家虽然重视私有制产权的保护，但是，"资本雇佣劳动"的传统思维也在改变，更加注重生产关系的调整、必要的政府干预与调控，尤其是加大了股权社会化、公共服务均等化力度，进一步完善了社会福利制度等。

二　社会主义国家公共产权变迁：以中国为例

（一）我国国有企业产权改革

1. 国企改革历程和重大政策

我国产权改革可以大致分为改革开放前和改革开放后两个阶段。与

---

① 刘宝明等：《论中西方产权研究的不同范式及产权残缺》，《清华大学学报》（哲学社会科学版）1999年第2期。

此对应的是，自 1949 年成立，我国发生了两次大规模的产权变革，第一次为 20 世纪 50 年代由新民主主义转向社会主义的产权变革，第二次为 1978 年开始并延续至今的产权改革。改革开放前，我国基本沿用苏联斯大林模式的"两种公有制"模式，公有制以全民所有制为主体，集体所有制则作为低级形式，进行高度集中的计划经济。第一次产权变革通过没收官僚资本和改造民族资本两条途径建立了公有制的国家经济基础，而后又通过国家直接投资创办了大量国有企业，成为国民经济的绝对主导。改革开放后，我国积极探索基本经济制度和公有制实现形式，以国有企业改革为主线进行了产权改革。这个时期的第二次产权变革是以财产权利向下回归为特征的私有化为主过程，两次变革在结构上的对称性表明它们之间存在着内在的历史关联。[①]

改革开放后，我国国有企业改革分为以下几个阶段，每个阶段都与国家经济体制改革紧密相关。第一阶段为国企改革探索阶段（1978—1998），改革的着力点放在放权让利、经济责任制、利改税、承包经营责任制以及租赁经营和股份制。1978 年，十一届三中全会确定了发展多种所有制经济，1987 年，党的十三大提出了建立社会主义有计划的商品经济体制。1978—1992 年，我国处于有计划商品经济到市场经济的过渡期，探索所有制实现形式多样化。这个时期，中国的国有企业改革从改进微观激励机制的"放权让利"开始，以及随后的"利改税""拨改贷"改革，然后逐步过渡到所有权层面的改革。董辅礽（1987）指出，国有企业还未成为一个独立的商品生产者真正实现自主经营，其根本原因就是国家所有制，并提出了国企改革可以试行股份制的思路。[②] 以股份制的形式打破所有制界限、让不同所有制股份融合发展，混合所有制的提法开始出现。1992 年，党的十四大进一步把建立社会主义市场经济体制确定为我国经济体制改革的目标。1993 年，党的十四届三中全会强调指出，必须坚持以公有制为主体、多种经济成分共同发展的方针。十四届三中全会将国有企业改革

---

① 张威：《财政交易、意识形态约束与激进公有化：中国 1950 年代的政治经济学》，《经济研究》2010 年第 2 期。

② 董辅礽：《所有制改革与经济运行机制改革》，《中国社科院研究生院学报》1987 年第 1 期。

的目标设定为建立"现代企业制度",即"产权明晰、权责明确、政企分开、管理科学",拉开了国企产权改革的大幕。党的十六届三中全会通过的《中共中央关于完善社会主义市场经济体制若干问题的决定》提出,要坚持公有制的主体地位,发挥国有经济的主导作用,积极推行公有制的多种有效实现形式,强调要使股份制成为公有制的主要实现形式。2007年年底《中央企业国有资本收益收取管理办法》的实施,标志着企业持续了14年的只上缴税收、不上缴红利的时代结束,但上缴比例安排太低。国企收益本应回归全体国民,但收益共享性的体现一直很弱。

第二阶段为国企改革脱困攻坚阶段(1998—2003),改革的着力点是抓大放小、三改一加强、政策性关闭破产、债转股和再就业。当时,国有企业效率低下、人浮于事,1998年2/3以上的国有企业亏损,全国利润才213.7亿元。1997年中共十五大决定对国有经济布局进行战略性调整,国有企业逐步从竞争性行业退出。1998—2003年国有及国有控股企业户数从23.8万户减少到15万户,减少了40%。这个时期的国企改革力度非常大,大多数的小型国企被出售,中大型国企通过改制成为股份制企业。在改革过程中,通过债转股、剥离不良资产和注入资本金等方式改制,同时,剥离国有企业的住房、养老等各种社会保障职能,相当数量的工人大量买断工龄、下岗分流。许多专家称之为"国退民进"的国企民营化改革,当然,这个过程中也存在国有资产贱卖的质疑。这个时期的改革难度很大,阵痛很大,但是效果也非常明显。

第三阶段为国资监管体制建设阶段(2003—2013),改革的着力点是政资分开、主业管理、业绩考核、薪酬管理以及规范董事会和国有资本经营预算。党的十六大提出政企分开、政资分开,启动国有资产管理改革,组建管人管事管资产一体化的国资委。至2004年,这一年香港中文大学教授郎咸平质疑TCL、海尔和科龙等企业贱卖、侵吞国有资产。随后引发科龙改制的参与方格林柯尔董事长顾雏军起诉,众多学者加入这场"郎顾之争"。"郎顾之争"后,MBO(管理层收购)、员工持股和破产改制等国企产权改革也随之放缓或暂停。2006年,国务院扩大了国有经济对"重要行业和关键领域"的控制范围,明确国有经济对电网电力、石油石化等七大"关系国家安全和国民经济命脉"的行业保持绝对控制力，在装备制造、汽车等九大基础性和支柱产业保持较强的控制力。

第四阶段为国资监管体制完善阶段（2013 年以来），改革的着力点是管资本、混合所有制经济以及国有企业功能和公司法人治理结构。2013 年年底十八届三中全会通过的《中共中央关于全面深化改革若干重大问题的决定》强调，要完善产权保护制度，积极发展混合所有制经济，推动国有企业完善现代企业制度，支持非公有制经济健康发展。此外，还提出了完善国有资产管理体制，以管资本为主加强国有资产监管等一系列国企深化改革的举措。过去与当前国资国企改革的主线都是"政企分开，政资分开，国有企业逐步成为市场主体"①。

2. 国有企业发展现状

表4—2　　**全国国有企业主要财务指标（2002—2012 年）**　　单位：亿元

主要指标	2002	2003	2004	2005	2006	2007	2008	2009	2010	2011	2012
汇编户数（万户）	15.9	14.6	13.6	12.6	11.6	11.2	11	11.1	11.4	13.6	14.7
资产总额	180218.9	199709.8	215602.3	242560.1	277308.1	347068.1	416219.2	514137.2	640214.3	759081.8	894890.1
净资产总额	66543.1	70990.8	76763.2	87386.9	98014.4	144595.6	166210.8	198720.3	234171.1	272991	319754.7
销售收入	85326	100160.9	120722	140726.6	162390.3	194835.3	229397.9	243015.4	314993.9	386341.4	425356.5
利润总额	3786.3	4769.4	7368.8	9579.9	12193.5	17441.8	13335.2	15606.8	21428.2	24669.8	24277.3
盈利面（%）	50.1	47.4	48	50.1	53.6	56.5	56.8	58.6	60	59.6	58.9
资产负债率（%）	64.8	65.9	65.7	65.1	67.4	68.7	61.6	62.8	63.4	64	64.3
总资产报酬率（%）	3.6	3.5	4.5	5	5.5	6.4	4.6	4.2	4.6	4.6	4.1
净资产利润率（%）	5.7	6.7	9.6	11	12.4	12.1	8	7.9	9.2	9	7.6
国有资产总额	65476.7	70405.6	77345.6	87831.6	96170.6	112205.8	134365.5	157398.3	185364.6	217307.7	252540.3

来源：中华人民共和国财政部。

---

① 关鑫：《深化国有企业改革与公司治理》，《经济与管理研究》2015 年第 2 期。

表4—3　　　　　　2012年全国国有企业资产负债综合分析　　　单位：亿元

项目	资产总计	负债合计	所有者权益（净资产）	资产负债率（%）
全国合并	1002271	661393.6	340877.4	66
全国合计	1480799.2	887484.5	593312.6	59.9
一、按企业规模分类				
（一）大型	729009.3	453992.5	275017.5	62.3
（二）中型	285362.5	174462.6	110900.2	61.1
（三）小型	219576	124007.6	95565.4	56.5
（四）微型	246851.4	135021.8	111829.6	54.7
二、按组织形式分类				
（一）公司制企业	1291659.4	771942.9	519714.4	59.8
其中：国有独资企业	471312.5	247871	223441.6	52.6
（二）非公司制企业	189139.8	115541.6	73598.2	61.1
三、按盈利或亏损分类				
（一）盈利	1172800.7	693977.5	478820.5	59.2
（二）亏损	307998.5	193507	114492.1	62.8
四、按隶属关系分类				
（一）中央	433121.1	282843.5	150277.6	65.3
（二）地方	569149.9	378550	190599.8	66.5
五、按监管关系分类				
（一）国资委系统监管企业	714255.3	458031.8	256223.5	64.1
（二）政府部门管理企业	119552.1	86115.5	33436.6	72
六、按经济带分类				
（一）东部沿海地区	898204.2	537085.8	361116.2	59.8
（二）中部内陆地区	216284.2	130391.2	85893	60.3
（三）西部边远地区	287315.7	173281.3	114034.4	60.3
七、按产业作用分类				
（一）基础性行业	714285.7	388416.6	325869.1	54.4
（二）一般生产加工行业	173065	96033.8	77029.1	55.5
（三）商贸服务及其他行业	593448.5	403034.1	190414.4	67.9

来源：国有资产监督管理委员。

如表所示，财政部、国资委两个统计口径稍有差异，但是，国企改革过去十多年以来资产、所有权权益、收入和净利润等主要财务指标都增长非常快，效率不断得到提升。考虑 2013 年数据后，全国国有企业（非金融）资产总额 104.1 万亿元，所有者权益 37 万亿元，分别是 2003 年的 5.5 倍和 4.7 倍。2003—2013 年全国国有企业（非金融类）实现营业收入从 10 万亿元增长到 47.1 万亿元，年均增长 16.8%，实现净利润从 3202.3 亿元增长到 1.9 万亿元，年均增长 19.49%，上缴税金从 8361 亿元增长到 3.8 万亿元，年均增长 16.3%。[①]

但从表中也可以看出，超过 50% 以上的资产由地方管理，很大一部分资产游离在国资委监管系统之外。中央企业的经营效益相对较高，掩盖了地方国有企业经营效益、治理机制等问题。此外，国有资产的分布也不均衡，横跨多个行业，约 40% 的资产分布在一般性竞争行业，也在某种程度上反映了打破垄断、推进市场化的难度。

3. 存在的问题和批评

国企改革是一个热点话题，受到各界广泛关注，不管是效益好了，还是效益差了，总免不了"挨骂"。我们可从以下几个方面简单梳理当前对国企改革的一些批评：

尽管国企改革绩效不断得到改革，但是依然对国企绩效存在质疑之声。很多批评主要集中在其政企不分、凭借垄断、廉价资本和各种补贴等获得超额利润，与其竞争力无关，其真实盈利能力和创新能力远低于民企。天则经济研究所的一份研究报告认为，2001—2009 年规模及规模以上国有工业企业若将成本还原，把不交的地租、少交的资源租和利息优惠去除，国企平均的净资产收益率为 −4.39%。[②] 此外，有批评认为，特别是 2008 年以来国企对民企产生了挤出效应，"国进民退"现象严重。

最初的"国退民进""抓大放小"进程中，如中小企业出售、MBO 和股权分置改革等方面由于缺乏规范、监管，的确出现了侵吞国有资产、大量国有资产流失等现象。20 世纪 90 年代，中小国企几乎全被卖

---

① 王朝明、李中秋：《关于当前国有企业改革的几个问题》，《当代经济研究》2015 年第 3 期。

② 南方周末：《国企产权改革争议 20 年》（http://www.infzm.com/content/99700）。

掉，在产权交易不规范，权力缺乏依法监控和约束的情况下，出现"穷庙富方丈"现象，大量国有资产落入私人腰包。有研究表明，20 世纪80 年代，我国国有资产每年流失 500 多亿元，90 年代国有资产每年流失高达 800 亿—1000 亿元，国有大、中、小企业权益损失占净资产的比重分别高达 15.2% 、59.4% 和 52.8% ，这是国民经济的重大损失。[①]

在国企改革过程中，逐步增加了企业的经营自主权，强力推进了企业股份制改造、公司治理机制完善。其间，很多企业采用了年薪制、股票期权等多种激励等方式，将企业的经营绩效和个人收入挂起钩，调动经营者的积极性。但是，也有批评认为现在试点的董事会中的外部董事都是"花瓶董事"，决策权还是集中在企业管理层，董事会通常只是走个过场、通过程序规避"内部人风险"而已。内部人控制现象依然严重，职务消费、滥发福利等现象依然比较多。

也有批评认为，国企盈利更多是内部人得益，与普通民众关系不大。1994—2007 年国企没有上交任何利润。据财政部《中央国有资本经营预算的说明》，2012 年央企实现净利润 11093.5 亿元，但中央国有资本收益调入公共财政预算和补充社保基金的支出仅为 76.34 亿元，2013 年净利润 11690.9 亿元，调入数额 194.42 亿元。绝大部分利润被用于央企内部的国有经济结构调整、央企并购重组和央企改革脱困补助等，基本都在内部循环。

当然，还有很多其他批评或质疑，在此不再详述。从这些批评来看，我们应该理性看待改革中出现的问题，很多国企是带着历史包袱参与市场竞争，也承担了相应的政策、社会责任。然而，有些批评是有建设性的，有些是值得今后改革注意的、进一步修正的。

4. 我国国企改革脉络和逻辑回顾

计划经济下的国有企业管理弊端丛生，高度计划性使得企业成为政府的附庸，政企不分、政资不分，对企业管理者和员工缺乏激励约束机制。国有企业的控制权和索取权一开始就是分离的，非常容易导致委托—代理失效、内部人控制等问题。国资委相对全民、国家而言是代理人，但又作为国有资本经营者的委托人。政府、国资委等环节既是代理

---

① 王朝明、李中秋：《关于当前国有企业改革的几个问题》，《当代经济研究》2015 年第3 期。

人又是委托人，信息不对称性、契约不完全性都进一步增强，会导致动力机制弱化与道德风险频发。

实际上，前述产权改革使得剩余控制权和索取权"明里暗里"逐步向企业管理者倾斜。国企改革增加了自主权的同时，也让经营者拥有了部分剩余索取权与控制权。尽管很多时候我们不太愿意承认让渡了一部分剩余索取权。

客观上讲，国企产权改革历程曲折，每一个阶段的产权改革都是当时政治法律环境约束下的次优选择，但国有企业的交易费用逐渐降低、效率也显著得到了提高。但是，改革过程中依然存在着各种垄断（行政垄断、经济垄断），用人机制僵化等问题。国企的经营者仍由上级主管部门或组织部门任命和考核，公司治理机制流于形式等。这些问题的存在让放权让利的边界不清与加剧了信息不对称，造成监管失效、代理人（经营者）存在机会主义倾向，导致剩余索取权、高收入的合理性受到质疑。

尽管国企的效率提高了很多，治理结构也完善了很多，但批评依然不断。国企改革的批评多集中在"所有者缺位、产权不清晰、缺乏激励"等方面；论及产权改革、国有企业的出路，更多的主张是股份化、甚至直接提出私有化，即"私有产权清晰论、效率论"占主流。同时，国企收益内部化、剩余索取权分享的合理性也受到质疑。

（二）我国农村土地产权改革

1. 农地改革历程与现状

《中华人民共和国土地管理法》规定，将土地分为农用地、建设用地和未利用地，农用地是指直接用于农业生产的土地，包括耕地、林地、草地、农田水利用地和养殖水面等。新中国成立后，1950 年 6 月发布了《中华人民共和国土地改革法》。政府发动广大农民群众参加土地改革，将从地主、富农等那里没收、征收的 4600 多万公顷土地，无偿地分给了无地、少地的农民，实现了"耕者有其田"，消灭了封建土地所有制，建立起农民劳动者个人土地所有制。虽然并没有完全明确农民个人完全拥有所有权，但至少是一种"准私有制"。1952 年年底，全国开始合作化运动，在自愿的基础上开展规模化生产。但后续在"两种所有制"的安排下，从农业生产互助组到初级农业生产合作社，再到高级农业生产合作社，农民的土地私有制或准私有制变成了集体所有制。

1978年开始推行家庭联产承包责任制，标志着土地所有权与土地使用权分离制度的建立。

改革开放后的产权改革的起点在农村，但重点在城市。农村土地产权改革使农村生产力得到解放，1978—1984年，按不变价格计算的农业总增长率和年均增长率分别是42.23%和6.05%，是农业增长最快的时期。据有关计量显示，在农业总增长中家庭联产承包责任制的贡献为46.89%。

农业在改革开放初期得到了快速发展，但随着城市工业化、城镇化的高速发展，对农村土地需求旺盛，农村土地也以各种方式进入市场，一直到2004年土地使用制度才相对稳定下来。2004年8月31日起，所有经营性用地出让全部实行"招拍挂"制度。但实际操作中，地方政府也延续"双轨制"，即地方政府对工业用地、市政基础设施用地采用协议或设门槛定向出让方式，对商业和住宅用地实施"招拍挂"政策。我国内地的土地出让制度，大体上是借鉴了香港的"土地批租"制度，而源头来自英国的土地保有制度，在所有权不变的基础上，转让一定年限的使用权（即用益物权）。

截至2013年年底，全国共有农用地64616.84万公顷，其中耕地13516.34万公顷（20.27亿亩），林地25325.39万公顷，牧草地21951.39万公顷；建设用地3745.64万公顷，其中城镇村及工矿用地3060.73万公顷。2014年，共批准建设用地40.38万公顷，同比下降24.4%，其中，批准占用耕地16.08万公顷。

我国"三农"目前面临诸多挑战，如粮食安全、农民利益保障和宏观调控等问题。目前，我国的耕地面积为18.2亿亩，占全球的比重不到9%，而我国人口约占全世界的19%，城镇化不断扩展进一步威胁到耕地面积、粮食产量。征地过程中如何保障农民权益、长远生计，如何保持社会稳定，这些都是城镇化、工业化、市民化进程中必须考虑的问题。

1978年的城镇化率为17.9%，2014年达到了54.77%，平均每年提高1个多百分点。城镇化的快速推进，创造了更多的非农就业机会，有2亿多农民从耕地上解放出来，转到二、三产业中就业。2亿生活在城镇里的农民没有城镇户口和无法享有城镇居民待遇，出现"就业在城市，户籍在农村；劳力在城市，家属在农村；收入在城市，积累在农村；生活在城市，根基在农村"的"半城镇化"现象。但同时，除了被征地农民这个群体外，如何有效体现土地公有制中其他人群的利益，实现社会的公平正义，也是值得深思的。

2. 非农化创造了大量财富，产生了诸多社会问题

近年来，我国土地出让金规模在 3 万亿—4 万亿元。2014 年，根据国土资源部的口径计算，出让国有建设用地 27.18 万公顷，出让合同总价款 3.34 万亿元，同比分别减少 27.5% 和 27.4%。按财政部口径计算，2014 年，全国土地出让收入 42940.30 亿元，同比增长 3.1%。尽管土地出让金规模很大，但是这个收入属于"毛收入"，其出让支出 41210.98 亿元，土地出让净收入为 1729.32 亿元。其中，土地出让收入用于征地拆迁补偿、土地出让前期开发、补助被征地农民等成本性支出 33952.37 亿元，这部分支出规模巨大，也是容易引发矛盾、利益冲突、腐败的部分。

长期以来，土地变性（转为建设用地）、流转受到各种限制。对农村土地转让进行规范的法律，主要包括《农村土地承包法》和《土地管理法》。从《农村土地承包法》的规定来看，农户享有充分的土地转让权，但转让中"不得改变土地所有权的性质和土地的农业用途"，"未经依法批准不得将承包地用于非农建设"。我国《土地管理法》第 63 条规定，农民集体所有的土地的使用权不得出让、转让或者出租用于非农业建设，第 43 条规定，当非农业建设需要土地时，必须依法申请使用国有土地。也即法律要求农地转化为非农建设用地必须以土地国有化为前提。如果出现了非农业建设需求，就必须征用为国有土地。通过审批及国家征用、补偿，完成从集体所有制向国有制的身份转化，才能成为非农建设用地。

随着工业化、城镇化发展，各地为了绕开法律和政策性障碍，早在30 年前就开始探索集体建设用地流转方式。如典型的 1992 年开始的"南海模式"，基本模式是以集体或股份合作社组织为主体，直接出租土地或修建厂房再出租，农民以土地等出资入股、分享土地非农化的增值收益。这种做法，在某种程度上是为绕开法律限制，集体土地不用经过国家征地而直接转为建设用地，手续简捷、价格低廉，对大量生产性企业吸引力大。后续又出现了"昆山模式""重庆地票"等多个模式，大体上都是围绕农地非农业化的增值收益展开的各种流转、利用实践。

如"昆山模式"中，并存农民的民营公司与农民股份合作社进行非农建设两种方式，大部分收益收归农民而非集体。

在工业化、城镇化快速发展的过程中，农地流转以合规或"打擦边球"等各种方式加速。北、上、广、深等城市的不断外扩，带动房地产行业持续多年火爆，原来城市周边的许多被征地的农民都获得了巨大财富，很多人成为"食利阶层"。同时，集体土地与国有土地权利的不平等，进而衍生了城郊农村大量出现"小产权房"问题。尽管许多地方的级差地租被地方政府拿走，或有一定程度的不公平，但总体上看，相当一部分农民依然获得可观的现金、房产和社保等财富。然而，这并不具有普遍意义，对小城市、偏远农村而言，这种财富是遥不可及的，祖祖辈辈也难以通过农业劳动获得如此回报。尽管这种制度看似对被征地的农民不公平，但其实对其他偏远地区的种地农民、一般中低收入人群而言，同样存在巨大的、更大范围上的不公平，仅仅是因为城乡二元结构限制、计划经济的安置不同而已。

征地制度诱发了诸多问题，导致利益矛盾突出、土地财政和寻租腐败等一系列问题。根据有关数据表明，1987—2001 年，全国非农建设占用耕地共 3395 万亩，至少 3400 万农民因此完全失去土地或部分失去土地，每年百万失地农民被迫流入城市诱发了一些社会稳定隐患。地方政府人为低价从农村获得土地，高价卖给开发商，助长了土地粗放利用方式。同时，导致纠纷日渐增多，命案时有发生，腐败和寻租现象十分严重。更为重要的是，造成了社会"脱实向虚""投机与寻租盛行"，产业结构扭曲，公共风险不断扩散。

3. 一个关于农村建设用地指标的案例：重庆地票制度

2008 年 12 月 4 日，重庆农村土地交易所挂牌成立，是以"农村建设用地指标"为标的，从事"地票"的交易。交易所仅成立一年，在交易所流转的土地就达 123000 亩，金额达 11.26 亿元。"农村建设用地指标"，指包括农村宅基地及其附属设施用地、乡镇企业用地及农村公共设施和农村公益事业用地等农村集体建设用地，经过复垦并经土地管理部门严格验收后产生的指标。其中，农村集体经济组织、法人、自然人和其他经济组织，都可以是交易主体。

以宅基地为例，农民可以委托当地代理机构向土地交易所提出申请，土地交易所接到申请后对其宅基地的复垦进行审查验收，通过后进入土地交易所指标信息库，由购买者公开竞购。交易成功后，在土地交易所进行确认，并到相应土地行政主管部门登记备案即可。

这种模式在不改变土地集体所有性质、不改变土地用途、不损害农民土地承包权益的前提下，推进农村土地承包经营权流转服务。此举避免了简单的征地、卖地行为，促进农村非农建设用地的市场化交易和定价，成为一个产权改革新方法。各个地方都在开展一些试点工作，这就有助于进一步创新产权改革。

4. 我国农地产权改革脉络和存在的法律经济问题

从所有权角度来看，我国农村土地实行集体所有制，但是非农化过程中的大量级差收益，集体作为所有者并没有享受多少。这个集体的界定、所有权的行使方式、收益获得及分配等都是不明确的。其中，农民的承包权这种产权也是不清晰的，受限制的，整个产权流转处于一个相对无序混乱状态。此外，如何均衡各方利益也是值得探讨的。从产权经济学的角度来看，农民对土地的权利是不完整的，制度安排存在很多值得商榷的地方。

2003 年实施的《农村土地承包法》首次提出了农村集体经济组织成员的权利。2007 年《物权法》第五十条规定："农民集体所有的不动产和动产，属于本集体成员集体所有。"农村集体经济组织的成员如何界定，法律并没有明确的说法。从实践来看，农村集体经济组织成员资格界定多数处于乡村自我管理的状态，受当地乡规民约、传统观念和历史习惯等因素影响较大，"乡土"色彩较浓。在集体组织成员资格界定过程中，农村居民在身份、户口和土地等方面呈现多样化、复杂性特征。诸如享有土地承包经营权但户口转出仍在本村生活耕种、嫁入嫁出未转户、干部身份但户口为本村并常住且还享有土地承包经营权、学生毕业后无正式工作在外务工但户口迁回本村的等各种复杂情况。这些人员的特殊情况使村委会在认定成员身份的工作中很难进行准确把握和界定。尤其是村组集体经济组织"成员"与"村民"的身份不再完全合一。各地主要通过三种方式对集体经济组织成员资格进行界定：一是出台地方性法规或政府规章，以浙江、广东为代表；二是制定地方规范性文件，以上海为代表；三是按照村规民约决定。

集体所有权是"残缺"或"不完整"的。法律规定中，"集体"作为产权主体是不明确的、甚至是模糊的。"集体所有权"落实到哪一个层级的集体不清楚，目前存在着村民小组、村集体经济组织和乡镇集体经济组织等多种形态。"集体"到底是乡镇政府、村民委员会、村民小组还是村农民集体经济组织，法律上对此也含混不清，在具体实践上兼而有之。此外，集体所享有的权利是国家赋予的，控制权相对弱化，集体只拥有对农地的利用和分配的剩余，集体农地所有权不具备自由转为非农用地的权利。除征收外，农业用地变为国有建设用地，基本上处于流转受限状态。很多地方一直存在集体土地产权主体虚置与土地流转相关的扭曲、不公问题。在流转过程中，名义上"一人一票"极易落空和虚置，许多村干部或村里的大家族往往拥有土地的实际控制权或"代理权"，导致了一些农民的知情权、收益权被剥夺，出现了权力腐败、内部不公。土地征收补偿不合理、强制征收和村委会成员利用土地谋私利等，都严重侵犯了农民的土地权益（当然也包括其背后的全民公共权益）。

法律对国家与集体产权保护本身是不平等的，也经常导致利益互相侵害。国家为了公共利益的需要，可以依照法律规定对土地征用，但当前"公共利益"泛化、难以清晰界定，地方政府则轻而易举地获得了侵入集体产权的有利依据。此外，在实际操作中，法律约束力不如政策约束力、权威不如红头文件。一般认识中，地方政府总是侵害农民利益，或国家可能侵入集体为主体的产权之中，但实际上，集体或农民也可能侵入国家为主体的产权之中，如未开发地随意占用、小煤矿私采等。这些都无不体现了现行农地法律体系的不稳定性、不完善性。

土地承包经营权制度仍然没有解决农民的财产权问题，土地承包权仍具有强烈的政治依附性。承包权实质上是对所有权的分割，依旧存在土地关系不稳定，土地利用低效率，有限制的流转，难以资本化。此外，如何权衡集体利益、集体内其他成员利益、区域范围外的其他人群等涉及价值判断和公平正义等诸多问题。将土地级差收益全部留给被征地农民显然是不能解决当前复杂的利益格局。

对政府而言，违法违规用地现象依然严重，土地出让收入、支出管理不规范。据国土资源部统计，2014年全国共发现土地违法案件81420件，涉及土地面积4.09万公顷。在土地征收方面，突出表现为少批多征、未批先征、越权审批；在土地供应方面，存在虚假"招拍挂"、以协议方式供应经营性用地和工业用地、违规划拨供地、"毛地"出让和低价出让等现象，造成土地出让收入流失严重。一些地方存在少征、缓征、减免和返还土地出让收入的行为，有的地方不按规定及时足额支付被征地农民拆迁补偿款，有的地方挪用土地出让收入等。

从长期来看，农民分享经济发展成果的机制在于土地要素市场化收益的分享机制构建，关键是完善农民变市民退出机制、土地流转与交易产权制度等，同时，要体现出公有制应有之义。

（三）我国矿产资源产权改革

1. 基本概况

中国矿产资源虽然种类齐全，但多数矿产资源人均储量远低于世界人均水平。中国已成为全球最大的资源消费国、生产国和贸易国。2013年，中国消费了7.2亿吨粗钢、983万吨铜、2205万吨铝、38.5亿吨煤炭和25.3亿吨水泥，消费量超过全球总量的40%。中国的消费资源总量占比也超过全球的30%，成为名副其实的全球矿产资源消费第一大国，也成为全球矿产资源消费不断攀升的重要推动力。多数矿产只能依靠进口来满足国内需求，导致中国矿产资源对外依存度居高不下。2012年，我国采矿业总产值7.99万亿元，占GDP的14%；矿产品对外贸易总额9919.10亿美元，占进出口贸易额的23.8%。

我国矿产资源的综合利用率也处于低位。2006年，根据BP统计数据计算，我国能源消耗量占世界能源消费总量的15.61%，而GDP只占世界总额的5.47%。我国资源总回收率约为30%，比国外先进水平的50%以上差了20个百分点，而矿产资源综合利用率我国不足20%，国外先进水平在50%以上，差了30个百分点。据统计，我国工业"三废"总体综合利用率偏低，粉煤灰的利用率为47.7%，煤矸石为38%。

很多资源产业进入门槛过低，效率、安全及腐败问题严重。以煤炭为例，2004年我国煤炭产量只有19亿吨，2014年年底全国已达40亿吨，比十年前翻了一倍还多，中国煤炭产量占到全球的2/3。2007年我国最大的10家煤炭生产企业的产量约占当年国内煤炭总产量的25.6%，美国1家大型私营煤炭公司煤炭年产量在2亿吨以上，约占美国煤炭总产量的18%左右；俄罗斯1家大公司产煤2.50亿吨，占全国的95%；印度1家大公司产煤2.40亿吨，占全国的77%。我国煤炭企业的回采率平均只有40%左右，一些小的煤炭企业回采率都不及15%，而国际平均回采率为60%。据山西省的初步调查，2014年全省因采煤造成的采空区面积近 5000 平方公里（约占全省面积的 3%），其中沉陷区面积约 3000 平方公里（占采空区面积的 60%），受灾人口约 230 万人。矿产资源分散开采、化小开采现象严重，场所健康安全事故多发、生态环境破坏严重。

2. 矿产资源产权

与美国法上的公共信托原则不同，我国坚持的是自然资源国家所有权。宪法明确规定，矿藏、水流、森林、山岭、草原、荒地和滩涂等自然资源，都属于国家所有，即全民所有，该规定确定了自然资源国家所有权的基本原则。

在相当长的时期内，我国对资源的配置、利用和保护基本采用行政手段。以矿业权为例，1996 年以前是无偿行政授予，之后到 2003 年才是有偿行政授予为主、招标授予为辅的阶段，2003 年以后才是"招拍挂"形式的市场化出让为主、其他形式为辅的阶段。各种资源管理隶属于不同部门，执行不同的部门规章、不同的财税制度，采用不同的市场进入和流转模式，形成条块分割状态。我国 2014 年探矿权出让价款 59.46 亿元，采矿权出让价款 62.94 亿元，新增确权海域面积 374148.37 公顷，征收海域使用金 85.02 亿元。

自然资源产权形式单一和产权虚置现象并存，"主体归属"与"收益归属"不对称：国家所有权普遍没有明确的行使主体，导致产权形式单一和虚置现象并存；由于产权界定不清，在相当大程度上资源所有权与收益权之间发生事实上的偏离，所有者从资源开发和使用中得到的本应是由全体公民共享的公共利益却未能有效实现，造成了地方政府过度依赖"资源财政"、资源垄断行业的高收入和"煤老板暴富"的现象，却把环境损害成本留给了自然资源的所有者和资源所在地的政府和居民。

产权管理混乱，表面上的清晰性和实质上的模糊性，导致自然资源资产流失。自然资源资产分散在各地区、各部门及各企事业单位，谁都可以用政府的身份或政府授权的身份对这些自然资源资产管理和运营，行使占有权甚至"所有权"。而一旦造成损失，谁也不愿承担责任，从而导致自然资源资产的产权管理混乱，仍然处于抽象上的清晰和具体上的模糊之中，清晰性和模糊性相互交织，协调程度差。在矿业权整合中也曾出现"国进民退""大吃小"和"小吃大"情况。

从纵向利益分配主体的角度，地方政府是多级利益复合的主体：首先，地方政府代理中央政府，为实现矿产资源的长期均衡发展，合理规划开采布局；其次，地方政府为了本地区政府运转与公共服务供给，寻求地区的经济发展；最后，地方政府在大搞经济建设过程中也演变为独立经济利益主体，官员倾向于最大化自身利益。由于信息非对称，且地方政府明显占有信息优势。那么，在矿业权流转、生产和监管等环节中，地方政府官员为促进地区经济发展和最大化个人利益，很有可能开展设租活动，使得开采布局配置缺乏合理性，过度开采得不到有效控制。

（四）金融企业和集体企业

1. 金融企业

2013 年末，全国共有金融业企业法人单位 2.9 万个，从业人员 513.9 万人，资产达到 160 万亿元，如表 4—4 所示。

2013 年末，工商银行、农业银行、中国银行、建设银行及交通银行五家大型银行总资产为 65.6 万亿元，占同期银行业总资产的 43.3%，如果加上两家政策性银行和国家开发银行，国有银行的资产占比将达到 51.7%。

表4—4　　　　　按行业分组的金融业企业法人单位资产总计

	资产总计（亿元）
合计	1620312.6
货币金融服务	1493978.0
资本市场服务	30409.7
保险业	84069.5
其他金融业	11855.5

以银行为例，国有性质股权比重较高且相对集中。从 2011 年末商业银行控股股东性质看，14 家上市银行中除平安银行、北京银行和宁波银行外，其余 11 家第一大股东股权性质均为国有，平均持股比例达 37.4%。工商银行、农业银行、中国银行及建设银行四家大型商业银行国有股份平均占比 69.56%，其中农业银行国有股权占比最高为 83.51%，交通银行国有股权占比最低为 32.35%；股份制商业银行和

城市商业银行较国有商业银行相对分散，除平安银行、民生银行和宁波银行外，国有股权占比基本在 30% 左右，其中中信银行和光大银行国有股权占比高达 60% 以上。[①]

2011 年末，中国全部银行业金融机构不良贷款余额和比例分别为1.05 万亿元和 1.77%，分别较 2003 年末减少 1.39 万亿元和下降 16.03个百分点。其中，390 家商业银行不良贷款余额 4279 亿元，不良率0.96%；而 2011 年度全球 1000 家大银行平均不良率为 3.88%，说明中国银行业资产质量在国际银行业中已处于较好水平。然而，进一步的分析表明，这些成绩更多地来源于经济快速增长、流动性急剧膨胀、稳定的高利差以及政策扶持等外部因素的叠加效应，银行业发展的自生能力依然比较薄弱。利差水平居高不下的直接贡献。目前，贷款利息仍然是中国银行业的主要收入和利润来源。2011 年中国银行业净利息收入占总收入的比重超过 80%，对利润的贡献率达 66.2%，投资收益占比为18.5%，手续费及佣金净收入为 14%。长期以来，中国一年期存贷款基准利率息差基本维持在 3 个百分点左右；近八年来则实行了禁止存款利率上浮、放开贷款利率上浮的做法，使得实际利差进一步扩大。[②] 显而易见，中国银行业的利润增长主要源于信贷资产为主的生息资产规模扩张。

2. 集体企业

从 20 世纪 70 年代末到 90 年代中期，集体企业表现出了较私营企业更为突出的业绩和较国有企业更活跃的市场表现，为中国的市场化进程作出了重要的贡献。我国的集体企业是一种介于国有和私营之间的比较特殊的公有制企业形式（Naughton，1994）。[③] 到 1992 年，集体企业占全国工业总产值的比重已接近 35%，而私营企业只有 6%。至 2002年，集体企业所占全国工业总产值比重则已下降到 9%，而私营企业则占到 12%。张军、冯曲（2000）指出集体企业的改制实际上经历了两个阶段，第一个阶段是以转换经营机制、提高经济效益为主要目标的

① 孙世重：《银行公司治理的中国式问题：反思与启示》，《中国银行业监督管理委员会2013 年第 3 期（2013—5）》。

② 同上。

③ Naughton, Barry, 1994, "Chinese Institutional Innovation and Privatization from Below", American Economic Review, V84, N2, pp. 266 – 270.

20 世纪 90 年代初期的改革，第二个阶段是自 1997 年之后发生的以产权制度为核心的改革。[①] 集体企业采用了类似中小国有企业产权改革办法，主要以资产出售、股份制改造等方式完成改制和产权转换。

三 本节小结

产权是历史和发展的动态演进，西方市场经济国家存在私有制偏好，同时，产权以利用为中心、以权利为核心。其背后具有深刻的历史发展背景、哲学基础和民主革命渊源等。公有制在世界各国或多或少都存在，国有企业在世界范围内普遍存在，私有化和国有化也是一个动态交替过程。

西方国家的国有企业改革与我国有所区别，西方发达市场经济国家中的国有企业并不存在多重目标，国有企业兼具工具与调控作用。而我国国有企业委托人的目标是双重的，很多国有企业的营利性目标和政策性目标并重或兼而有之。西方在土地资源等领域基本上实行的是私有制为主，与我国不同。但我国大量公共资源的收益没有通过制度化的途径实现全民共享，相当大一部分收益被某些利益集团、少数人攫取，成为一部分人暴富之源，造成了比西方还严重的"土地财政"、征地纠纷和贫富差距等问题。西方国家对国有企业、资源的监管与治理有许多方面值得我们借鉴和学习。

社会主义国家为了进一步解放生产力，逐步向市场经济转轨，也在进行产权改革、分享剩余，都重视所有权裂变、使用权及收益权等产权改革。我国公有制领域的国有企业、土地和自然资源等领域都展开了相应产权政策。尽管仍存在很多弊端，但不可否认，公共产权改革已取得了阶段性进展，成绩值得肯定。但是，正如前述，我国公有制的股份制产权改革走到今天，在现有认识和理论下，空间还有多大？路径还有多少？这是我们不得不面对的问题。不论是社会主义国家，还是资本主义国家，都应不断调整生产关系、完善和改革产权制度。但显然，社会主义国家的公有制产权改革面临着意识形态观念、理论和实践等多个层面的束缚，改革的难度更艰巨、任务更复杂。

---

① 张军、冯曲：《集体所有制乡镇企业改制的一个分析框架》，《经济研究》2000 年第 8 期。

第五章　现代社会的公与私命题和所有制改革的必然

第一节　公与私在博弈中融合与共进

一　中西方文化历史视野的公与私

（一）中国文化历史中的公与私

公、私问题是一个在中国历史过程中具有全局性的重大问题。在我国几千年的封建、专制历史中，人们均秉承"崇公抑私"的政治观、道德观，崇公、尚公形成主流。《礼记》说："大道之行也，天下为公。""崇公抑私"的目的是为了实现这一种理想的政治境界。但是，皇帝居于国家之巅，这个"公"往往会被扭曲，最终走向或陷入"君主以我之大私为天下之大公"的窠臼。正如明末清初的黄宗羲先生在《明夷待访录》中所言，帝王"以为天下利害之权皆出于我，我以天下之利尽归于己，以天下之害尽归于人，亦无不可；使天下之人不敢自私，不敢自利，以我之大私为天下之大公"。同期的王夫之《读通鉴论》认为，"以乏下论者，必循天下之公，天下非夷狄盗逆之所可私，而抑非一姓之私也"。实际上，要回归真正的"公"而非帝王，但在当时历史背景下只是一种理想化。

尽管传统社会提倡"公"，但近现代的许多思想家如梁启超、梁漱溟、费孝通等都一致断言中国所缺乏的恰恰是公共精神、团体精神。在封建专制社会中，缺乏民主、没有完善的私人产权保障措施，整个天下治乱系于帝王一人之身。这种政治思维方式在现实中却造成伦理道德、社会政治生活和经济发展等多个领域"公私两无"的尴尬局面。缺乏对公私的一种合理的明确界分，甚至不承认"私"的合理性，实际上造成"以权谋私""假公济私""公私不分"等腐败现象横生。公私对立、以公灭私的实际结果是并不能灭私，反而导致人民自治、民主机制无法前进，人们认为公共事务是与己无关的他人家的"瓦上之霜"。

此外，中国虽然在一些朝代出现过繁荣的商业，资本主义萌芽很早，但是传统社会以农为本、重农抑商及封闭保守，也未能形成一套完善的保障私有财产的法律制度，中国资本主义市场经济一直无法成长起来。

（二）西方文化历史中公与私

近代的西方启蒙思想家将财产权视作人的自然权利和天赋人权的一种，将生命权、平等权以及自由权相并列。1776 年美国《独立宣言》开篇即称："人人生而平等，他们都从他们的'造物主'那边被赋予了某些不可转让的权利，其中包括生命权、自由权和追求幸福权。"1789 年法国《人权宣言》亦宣称："人生来是而且始终是自由平等的：一切政治组合的目的在于维护人的天赋的和不可侵犯的权利。这些权利就是自由、财产、安全和反抗压迫。"1948 年，联合国大会通过了《世界人权宣言》，明确将私有财产权作为人权。没有财产，自由就失去其存在的价值。

即便启蒙主义思想家卢梭对私有制进行了很多批判，但依然并不否定私有制。他认为，财产私有制和财富的不平等占有是一切社会不平等的根源，但并不是要消灭私有制，而是要求限制人们的财产，这是一种近似平均主义的私有化设想。

西方国家强调个人的"私"，旨在通过个人权利的保障来制约公权，形成"以私制公"的所谓现代民主治理体系。他们坚信，一个不保护私有财产权的社会，不会是自由的社会。西方在公私问题上，坚持从私人利益出发谋求公共利益与私人利益关系的和谐，是西方近代文艺复兴以来公私之辩的主流。尽管西方强调个人利益至上，但也注意到了公共利益之于现代社会的不可或缺性。

（三）中西方文化历史视野中公与私对比

中西方文化都注重公共利益的不可或缺性，但公私观的逻辑不同。中国传统文化公与私都裹挟着巨大的道德力量。"崇公抑私""大公无私""以公灭私"等压倒性的价值主张在很大程度上消解或弱化"私"在现实生活中的地位和影响。这种价值观下，往往导致公私扭曲，陷入"公私两无"状态，并且容易诱发、导致专制及腐败。西方主流倾向是个人利益先于和重于社会公共利益、社会公共利益由个人利益合成且终究是为了个人利益，也即"众私即公"。在此基础上，形成"以私制公"的民主、法治治理体系。客观上讲，中西方文化历史视野下的公与私都有其可借鉴的地方。在合理的价值判断、健全的法制下，可以融合中西方公与私的好的理念和实践。

二　产权伴随民主、公共财政共同演进

产权是与国家共同演进的，如前所述，产权先于国家出现。排他性的产权是需要通过习俗与宗教等意识形态和私人武力来建立和保护的产权。国家和政府及其法律的出现则进一步节约交易费用，更强有力地来强制界定和保护产权。

现代民主制度、公共财政制度源于英国，重大诱因是征税、产权问题。英国早期的民主制度也是由于各方为了取得各自财产利益的最大化，进行各方分享决策权（投票）的结果。民主就是按照一定的程序由投票作出决策的契约安排，这种投票权的分配往往是以财产为基础的。美国经济学家道格拉斯·诺思与罗伯特·托马斯在《西方世界的兴起》一书中，对公元 900 年到公元 1700 年这 800 年时间里近代西方民族国家兴起的原因进行研究后，得出了一个重要的结论，即经济增长的关键在于制度因素，一个能够提供适当有效的个人刺激的制度是促使经济增长的决定性因素，而在制度因素之中，财产关系的作用最为突出。①

私有产权不仅是市场经济不可或缺的条件，而且也是民主政治的经济基础。孟子曾言："无恒产而有恒心者，唯士为能。若民，则无恒产，因无恒心。"私有产权为社会经济的发展提供了强大的动力，作为分散决策的制度前提能很好地为社会经济应对不确定性提供机制，为经济创新和体制获得适应性效率创造了条件。

私主体将部分私人财产权让渡给国家形成公共财产，由国家公权力行使其公共职能，此即为公共财产权的重要构成。公共财政是国家集中一部分社会资源，用于为市场提供公共物品和服务，满足社会公共需要的分配活动或经济行为，其要义体现预算法治和民主财政，落脚于公共利益和民

---

① 　［美］道格拉斯·诺思、罗伯斯·托马斯：《西方世界的兴起》，厉以平等译，华夏出版社 2009 年版。

生为本。

公共财政对于产权制度的形成具有较大影响，表现在税收、征用和国有化等方面，从私有产权到公共财政转变也是一个"私"向"公"转变的过程。其中，私人财产转化为公共财产的正当性、程序性非常重要。公权力合法地侵犯财产权在形式上表现为税收、征收和收费等财政行为，在实质上则是政府借由公权力将私人财产转化为政府持有的公财产。

公共财产权是政府基于其公共性特质取得、用益和处分私人财产的权力，包括对私人财产征税、处罚和国有化等非对价性给付，征收土地房屋、收费和发行公债等对价性给付，以及支配这些财产的权力。①私向公转变的过程，事实上也体现了政府提供公共产品和服务也是抽象的对价安排，动态地看依然是"私—公—私"的转变。

三　现代社会的公与私的博弈与融合

中西方对公私的认识均有其合理性，但中国过度"崇公抑私"会导致"公私两无"、缺乏社会自治和民主意识，但西方个人利益至上、以私制公也可能会导致低效混乱、债台高筑和缺乏远见等。从某种意义上讲，中国传统社会是一个以"私"为本位的社会。中国由于公私界限不清，人们习惯于讲权利不讲义务，也内化为公民精神、公民参与差。过于强调公则效率存疑，过于强调私则公共利益受损，最好的方式就是将公与私融合实现公私兼顾、共享。现代经济离不开"公"，包括公权和公产，无非是公私财产的表现形式、数量有所差异。公私对立的逻辑也需要进一步修正，但毫无疑问，私人产权必须得到尊重，公共产权也必须提高效率。抛开利益集团干扰，公私产权二者殊途同归，最终都是为了更好、更公平地服务人民。

产权制度是市场经济最基本的制度，其中私人产权必不可少。事实证明，传统的"纯而又纯"的两种公有制大一统体制下，无法形成市场经济。没有私人产权，交易主体单一、僵化，缺乏产权交易、激励的动力，市场经济体制无法形成。财产权作为个人的自由权来保障，私人

---

① 刘剑文、王桦宇：《公共财产法的概念及其法治逻辑》，《中国社会科学》2014 年第 8 期。

产权是形成市场交易机制、产权制度构建及普通民众参与民主的必要条件和基础。故此，建立市场经济、产权制度，必须认可、尊重及保护私人产权。

在肯定私人产权的积极作用的同时，并不意味着把私人产权作用无限夸大。私人产权传统的功能在于保障自由、保障财产的"私使用性"。但是，"有财产就有义务"，如个人无限制的权利最终会导致个人的无权利。随着社会发展、民主制度推进，私人产权也必须进行有效的规范和限制，转而开始承担社会利益再分配的功能。即从"基于私人所有权的个人生存"到"基于社会关联性的个人生存"转变。

事实上，全世界几乎所有国家都存在国有资源、国有企业，并非社会主义国家独有，差别无非在于"数量"及功能定位上，也即"主体"或"补充"之分。现代经济本质上是一个混合经济，由于未来的不确定性，政府与市场的关系密不可分、界限很难划分得泾渭分明。在发达国家，国有企业更多只是一个简单的调控工具、市场的补充，在发展中国家，国有企业的地位和作用发挥得更大。但随着法治、民主以及市场化进程加快后，许多国家的国有经济比重持续下降，中国也不例外。

如将公有制简单划分为两部分，一部分来源于私人产权，如征税、处罚和国有化等，另一部分来自公共产权或国家财产收益，如国有企业。那么两者来源路径不一样，但最终目的是一样的，这个媒介就是公共财政。以征税、处罚和国有化等非对价性给付，以及征收土地房屋、收费和发行公债等对价性给付形成的公共财产权，在形式上来源于私人财产并依法为政府所持有。但实际上，通过民主程序、公共财政预算安排，这些财产本质上是政府基于"公共性"而代替公众持有的"集合化的私有财产"，仍为"公众之财"，最终依然是为"私"。以征税为例，是"私人产权—公共财政—私人权益（全体）"，以国有企业收益为例，也是"公共产权—公共财政—私人权益（全体）"。对于公有制产权来说，无论是从意识形态还是经济利益诉求，最终也是服务人民、惠及民生。目前，争论的焦点就是公共产权产生的收益（或效率）、全民收益如何体现的问题。所以，公共产权需要通过与私人产权融合，以形成类似的路径、达到同等之目的。

产权制度的核心或关键是权利行使的排他性，其本质是微观行为主体之间排他性的权利安排。即使是公有产权，本质上都是"私"的，进入市场后也是平等的民事权利，需要追求效率、最终服务全体私人利益（全体私人利益即公共利益）。公有产权，是着眼于一个产权单位的内部关系，而私有产权则着眼于不同产权主体之间的外部关系，从这个意义上讲，公有产权和私有产权是可以重叠的，而不是彼此对立的。产权的公有和私有是相对的，并且是可以重叠的，问题的关键在于权利结构、行使权利的条件和方式。

从风险角度看，私人产权可能具有"公共性"。现代社会是风险社会，充满不确定性因素。即便是私有制，面对"太大不能倒""太复杂不能倒""连锁不能倒"等经济、金融现象时，为了避免危机扩大，政府也不得不救助。不论公有制还是私有制企业在面临巨大风险时，都可能将风险转嫁给政府，将私人风险转化为公共风险。即私有产权发展到一定程度一样具有公共性，同样可能带来财政负担和公共风险。

经济走向金融化后，产权从"定分止争"向"物尽其用"转变。不论投资者是公或私，传统的单一产权已难以适应社会发展需要，产权形态更多表现在股份制、共同基金或信托等方式上。财产本身越来越体现社会化，所有权全面支配力弱化，公、私属性在下降。

私人产权逐步走向社会化、兼顾公共利益，公共产权也需要通过与私人产权融合、市场化机制来提高效率。西方国家的政府支持企业（GSE）在某种程度上就是公私合作模式，企业以私人公司性质自主经营，但是政府提供显性补贴或隐性担保或特殊政策支持，这种模式在很多领域发挥了重要作用。公私二者通过混合、竞争与合作，可以更好地提供市场信息，加强激励和约束机制，最终提升效率。实际上，私人产权之间也是如此。

如果以简单对立思维，就会陷入"意识形态"之争、固化和线性思维。公、私应是一个平等竞争关系，而非简单的对立关系，需要在混合、协作过程中实现融合。具体是"公"多一点，还是"私"多一点，取决于所处的政治、经济、文化和法律等因素，也取决于最终的制度安排、竞争结果。公与私在公平的博弈、合作中可以走向融合、共进，最终提高自身收益，也间接会助力公共利益。

第二节　所有制与产权

一　所有制的核心是产权

（一）范畴与联系

所有制作为一种经济制度，主要反映了人与人在占有生产资料这方面之间的关系，是生产关系的核心与基础，其核心是生产资料的归属问题。所有制实现形式不同于所有制本身，是指在经济运行过程中的具体经营方式或组织形式，是生产资料在出资关系、治理结构等社会微观层次上的具体体现，它属"中性"的范畴，与所有制和社会制度性质本身没有必然联系。前者具有一定的抽象性和稳定性，后者则具有多样性、变动性等特点。

所有权是人们财产占有关系的法律体现。在英、美、法系"所有权"仅是一种抽象的存在，没有任何特别意义。所有权主要从大陆法系角度看，它是主体对客体的绝对控制权、最终支配权。我国民法通则的财产所有权是指所有人依法对自己的财产享有占有、使用、收益和处分的权利。

产权与物权、所有权是有差异的。物权、所有权强调的是某物的归属，而产权则是人与人之间相互利益关系的权利界定，可以通过法律、契约和道德等界定。物权包括自物权和他物权，自物权就是所有权，他物权被认为是所有权派生的。我国的物权法包括所有权、他物权（用益物权、担保物权）。大多数大陆法系国家将债权和知识产权仍排斥在物权、所有权之外。

产权是指由经济活动主体所拥有的并被社会承认的一组具有经济价值的权利。《牛津法律大辞典》产权"亦称财产所有权，是指存在于任何客体之中或之上的完全权利，它包括占有权、使用权、出借权、转让权、用尽权、消费权和其他与财产有关的权利"。

产权即财产权，是指以财产利益为内容直接体现某种物质利益的权利，它是与非财产权相对应的概念。非财产权主要是指人身权，包括人格权与身份权。所有权只是财产权的一种形态，财产可以是有形物也可以为无形物，而所有权的客体一般限于有体物。财产并不限于绝对权，可以包括各种权利与利益，既可以指所有权、其他物权，知识产权，也可以指债权。顺应时代的发展，从广义角度看，财产权不仅包括有形财产，还包括无形财产，如知识、技能和人力资本等。

产权的基本属性包括排他性、有限性、可交易性、可分性和行为性等几个方面。可交易性是产权的本质特点，同时，同一物上可以设定数个性质不同的产权，产权的客体具有广泛性，有体物、无体物甚至可界定的权利都可以作为产权的客体。

（二）产权是所有制实现形式的载体

所有制作为一种制度不能只是一个空洞概念，必然要在经济层面、法律层面落实其财产权利或利益。所有制实现形式就是从微观层面上体现生产资料的占有、出资关系和支配方式等，为所有制服务的。财产的占有、使用、收益和处置等各种权利关系就直接体现了产权的权利安排、实现。

传统上，交易被认为是所有权的交换或让渡，但实际上，产权更被认为交易的基础或实质内容。产权表现为排他性的一束、一组权利，是所有制实现形式的载体。同时应该看到，所有制关系制约着产权关系，所有制性质和内容也在一定程度上决定产权的性质和内容。

（三）所有制的核心是产权、产权制度

产权作为一种权利，可以裂变、分割、重组及让渡，以收益为中心进行资源配置，产权主体的利益得以充分实现。以他物权为例，所有权人通过设置他物权，在不丧失所有权的情况下，可获得设置他物权产生的利益。他物权人通过在他人物上设置他物权，在无所有权的情况下，获得利用物的使用价值创造利益的机会，对所产生的利益享有所有权。如农村土地承包经营权、企业承包经营权和土地使用权等，都是使非所有权人利用他人之物，创造出新的财富。

产权制度是指既定产权关系和产权规则结合而成的且能对产权关系实行有效的组合、调节和保护的制度安排，是划分、确定、界定、保护和行使产权的一系列规则。产权制度包括了经济活动中对财产主体地位、权利、义务、责任和利益等的法律规定。

无论是公有制还是私有制，只有建立健全了现代产权制度，各种所有制才能得到更好保护、利益才能得到更好实现。健全科学的产权制度，有助于保证国有财产的保值增值，也有助于保护私有财产制度，维护多种所有制形式共同发展的局面。

产权制度的功能主要体现在激励及约束、外部性内在化及资源配置功能。经济活动主体有了界限明确的产权，就有了稳定的收益预期。综上所述，所有制从经济层面落地，必须以产权为核心，落实到产权制度上。

二　国家与产权变革

诺思（1990）强调，技术创新固然能够带来经济的增长，但如果没有制度创新的前提并通过一系列制度（包括产权制度、法律制度等）安排把技术创新的成果巩固下来，那么人类社会经济的长期增长和发展是难以保障的。在通过产权界定和保护从而推动经济增长的过程中，国家起着无可替代的作用，但国家又是人为的经济衰退的根源。斯文森（1998）的统计结果显示，产权的保护程度每增加一个标准差，投资相对于 GDP 的比率将提高 4.02% 。[1] 如果对产权的保护较弱，企业将会更多地投资于固定资产（fixed assets）而非无形资产（intangible assets）。在产权保护更加充分的国家，使用无形资产更多的部门发展更快，从而导致更高的经济增长率。[2] 产权不是一种纯粹的私人之间的合约，国家是产权安排的一个要件，也就是说，产权是由国家强制界定和实施的，产权的强度依赖于国家保护的有效性。

究竟什么样的政府会促进经济繁荣呢？奥尔森提出了一个可以高度浓缩其长期增长理论的重要概念：强化市场型政府。即能够给市场经济带来繁荣的政府必须具备两个基本条件。第一，政府要有足够的权力去创造和保护个人的财产权利。第二，必须根除任何形式的巧取豪夺，其中也包括通过游说以赢得符合特殊利益集团利益的立法和规范以及通过卡特尔或共谋行为以操作价格和工资。[3] 即强化市场型政府，不存在各种特殊利益集团。

从产权的起源来看，产权保护有效性取决于国家及其代理者制定的

---

① Svensson, Jakob, 1998. "Investment, Property Rights and Political Instability: Theory and Evidence", European Economic Review 42: 1317 – 1341.

② Claessens, Stijn, and Luc Laeven, 2003. " Financial Development, Property Rights, and Growth", JournalofFinance58: 2401 – 2436.

③ ［美］奥尔森：《国家兴衰探源——经济增长、滞胀与社会僵化的新描述》，吕应中译，商务印书馆 1999 年版。

规则，包括宪法、成文法、习惯法和法令等的强度。国家之所以能有这种作用，是由于国家是所有组织中唯一的享有合法暴力的机构。当然，还包括暴力或暴力威胁、价值体系或意识形态和习俗等方面，但国家的作用是无可替代的，同时，国家通过公共财政也可以影响产权制度安排。

相当一部分公共产权往往是国家财政资金设立的（如国有企业），也有一部分是通过政治制度国家制度安排形成的（如公共资源国有化）。公共产权和私人财产应受到宪法和法律的平等保护，而且两者之间可能会相互转化，其边界并非固定不变。其中，现代化国家的公共财政职能作用巨大。

产权是与国家共同演进的，国家及其法律的出现只是为了节约交易费用的需要。因此，国家在产权制度的构建上，不仅是公共权力方，也是公共产权或公有制的主体方，必须有机协同好这两个职能。

三 权利、契约视角的产权更适应当前经济社会发展需要

（一）权利平等和利用为中心更契合经济社会发展需要

一切商品的买卖或劳务的交换，都可以看成权利或产权的交换。人类社会的一切社会制度（包括经济制度），都可以被放置在"权利"的分析框架里加以研究，产权也是如此。权利或来源于法律，或来源于道德，或来源于习俗等加以承诺或默认的。

产权是开放性财产权利的分解和组合，作为一种制度和契约安排，为各市场行为主体提供某种确定性、可预期性及可交换性，促进资源流动和优化配置。产权亦是"权利为客体的权利"，以某种方式使用他人财产的权利、摆脱遭受侵害的权利、因发生欺诈而得到赔偿的权利等。在现代社会中，产权不再是支配物的权利，而是支配有价值的利益的权利，财产的合法权利所保护的不是物，而是价值（万德威尔德，1980）。但是，各种产权或权利必须是可以平等交易的法权，而不是不能进入市场的特权。[1]

（二）注重契约自治为主的行为权利

产权从对物的简单支配关系外化为各方主体之间的权利义务关系，

---

① 高德步：《产权与增长：论法律制度的效率》，中国人民大学出版社 1999 年版。

关心这种使用能否带来收益是重点。产权作为一种社会工具，它约束了人与人或组织之间的一系列行为关系及规范。在鲁滨逊的世界（资源不稀缺），产权是没有意义的，因为根本不存在人与人的交往。所有权的行使和实现，往往通过非所有权途径如他物权的设定和债权的发生而进行。当产权安排收益大于其创设成本时，产权界定和实施活动更活跃。在通常认为的诸如谈判、审判与立法这些科斯式的公式在解决资源使用中争议时有弊端。只有当非正式规则、习俗、习惯和信念能与新创设的关于产权的正式制度、合同和文件相辅相成时，产权结构积极作用才显现（彼得·波特克，2007）。

产权是一种特殊的契约，这种契约规定了不同权利、义务及利益在不同主体之间的界定和分配。市场交换是市场主体产权的交换，产权的可分割性、可分离性和可让渡性为合作、分工的大社会化生产提供了可能。产权是一种排他性的权利，并且是以契约自治为主的行为权利。这种权利可能是正激励，也可能是负激励，即承担损失。剩余收入索取权利同时意味着风险责任，如果剩余收入是负数，企业所有者应负责清偿。[①]

产权内涵与外延扩展引起了财产观念的深刻变化，则需要我们从行为权利的角度来看待产权，要求从"权利束"概念来看待产权分化和权利内部结构。公正、合理地界定、利用、保护越来越复杂化及多样化的权利成为核心。早在数百年前，大卫·休谟在《人性论》中就指出，稳定的占有制度、财产转移需经同意以及信守承诺这三点是和平社会秩序的基础。但现实中产权实施会遇到很多不确定性和困难。现代经济发展趋势下，从契约或合同角度看产权是不完全的，权利的博弈、治理机制必不可少，产权的重构成为必然。

第三节 从所有权到产权的动态演进 与产权结构化的必然性

一 所有权到产权的演进趋势

（一）历史性：从无到有，交融发展

在人类社会初期，人们是没有什么财产概念的，基本是大自然的一

---

① 吴敬琏：《当代中国经济改革教程》，上海远东出版社 2010 年版。

部分。部落和群居生活的发展，原始公有制成为主导。随着剩余产品、国家及法律的出现，私有制逐步成为主导。从这个意义上讲，公有制的所有权是私有制的所有权演变的逻辑起点。此外，在当今世界上，公有制、私有制在各个国家都是并存的，有时是交融发展，有时是有条件互相转化的。

（二）受限性：从绝对所有权到相对所有权

对所有权的理解，与经济发展阶段联系在一起。自然经济条件下，对所有权的理解是绝对的。以往的所有权侧重于对财产归属的静态确认和实体占有，基本上是一个静态化、绝对性的范畴。而在社会分工高度发达的工业社会，所有权变得相对了。

所有权从来就不是不受限制的权利，只是在现代法上，这种限制更加广泛和严格而已。所有权的绝对性受到了立法限制，包括权能的限制、行使方式的限制，还包括所有权主体和客体的限制。现代社会的所有权都是相对的、受到制约的，目的在于防止所有人滥用所有权，创造更多的利益同时保护社会公共利益。

（三）虚拟性：从实物化到金融化、智力化

所有权的各项权能分离，继而发生裂变。信用的产生，催生了所有权裂变。股份公司这种组织形式，使所有权裂变加速，进一步丰富、深化了产权的内涵及外延。19世纪下半叶以前，产权基本上限于物权，即有形物的权利。无形产权在19世纪末20世纪初获得迅速的发展。财产的概念发生变化在19世纪，总体而言，财产概念沿着非物质化和受限制两个方向演变。

早在20世纪50年代，罗斯科·庞德就曾断言："在商业时代，财富多半是由允诺构成的。"到了20世纪末，全球的金融交易量已经达到了实物贸易量的50倍，[①] 人类社会已经进入信用经济的时代。20世纪80年代以来，随着金融全球化和网络技术的发展，虚拟资产大大超过了实物资产。美国在1980—2004年的24年中，虚拟资产增长了401%，居民家庭财富中88%以上是金融资产。[②]

---

① 刘辉煌：《论金融服务贸易的特征及其发展趋势》，《财经理论与实践》2000年第3期。

② 刘晓欣：《解析当代经济"倒金字塔"之谜——对20世纪80年代以来虚拟资产日益膨胀现象的思考》，《经济理论与经济管理》2005年第11期。

　　当今世界各国的经济增长实践强烈地昭示着这样一个事实：技术创新、制度及组织创新、人力资本以及观念意识等非传统资源要素逐渐代替传统资源要素，成为决定企业竞争实力、国家经济持续增长的内生要素，成为一国经济增长和核心竞争力最坚实的基础。随之，产权内涵的治理机制也相应地发生着深刻变化，"资本雇佣劳动"的普遍适用性也存在局限性了。

　　（四）收益性：从占有到收益

　　不能实现利益的所有权是没有意义的，市场经济条件下，专业化分工、财富存在形式、信用及金融深化的变化导致从关注归属到关注收益的转变。所有权的出发点是物的归属，而产权的出发点是物的利用，最大限度地发挥物的使用价值和利用功能。产权变得越来越抽象化，对象越来越虚拟化，超越了物的具体占有和使用。产权也同时变成了一种权利，而且是一束权利。

　　这与财富的存在形式也联系在一起。现代社会财富变得越来越金融化，表现为股票、债券等金融资产。以信托为例，它适宜鼓励交易和促进商品流转，英美信托具有双重所有权，实际上，受托人更具有实质性支配权。信托财产也从开始局限于土地而延伸到一切不动产、动产、货币和证券等，所有权的关注度在下降。所有权的意义越来越淡化，而收益权却变得越来越重要，成为现代经济的核心。

　　（五）复杂性、集合化（复合性）：分解性、不断裂变、人格化淡化，从原子式到聚合物

　　知识财产和信用财产都属于无形财产，信用财产包括货币、有价证券（股票、债券等）和金融衍生品（远期、期货、期权和掉期）等。现代社会就形成了有形财产、知识财产和信用财产分别与实物经济、知识经济和金融经济相对应的基本格局，还包括各类集合财产。

　　进一步回顾产权演变的历程可以发现，产权日趋复杂的演变与经济的发展阶段密切相关。在简单商品经济发展时期，产权表现为绝对所有权或部分受限的所有权，是一种线性的权利，支配、占有意义更大；随着股份公司出现、工业化大生产发展，产权或所有权裂变和权能分离又演变成一种线性的权利束或一组权利，支配和收益同样受到重视。随着经济金融化程度加深，产权本身的可分解性、交易性又导致其不断裂变、重组及衍生，产权（包括所有权）的深度结构化就形成了"云产

权"体系，演变成非线性、立体化的权利系，利用及收益成为核心。

随着结构化程度加深，产权呈现一种立体化的网状结构，而非线性或平面化结构，这时产权本身的产权主体"人格化"、所有制属性趋于模糊、重要性趋于下降。

二 产权结构化成为必然

（一）产权结构化的定义及其动力机制

"产权结构化"是指，以所有权或各类权利自身为起点，各种权利进行不断裂变、流动、重组和衍生的过程，进而形成多种权利的有机联结、并呈现一种复杂的契约结构状态。产权（包括所有权）进一步裂变导致权能分离和流动，所有权不再是单一的全面支配权，而是以所有权为起点、各种权利进行不断分解、重组、衍生的过程。本书将其作为动名词，强调这种结构化过程也是各类产权动态形成的过程，外延要比初始的所有权更广泛、更复杂。

价值财富与实物财富的不同之处在于风险变了。各种商誉、股票等无形财产的出现，对原有的财产的绝对支配性产生冲击。"财产权已经解体，权利的持有方式已演化为受到限制的一组权利。"要规避风险，防止价值财富缩水，就不能以所有为目的。"不求所有，但求拥有"变成通行规则，所有权的意义淡化，追求收益，成为规避风险的唯一办法。这与资源配置的优化同时发生。故此，产权结构化的动因是基于风险、收益的度量。产权结构化不能简单认为是私有化，而是一个围绕效率及收益而进行的优化资源配置、形成有效产权制度的过程。结构化动力是基于风险或收益的度量，趋利避害，客观上可能增进市场效率、也可能进一步积累或放大风险。

（二）产权结构化的必要性

西方世界之所以能够率先兴起，是因为西方社会最先成功地确立了现代产权（包括财产权利、知识产权等）和保证契约执行的法治规范，使得"个人的经济努力所得到的私人收益率最接近社会收益率"[①]，从而激励产生了有效率的经济组织并最终推动了经济的增长。对于制度的

---

① ［美］道格拉斯·诺思、罗伯特·托马斯：《西方世界的兴起》，厉以平、蔡磊译，华夏出版社 1999 年版。

演进，经济学家将其看作个人或组织在特定环境下进行博弈的结果。如经济学家常以减少交易成本、降低信息不对称程度的角度对市场制度的出现进行解释，认为市场制度的产生和演变是不断进行理性选择的结果。

产权的可分解性，确立了每个人相对于稀缺资源使用权利的经济关系和社会关系，增加了对资源配置的灵活性和效率，从而可以实现激励、约束、外部性内在化和资源配置的功能。

产权是属于经济学、法学范畴的概念，比所有权、物权的外延和含义宽泛得多，它更侧重于从经济学的角度来理解和把握。产权结构化是基于所有权出发的权能分离、裂变及重组后有机结合和重构的过程，形成了"云产权"体系，演变成非线性、立体化的权利系，利用及收益成为核心。产权结构化是当前社会产权深层次上的发展和改革的必然趋势。

这也意味着传统的西方产权理论"以自然人为基础的微观产权主体"或"可以将所有权或产权分解到个人头上"狭隘的产权观或"市场原教旨主义"已经不能适应经济社会的发展。产权结构化使得各种财产的利用度、资源配置效率大大提升，但与此同时，产权界定、制度安排的复杂性越来越高，整个经济的关联效应越来越强。无论是私有制还是公有制都面临进一步的产权深化改革压力，产权结构化改革亦成必需，只不过公有制改革难度更大、任务更重而已。

随着市场化、法治化改革步伐加快，社会与政府治理水平也在不断提升，公与私的对立程度有所下降，公与私的合作、融合也在逐步加深。但公与私的价值冲突、目标差异并没有因此而完全消失。这就意味着，公私所有制都仍然面临产权改革任务，并且，这个改革过程可能充满不确定性。我们必须对产权改革的机理有深刻的认识，积极、审慎推进产权结构化改革和相应的制度安排。

第六章 金融化发展趋势下的产权结构化逻辑分析框架

第一节 经济金融化趋势下，产权不完备性与效率不确定性日显

一 先验性的私有产权效率最高的传统思维有局限性

斯科特·戈登（H. Scott Gordon, 1954）将产权按持有权利的主体性质分为私有产权和共有产权，这种简单的两分法受到了批评。比较流行的是产权四分法（Bromley, 1989），即将产权分为"国有产权、私有产权、共有产权和开放利用"四大类。其中，"开放利用"主要是指自然资源领域，容易导致"公地悲剧"的问题。根据产权的排他性程度划分的国有产权、共有产权及私有产权是目前较为常用的分类。通常认为，私有产权交易费用最小、效率最优，而公有产权主体缺位或虚置，"无人所有、无人负责、无人管理"，故此，公有或公共产权低效率或无效率。

实际上，"唯私有制个人产权高效论"属于原子式思维、固化和静态思维。产权发展的历史趋势是自然人产权向集合性、复杂性产权演进的过程。小生产者的个人产权被业主制的个人产权替代，而后又被股份制产权所取代。这本身就说明了小生产者的个人产权以及业主制的个人产权并不是效率最高的产权形式，古典企业的高效率是在特定时代下的结论，具有局限性。事实上，无论是私人企业还是国有企业，通常都摆脱了传统的业主制，大都走向股份制为主的现代企业。这个时候，都面临着委托—代理等问题。Vickers 与 Yarrow（1991）指出，正如国有企业一样，民营企业也存在委托—代理问题。因而，如果民营企业也存在严重的公司治理问题，那么民营企业的运作效率比国有企业的运作效率

低就是完全有可能的。[1] Chang 与 Singh（1997）认为，既然国有企业与大型民营企业都面临官僚问题，且各自的监督机制都并不完善，那么民营企业并不一定较国有企业管理得更好。[2]

不可否认，公有制存在着多重的委托—代理关系，全体人民、国务院、政府及经营者之间存在的较长的链条，可能会造成国有企业的交易成本增加和效率降低。但自从社会化大生产以来，这个问题不是国有企业独有的，股份高度分散的私有制企业、产权结构化程度高的各类型企业都普遍面临这一问题。

产权是一束权利、一类契约或合同，但合同是不完全的。现代企业理论观点认为，产权界定无法直接决定最终效率，仅是一个非常重要的中间变量。所有权或资产归属变化导致的私有化改革并不必然导致企业绩效提升。从国内外私有化的案例及经验数据分析来看，无法一致性得出私有企业最有效率的结论。部分研究表明，企业效率的高低与所有制无关，市场竞争程度和政府管制政策对企业效率的影响更为显著。企业面临复杂的外部条件和激烈的竞争，私有化并不保证企业治理机制就一定变得有效率。

单纯私有化的产权改革方案过于简单化、理想化。如产权的建立、实施和保护等的费用太大或者违法，则可能引发社会动荡，以致收益急剧下降或耗散，那么私有产权改革是无效的或低效的。但单一公共产权主体下，普遍存在效率差现象，单一私有产权主体显然不符合社会化、金融化趋势。任何极端的产权结构形式都不是主流。故此，产权的制度属性与效率并不必然相关，先验性地认为私有产权效率最高需要反思。我们必须抵制"公有制""私有制"这种速配方式的诱惑或"口号"幻象，真正的危险是不完美政策导致的累积性错误（布德罗克斯，2007）。

二 产权不完备性日趋增强，产权只能相对清晰

产权清晰，则经济行为主体才能形成与其他人进行交易的合理预期，从而产权就会像稀缺性和竞争性一样，进入决策者的效用函数，进

[1] Vickers, John and George Yarrow. 1991, "Economic Perspectives on Privatization." Journal of Economic Perspectives 5（2）：111 – 132.

[2] Chang, Ha – joon and Ajit Singh. 1997, "Policy Arena: Can Large Firms Be Run Efficiently Without Being Bureaucratic?" Journal ofInternationalDevelopment 9（6）：865 – 875.

而影响经济主体的行为方式。通常认为的产权清晰就是明确将产权的主体界定为具体的自然人。但是，这种思维在物的归属的意义上是容易界定的，但放在权利、契约框架内显然是很难界定的。明晰所有权并不等于明晰产权，因为所有权比较容易明晰，但是明晰产权则困难得多。产权裂变、重组产生了其他多种财产权利。产权越来越趋于超越特定主体或狭小个体范围内，而是在一种更大的社会范围内、更多方式的实现持有或获益。

产权的明晰在多数情况下是相对的。产权界定的"公共领域"是巴泽尔用于说明产权的初始界定不能保证完全清晰而提出的一个重要概念。他指出，为了使资产的产权被完整地界定，资产的所有者和对它有兴趣的人必须对它有价值的各种特性有充分认识。在存在交易费用的情况下，这是不可能的，这样，被转让的资产的某些未被发现的价值就会置于"公共领域"。

从契约角度看，私有企业产权明晰也只是相对的。由于个体存在有限理性和机会主义行为，同时，还面临着外在环境的复杂性、信息的不完全性和不对称性，现实中的产权契约是不完全的。从动态角度看，产权界定、保护需要成本，产权的行使和收益具有不确定性。从静态来看，则可以视为将排他性的那部分产权清晰界定了，形成了交易的稳定预期。但从动态和整体上讲，产权具有较高不确定性，需要重复博弈，存在难以明确的"剩余权利"，从另一个角度讲，也存在外部性。私有产权被认为是产权明晰的，但由于存在合同难以写明的"剩余权利"，要想做到完全地明确界定产权，依然存在难度，难以避免外部性。一味地强调产权清晰界定，势必会陷入"外部性→产权界定→新的外部性→新一轮产权界定"不断的动态调整之中，且效率不确定性增强。

实际上，真正做到"产权明晰"基本上是不可能的，对公私所有制都是如此，如能真正做到"产权明晰"则可能导致成本极高，以致明晰产权的努力成为不经济。新古典经济学家（杨小凯、黄有光，1999 [1993]；杨小凯、张永生，2000）从"分工经济"（专业化水平提高）与交易成本增加（分工网络协调失灵）两难冲突中，阐述了产权界定的效率原则。产权界定到什么程度最佳，取决于产权界定可能引致的内生、外生交易费用的权衡。由于各种两难冲突的存在，产权并非越明确越好，有时候，产权的模糊化更有效率。关键是法律制度应该保证人们有自由选择合约的权利，有效率的产权模糊度就会通过自由的产权买卖而自发形成。斯蒂格利茨认为，科斯的产权清晰是产权神话，"在经济学中，大概没有一种神话像产权深化那样影响人们的观点和行动"，"中国的经验表明，没有私有化，甚至没有清晰的界定产权，也能够进行市场改革"。

由于契约的不完备性产生了"剩余权利"，而剩余权利决定着企业的所有权结构和治理结构。剩余权利被划分为"剩余索取权"（即剩余收益权）和"剩余控制权"。国有企业主要问题之一是收益权和控制权没有合理地匹配，国有企业的经理、工人甚至政府监督人员都滥用这一残缺的产权体系。有收益权而无控制权的人就不会去考虑资源损耗的代价而去拼命追求收益；有控制权而无收益权的人就不会认真去改进控制方法而提高收益，这样做的结果是导致国有企业的低效率。"内部人控制"问题其实质就是公司治理结构中的"所有者缺位"和剩余控制权与剩余索取权不相匹配的问题，也就是"产权残缺"的问题（吴敬琏，1994）。这也意味着产权改革应着力解决激励、信息等问题，而不仅限于产权界定上。

三　产权结构化加深导致主体属性淡化、模糊化

（一）现代信托业

如前所述，现代信托源于英国中世纪的保有和用益制度。创设之初并不是今天的"受人之托，代人理财"，而是为了规避法律或责任。由于当时土地上的各种限制和负担均附随于法律上的所有权，人们为了免于缴纳税赋、逃避债务或规避土地转让之限制而巧妙地创设了用益制度。在现代信托关系中，信托人将信托财产交给受托人管理，受托人取得该项财产的处分权，受益人则享有信托利益的收益权。英、美、法系学者从分割财产权的立场出发，主张"双重所有权结构"。即受托人享有普通法上所有权或名义所有权（legal title），受益人则享有衡平法上所有权或事实所有权（equitable title）。

事实上，受益人享有"实质所有权"的背景已经不复存在，随着金融结构化程度的加深，信托所有权主体很难明确。早期受托人只是被借用的"人头"、仅仅是"名义所有权"，他对信托财产并不进行实际的管理。这是一种消极用益安排，受益人则实际上对财产进行占有、管理

和处分，享有的是"实质所有权"。但是，进入现代社会以后，信托制度积极理财的作用更为突出，用于规避法律的作用已经淡化。对于信托财产的管理和处分都是由受托人自主完成，受托人不再是徒有虚名的"人头"，而是拥有几乎全部管理权和处分权利的专业人。受益人作为投资人不占有和管理财产，也没有实际支配权利。受益权不具备所有权的实质内涵，受益人作为投资人可以认为不享受所有权。

用益、信托等基本制度给所有权时间上不可分的原则戴上了沉重的枷锁。信托模式的广泛应用，并且不断分设基金、信托后，结构化程度进一步加深，所有权主体更加模糊，难以准确界定。但毫无疑问的是，它与传统的所有权有别，不能简单地归类于物权抑或债权。[①]

（二）产权线性裂变的分析：以一个产业基金投资为例

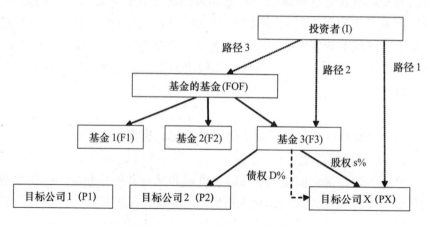

图6—1 一个产权基金投资路径

以一个产业基金投资路径的方案为例，如图6—1，以此说明产权背后的制度属性下降、治理机制发生重大变化。假定投资者 I 是国有企业，拟投入目标公司 X。一般传统的方式是直接投资，即投资路径 1 下，100% 地持有目标公司。很显然，目标公司 X 属于国有产权，一般没有异议。同时，目标公司的"委托—代理"关系相对简单、清晰。

投资者 I 可以通过产业基金方式投入目标公司，即选择路径 2 或 3。即便等量投入到目标公司 X 的情况下，由于产权结构化后，产权属性、

---

① 吴汉东：《论财产权体系》，《中国法学》2005 年第 2 期。

治理机制都会发生重大变化。在路径 2 下，由于基金 3 是多个投资者组建的，是混合所有制的产权形式，可以债权、股权或"股权＋债权"等各种方式投入目标公司 X。在结构化融资体系下，对目标公司 X 的投入形成的产权形态，已很难判断其产权属性。基金对目标公司的治理机制安排、基金公司自身治理机制安排等都已经复杂化，超出传统的直接投资方式下的治理安排。在路径 3 下，则显得更为复杂，在此不作讨论。

三种路径：路径 1 是直接投资，路径 2、3 是通过基金方式，并以股权或债权形式进入，路径 3 的链条更长一些。路径 1 的产权可以归为公共产权，路径 2、3 的投入已很难说明其产权主体及其属性，在某种意义上看，这种线性投资已经发生了变化。

综上所述，在金融化发展趋势下，产权经过多次裂变、重组后，结构化程度加强后，产权的制度属性逐渐模糊，已经很难厘清公有产权或私有产权。等量投入到目标公司的资金的产权属性难以明晰，同时，治理机制安排也发生了重大变化，其效率放大效应加强、不确定性加强。2008 年美国金融危机，金融产品结构化程度过高，治理机制复杂化、道德风险加大及风险放大效应增强，助推了危机。

（三）委托—代理框架及动机变化

各方股东利益与公司利益并不总是一致的，导致委托—代理框架本身出现偏差。在股权高度分散的上市公司中，每位股东的持股比例很小，这个时候股东偷懒、"搭便车"现象就会出现。小股东的监督成本很高但获得利益有限，故此，他们并没有足够的动机监管，从而容易造成内部人控制。而随着股权集中度的提高，大股东对管理者的约束作用逐渐增强，使得管理者能够按照股东利益最大化的原则行事，从而使得股权代理成本降低。在股东相对集中的公司，大股东"掏空"上市公司，将其作为"提款机"、使其资产空心化的现象较容易出现，这些都损害着公司的利益。控股股东为了自身利益，会克服小股东的"搭便车"行为，去监督经理层行为，但是，也可能存在控股股东与经理层合作，去侵害小股东利益。无论哪一种类型的上市公司，都可能存在股东行为短期化、机会主义行为，他们不关注公司的经营管理而是将股票作为单纯的投资工具或将上市公司作为资本运作平台。

随着经济日益金融化，不论何种所有制条件下的委托—代理结构，都可能存在信息不对称、激励不相容和责任不对等的问题。即使在私有企业中，一旦企业规模扩大，所有者仍然是要分层次把经营权委托出去。剩余索取权所引致的激励动机具有严格的假设前提，但在经济金融化环境下，各种经营活动充满了不确定性，利润激励动机可能发生变化，绩效奖励可能只是一个次优选择而已。其一，通常认为资产的归属决定对资产的关切度，实际上，这一观点显得狭隘、不确定性。委托者或所有者可能存在短期化、投机性等特点，并不一定是追求企业长期性利润，很多委托者并不关注企业本身、甚至存在故意侵害代理人或其他相关者的利益的行为。此外，即便是委托者也同样有"搭便车"动机、偷懒行为。其二，剩余索取权的不确定性增强，代理人或经营者提高效益的努力程度很多时候受短期报酬、控制权收益的激励，剩余索取权及长期激励机制只是其考虑的一个方面。其三，各种产权的融合、金融化程度加深使得委托者和代理者的身份模糊、各自的关切也在不断变化，都存在机会主义或逆向选择行为。

四 产权的效率受多因素影响，最优的产权结构存在状态依赖

产权明晰意义不在字面意义上将产权明确规定为某一微观主体所有。产权并不是规定了资产属于谁，效率就自动解决了。关键在于产权的充分界定（并不是完全界定）能否利用较小的交易费用，尽量将外部性内部化，解决监督和激励等信息问题从而引导个人活动，实现效益最大化。

如契约和信息是完全的，财产的私人所有或公共所有（或国有）就不会有什么区别。剩余权的存在不是根源于资产的所有制，而是主要根源于外界环境固有的不确定性和人类自身的有限理性。不同的产权制度的经济绩效主要是填充契约"缺口"方面体现出来的。

正如前述，当产权不完备性程度较高，没有详细规定的"剩余权利"的归属及分配则显得十分重要，这部分权利也成为各方寻租、攫取的对象。有效的产权契约实际上取决于不同的状态和环境，剩余索取权和剩余控制权完全不同，但在当时情景下都应尽量降低租金耗散。同时，金融化发展趋势下，随着产权裂变进一步结构化后，产权主体的公私属性难以完全分割，委托—代理框架也存在不稳定性，这些变化都加

剧了效率的不确定性。

股东利益与公司利益并不完全一致，大股东、小股东、经理人和债权人等各方之间的博弈、勾结行为以及机会主义行为都更为复杂，委托—代理框架很多时候难以起效。孙永祥、黄祖辉（1999）的实证研究发现，随着第一大股东所持股权比例的增加，Tobin－Q 值先是上升，当第一大股东所持股权比例达到50％后，Tobin－Q 值开始下降。[①] 在不对称的信息条件下，很多时候博弈的结果是股东、经理人两者共享企业所有权或是状态依存权（杨瑞龙、周业安，1997）。

综上所述，产权相对清晰不是效率的充分条件，但是其必备条件。产权也是一种"行为权利"，效益受多因素影响，最优产权是动态的均衡下的暂时均衡，存在状态依存（state－contingent）性。随着外部环境变化、经营主体内生变化，产权结构也面临进一步的博弈、调整和优化。

第二节　产权结构化：建构、动态均衡、效应与量度

一　产权结构化的立体建构

（一）产权呈现复杂化、结构化态势：权利及价值裂变与重构

在实物经济下，可以通过物权和债权分别建立起以有体物的享用与交换为中心的静态秩序和动态秩序。但随着人类社会进入实物经济、知识经济与信用经济三位一体的新时代，经济呈现金融趋势时，这种体系就更复杂。

金融化发展趋势下，产权的形式呈现多样化、复杂化，所有权及产权的外延和内涵不断扩展。价值不断运动与实物进行分离。如图 6—2 产权裂变及演变的矩阵。

如图 6—2 的矩阵，横轴代表了权能链（a chain of rights），说明权利内部裂变成占有权、使用权、收益权和处置权等；纵轴代表了产权范畴的扩围（scope of rights），说明权利及产权形式不断出现，单一实物形态向实物、价值双重形态转变，包括实物、货币有价证券和专用能力等。二个维度的重组、裂变及交融，最终形成多种权利的有机联结、并

---

① 孙永祥、黄祖辉：《上市公司的股权结构与绩效》，《经济研究》1999 年第 12 期。

呈现一种复杂的契约结构状态。这时，金融化趋势下，产权更容易呈现网状的、立体的结构化状态。

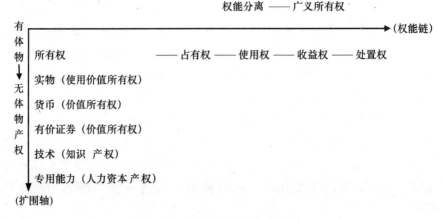

图6—2　产权裂变及演变的矩阵

产权结构化是一个动态概念，开放和流动、裂变与重组是产权结构化的基本特征。侧重点在于描述、概括产权运动的具体内容、具体过程和具体形式，分解为多种权利并统一呈现一种结构状态。

（二）权利不断裂变（细分）、重组，各类契约重构

1. 产权主体多元化与产权客体裂变性

产权结构化的客体演进路径是：初始所有权（单一全面支配权利）——系列产权（一组权利或权利束）—云产权（立体化、可塑性强的多层次权利）。产权的客体逐步从物转变为更多的权利，客体可以表现为生产要素的使用权或用益权，也可以表现为市场竞争主体的整体企业产权与部分性股权或债券等，股权或所有权只是一种特定形态的产权而已。权利组合或分解更频繁，稳定性也更差，深度和广度、内涵与外延也在不断扩展。

产权结构化的主体演进路径：公有或私人成分较单一、公私界限相对分明—产权主体多样化、产权社会化程度高，公私界限模糊。产权是国家、组织和企业以及个人之间形成的一个复杂的契约结构。产权主体的这一最大化自利行为过程，也就是产权的不断界定与资源的优化配置过程。同时，各种产权主体的博弈程度增强，各项权利受限性增强，整

个运行体系的制衡性增强。这也意味着传统的西方产权理论"以自然人为基础的微观产权主体"或"可以将所有权或产权分解到个人头上"狭隘的产权观已经不能适应经济社会的发展。

2. 产权主客体间多维连接方式：立体化的契约或制度安排

新的产权形成必然伴随着界定、保护和行使等一系列规则和制度安排，以保障产权得以承认和尊重、合理行使。产权结构化过程也是不断进行产权界定、形成产权制度的动态化过程。产权界定变得越来越具有"技术含量"，包括行为主体财产权利的界定、行为主体财产责任的界定。产权本质上是人与人之间关于财产的社会关系，产权结构化可以是客体、主体等多维的组合或裂变，通过契约或相应的制度安排等机制，最终形成多种权利并统一呈现一种结构状态。

金融衍生品的创新过程，同时也是新的产权界定过程。所有权从单一向多元化转变、受约束和限制加强，各种产权呈现立体性，产权制度安排也日趋重要。随着结构化程度加深，产权呈现一种立体化的网状结构"云产权"，而非线性或平面化结构，这时产权本身的所有制属性趋于模糊、重要性趋于下降。

产权结构化使得各种财产的利用度、资源配置效率大大提升，但与此同时，产权界定、制度安排的复杂度越来越高，整个经济的关联效应越来越强。

3. 混合化、信托化产权成为重要产权形式

产权结构化关系到三个层面。其一是主体，即谁拥有财产权利，是个人、集体及国家，还是混合的主体，这需要明确。其二是客体，即财产权利的指向或权利的载体，是实物、无形物，或是其他具有经济意义的财产。其三是"谁拥有什么权利"，即由产权主体和客体关系所决定的权利内容，特定主体的权责利等具体内容及行为能力。产权附有的行为能力非常重要，直接影响利益的实现。

由于增加收益或规避风险的驱动，产权的扩展从两个大的方面，即所有权派生、财产范围的扩大开始，并逐步呈现结构化趋势，混合产权、信托产权呈现主导趋势。产权结构化需要通过界定、变更和安排产权的结构，降低或消除市场机制运行的费用，形成合力的治理机制，提高运行效率。

二 产权结构化过程中的公平博弈与均衡

产权界定本身需要成本，与其他生产行为一样，具有边际生产力递减性质。随着产权界定行为的增加，产权安排本身带来的收益在边际上递减，相应的界定成本在边际上递增，当达到均衡时，此时产权界定带来的净收益最大。因此，满足净收益最大的产权界定是均衡的产权安排。①

如图 6-3，图中的横轴代表界定和实施产权即排他活动，可由这些活动的投资量来表示，比较典型的如"圈地运动"，排他投入价格的下降或排他技术的发展（如钢丝网的出现）倾向于降低排他活动的边际成本，促进产权的界定和实施。图中的边际收益曲线代表对排他活动的派生需求，决定该曲线升降的主要因素是资源的经济价值和受外部侵袭的概率。利益驱动会使得产权界定增加，产权不断变动，博弈主要是基于降低交易费用或获得利益。产权收益大于创设成本之时，产权界定与实施活动会相对活跃，直至达到新一轮暂时均衡。

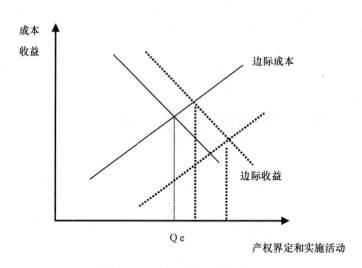

图6—3 产权界定的动态均衡

产权必须具有流动性、可交易性才能提升效率，在不断追求收益、规避风险的基础上的结构化，必然面临着各种竞争、博弈。任何价格的

---

① 严冰：《产权不完备性研究：兼论国有企业改革思路》，知识产权出版社 2011 年版。

形成都是多种因素多种利益博弈的均衡，只要是供求关系是自由波动、不受行政干预，产权结构化达到均衡最终会通过成本收益比达成。只要这种竞争是在公平基础上，基于协商达成的契约，最终各方达到均衡后获得较高的剩余。

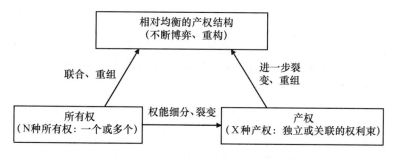

图6—4　产权裂变、博弈、重构示意

如图6—4产权裂变、博弈、重构示意图，对于复杂的产权结构化而言，不仅涉及多个产权的界定、博弈，这是一个立体化的契约结构和重复博弈过程。其中，产权流动与转让是财产权及其派生权能在不同产权主体之间让渡。通常存在三类情况：一是财产所有权在不同产权主体之间的让渡；二是财产所有权不变或部分转移的条件下，派生权能，如使用权、收益权及经营权等在不同产权主体之间转移；三是各类所有权、派生产权多维度及多方向性转移。第三种方式的结构化程度更高，涉及的主体更多，博弈也会更激烈。

"产权清晰就是私有产权"是存疑的，实际上，产权只能相对清晰，产权结构化的动力机制也是促进产权不断清晰界定的博弈机制。显然，相关利益方的行为方式、内外部的治理机制将直接影响博弈的均衡、利益格局安排。应重视产权或权利的平等性与交易性、人力资本产权的激励和约束。

三　产权结构化程度的效应

（一）一个案例分析：美国结构化金融产品

1. 结构化金融产品及其机理

结构化金融衍生产品，简称结构化产品（Structured Products，SPs）

或结构化资产，是运用金融工程技术，将固定收益产品与金融衍生品相结合而形成的一种新型的金融产品。这类产品内嵌的衍生品与特定标的挂钩，挂钩标有利率、汇率、股票价格和指数及风险等。结构化产品通常由固定收益证券和衍生合约结合而成的产品，定价的核心就是将其分解成一组基础资产和一组衍生资产，然后利用金融工程原理对衍生资产定价。

结构化金融通常操作是：购买一组资产并以此为担保发行不同风险级别债券的金融活动。首先，构建一个资产池，包括银行贷款、债券或资产支持证券等；其次，通过一个特定目的实体（SPV）购买和持有这些资产，使资产组合的信贷风险与资产发起人的信贷风险分离；最后，SPV 以这些资产为担保发行风险分级的债券，各级债券的规模取决于资产池的损失概率分布情况，通常分为优先级、中间级和权益级。不同级别债券对资产池产生的现金流（利息收入和本金）拥有不同的要求权，现金流的支付顺序为：管理费、优先级、中间级和权益级，而损失则首先由权益级别债券承担。

美国和欧洲的金融市场具有多层次的风险转移功能。以美国次级抵押贷款市场为例，有三个层次的结构化，如图 6−5。第一层次是购买一组次级抵押贷款，并以此为担保发行风险分级的抵押贷款支持证券（MBS）。第二层次是从 MBS 发行者手中购买那些剩下的 MBS（通常是

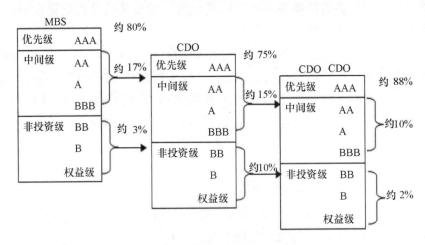

图6—5 美国次级抵押贷款市场概况（资料来源：IMF）

中间级别），与其他类型的债券或贷款混合组成资产池，并以此为担保发行债券（称为担保债务债券，CDO），也就是二次证券化。CDO 产品也被分成不同的风险级别：优先级、中间级及非投资级。第三层次是购买中间级别的 CDO，又一次发行分级债券（CDO CDO），进行第三次证券化。①

过去十几年中，结构化金融产品的发行量呈几何级数增长，CDO 更是成为风险转移市场上最重要的结构化产品。2005—2007 年，全球 CDO 产品的发行量几乎增长了三倍，其资产池的构成也越来越偏向美国次级抵押贷款支持证券。

在资产证券化方式下，贷款风险较易通过抵押支持证券（MBS）、资产支持证券（ABS）等证券化产品进行迅速传递、蔓延。MBS 一般是投资银行购买，但投资银行购买 MBS 后并未到此结束，而是再次打包设计，把 MBS 按可能出现的贷款偿付违约率分成不同模块，又设计出第二层衍生品——债务抵押担保证券 CDO。2006 年，美国债券市场的 MBS 达到 6.1 万亿美元，CDO 发行总额将近 2 万亿美元。CDS 的名义市值在 2007 年达到 62 万亿美元，超过全球 GDP 水平。②

2. 实质是产权结构化，风险急剧加大

结构性融资有益于分散风险，增加风险转移工具的流动性，促进金融创新和资金融通。但是，结构化程度过高、监管失序，将产生一系列问题。

金融创新大大延长了金融市场交易的委托—代理链条。结构化金融切断了资产的信用风险与其发起人的信用风险之间的联系，以这些资产担保发行的债券的收益只受资产池表现的影响，而与发起人的表现无关。借款人、贷款公司、投资机构和债券投资者之间等多重委托—代理关系混同，处于中间环节的本人兼任下一环节的代理人。③

高杠杆运作，风险敞口巨大，放大了负债率。不断追逐的高利润，推动对冲基金、投资银行等金融机构在高杠杆下投资于风险较高的产品。美国投资银行的平均杠杆为 20—30 倍，若有结构性工具则高达

① 高文杰：《全球金融危机成因的综合反思》，《财经理论研究》2013 年第 5 期。
② 同上。
③ 同上。

50—60 倍。截至 2007 年年底，美国两大住房抵押贷款机构——房地美、房利美的核心资本合计 832 亿美元，而这些资本支持了 5.2 万亿美元的债务与担保，杠杆系数高达 62.5 倍。

金融风险的不断积聚、迅速蔓延，整个金融体系的稳定运行受到严重威胁。金融衍生产品都是基于次贷，通过高度复杂的数学模型复合设计而成，其结构极其复杂、交易链条被无限延长，即使专业人士也如坠云雾，这导致其风险难以被识别。此外，随着次贷衍生品的不断创新演化和高杠杆交易，盲目地调高部分金融衍生工具的信用等级，各种金融产品之间越来越具有了"连坐互保"效应和"多米诺骨牌效应"。单个金融机构的风险在整个金融体系中被成倍放大。一旦房价发生逆转，金融衍生品赖以存在的基础动摇，整个金融体系就会产生连锁效应和"多米诺骨牌效应"，引发货币市场、资本市场和商品市场等各关联市场的风险并发，金融危机爆发。

故此，结构化程度过高，所有者缺位，高杠杆操作，加之缺乏有效的监管，必然导致投资和道德风险蔓延，私人风险逐步转化为公共风险。

（二）结构化效应小结

产权结构化程度越高，也就意味着基于规避风险或追逐收益的动力机制更加强烈，这必然导致产权链条加长、运作杠杆加大及利益主体关系更复杂，博弈可能更为激励，出现如下效应：

1. 放大的"双刃剑"效应。即产权结构化可能带来的收益成倍增加，同时，也可能存在风险不断扩大效应。产权结构化可能带来的是正向激励、高效率，但是，如果治理机制不善、道德风险蔓延，则可能导致出现亏损或更大的风险。

2. 制度属性下降，产权不完备、效率不确定现象突出。金融化不断深入发展，产权结构化加深后，代理链条不断加长、多向化，对真正的"收益源"关注度下降，产权的不完备性加大，效率不确定性进一步加大。

3. 连锁效应及公共风险加大。产权的主体多元、连接关系网状化和立体化，私人风险可能在结构化杠杆下不断放大、波及面不断扩大。这个时候，连锁效应显现，同时，公共风险加大后，即使是面对私有企业，政府必要时不得不救助或埋单。

四 产权结构化程度的量度

（一）结构化程度的量度的定性

产权结构化程度大致可以从三个维度来衡量：

1. 社会化。主要是指产权主体多元化程度，通常结构化程度越高，产权主体越多。当然，并不是产权主体数量越多越好，也不是越少越好，与具体权利行使及行为有关。通常，主体的专业性、竞合性直接影响效率。

2. 聚合化。主要是指产权客体复合型、权利复杂性程度，通常结构化程度越高，产权客体裂变、重组后均衡产生的权利越复杂和多样。这时，风险放大、监管难度也加大，但随之收益可能也放大。

3. 组织化。主要是指契约联结的系统化、制度化程度，通常结构化程度越高，组织化、体系化越强，治理机制、运作方式更系统化。这时，效率也随之增强，但也可能产生"官僚作风"，反过来制约了效率。

在产权结构化方面，可以从三个维度入手。社会化——主体多元化。在宏观产权安排上，非禁即入，允许多种所有制共同发展，特殊领域或垄断领域也要通过拆分等方式，形成竞争格局，对于一些产能过剩或夕阳产业，应该限制国有资本扩张、甚至完全退出。在微观层面上，综合利用企业产权的各种形式，形成多样化经营方式，多元化主体参与。聚合化——客体复合型、权利复杂性。从提高效率、降低风险角度出发，加大权利的细分、裂变及重组，提高资源配置效率。组织化——立体化、规范化。所有制实现形式应多样化，注重产权结构化及相应的制度安排，采用比如股权转债权、公私合营（PPP）、国有民营、民有国营和政府支持企业（GSE）等多种运营形式。通过这种动态化、立体式的产权结构化来创新经营方式、组织形式及运行机制，才能超越所有制之争。

对于产权主体的结构可以从三个方面判断，大致研判出市场竞争、内部治理结构及可能的绩效。其一，产权主体的多元化程度；其二，股权集中度，可用最大几家股东所占股份之和的相关指数描述；其三，管理层持股比例。

但在现实中，由于多元主体的博弈、效率的不确定性，由于主体所处的发展阶段、面临的环境不同，很难用定量的方式对产权结构化的程度进行度量，也很难评价产权结构化程度本身的好坏。

（二）产权结构化的"度"很难有效把握，治理机制非常重要

产权结构化程度过低或过高都存在风险，产权结构化本身是一把"双刃剑"。如果产权结构化程度不高，资产占有度高、利用率偏低，则会造成资源闲置、错配及浪费。我国初期的国企改革就存在这样的问题，"冰棍论"就是由于产权结构化程度不足、产权改革不到位引起的。反过来，产权结构化程度过高，金融程度也很高，杠杆放大效应使得风险过大，例如美国的金融衍生品一样，不仅造成企业和个人重大损失，同样形成公共风险。

不是产权结构化越高越好，显然也不是越低越好。即便是公共产权结构化，也需要分类对待，结合其功能定位、治理机制安排，合理地进行适度结构化。必要的公共治理、组织的内部治理显得非常重要，这样才有助于提高效率的同时，有效防范公共风险。

第三节　所有制实现形式与产权结构化的分析

一　逻辑分析的起点与线索

（一）所有制具体实现形式依托于产权结构化

如前所述，产权比所有权、物权有着更广的外延和内涵，兼具法律和经济两个层面的意义，这也是本书逻辑分析的核心概念。本书的逻辑起点是基于产权的"权利""契约"属性，以"利用、收益"为中心，开展相关的分析和理论构建。与此同时，本书从法律、经济等多个视

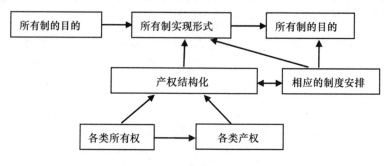

图6—6　所有制依托于产权结构化

角，循着"所有制—所有权—产权"的线索，从产权的"利用、收益"而非"归属"视角，动态化构建产权结构化理论，进而依托产权结构化来研究所有制实现形式、产权改革等问题。

所有制一直存在目的和手段之争，事实上，目的和手段并不是完全区分或绝对分离的。不管私有制还是公有制的目的，都是为了获得物质文化生活水平提高。公有制目的也在此范畴内，不同的是，公有制的制度属性和意识形态更加注重发展过程中的社会公平性，即强调共同富裕。撇开概念之争，产权改革应直接从所有制的目的出发。基于目的出发，所有制必然要寻求有效的实现形式，所有制实现形式侧重于经济组织和运作层面，属于手段和工具，不能将目的和手段混同。

所有制的共性目的是追求效率、生产力，必然需要寻求有效的实现形式。产权结构化的加深催生经营模式创新，如出资与权利关系、生产组织与经营方式及利益分配方式，则进一步丰富了所有制实现形式的多样性、进一步提高实现形式的效率性。

所有制实现形式中重要的手段就是创新产权的经营模式，经营模式是以产权安排和产权创新为基础，实现形式是产权具体延伸和应用形式。产权结构化是手段和纽带，适度加大产权结构化力度，推动产权流动、融合及增效，促进组织形式、经营模式的创新性和多样化，即能有力地促进所有制实现形式。故此，产权结构化改革是所有制实现形式的重要支撑，如图6—6。

产权改革就是要通过产权结构化，引入竞争、激发活力，实现激励兼容，提高效率和竞争力，进一步促进所有制目的的实现。宏观层面上产权制度安排，更多体现制度属性、分配效应及社会价值，微观层面则需对各种所有制同等对待，强调公平竞争、效率优先。产权制度可以分为宏观产权制度和微观产权制度两个层面，即全社会层面的产权制度和企业产权制度两个层面。

随着经济金融化程度的加深、经济联系的加强，经过有效的产权结构化获得有效的所有制实现形式后，公私所有制的制度属性本身重要性下降、公私所有制尖锐的对立现象已经缓和并趋于融合。总体来看，混合所有制、混合经济是常态，公共利益与私人利益均衡是方向。

（二）产权结构化必须有相应的治理机制配合

治理的概念不同于统治的概念。中文语境中的"治"用途广泛，也有多个含义。如"修身、齐家、治国、平天下"① "国治而后天下平"②等。在西方语境中，"治理"英文为"Governance"，其原意是控制、管理和引导，与"统治"交叉使用。③ 联合国开发计划署将"治理"定义为"运用政治、经济和行政管理等方面的权力或权威来管理一个国家的资源和事务。治理由机制、过程和制度构成，公民和群体通过治理来表达他们的利益、行使他们的合法权利、尽到他们的义务并包容他们之间的差异"④。

治理是正式的制度安排与公民社会的互动，强调国家与社会角色之间、社会角色相互之间互动的理性本质。治理的目标是"善治"，善治就是"使社会公共利益最大化的管理过程，其本质特征是社会公共机构与私人机构共同对公共事务的合作管理，同时善治具有合法性、法治、透明性、责任性、回应性、有效性、参与、稳定和廉洁与公正等基本要素"⑤。对政府而言，随着经济发展阶段不同以及公共治理理念的发展，政府定位和职能也不发生变化。政府从"守夜警察"到"万能政府"，再到当前的"有限政府""服务型政府""有效的政府"转变。必须妥善处理好政府、市场及社会三者之间的关系。

对企业而言，治理机制也随着经济、社会发展在变化，资本的传统强势地位在下降，人力资本受到高度重视，更关注激励与约束机制构建。以国有企业为例，国有企业经营者不能参与企业剩余的分配，既缺乏足够的动因，又缺乏约束机制。剩余控制权与剩余索取权配置严重失衡，导致对经营者的监督和约束机制软化，产权结构化、公司治理改善是关键。

二　SGP 耦合基本范式：所有制实现形式及产权改革路径和方式

现代产权制度的演化已经出现重大改观，产权社会化、聚合化及信托化已成为趋势，产权结构化成为重要手段。产权结构、公司治理作用对公

---

① 《礼记·大学》，引自杨天宇《礼记译注》，上海古籍出版社 2004 年版。

② 同上。

③ 王诗宗：《治理理论及其中国适应性》，浙江大学出版社 2009 年版。

④ ［印］哈斯·曼德、穆罕默德·阿斯夫：《善治：以民众为中心的治理》，国际行动援助中国办公室编译，知识产权出版社 2007 年版。

⑤ 俞可平：《治理与善治引论》，《马克思主义与现实》1999 年第 5 期。

司绩效相对重要，在产权与公司治理，以及产权与竞争之间，存在着某种程度的替代性，对企业绩效的全面的研究需要将三个理论体系结合起来进行综合考察。① 公共产权改革应尤其注重治理机制、产权结构化。

（一）组织治理与行为与产权结构化相伴而生

早期的产权理论更多是微观层次的分析，而忽视了中观层次和宏观层次的分析，仅仅用交易成本方法分析产权问题是不够的。人类选择产权形式不仅要受产权变化的成本/收益的制约，还要受利益集团及国家的制约。抽象掉政治、国家分析产权是不完善的，尤其是对公共产权而言，政府的定位和边界显得尤其重要。在宏观层面、外部环境中，公共治理机制安排必不可少。与此相呼应，运行层面的公司治理机制也需加强。公司治理（Corporate Governance）作为现代企业制度的核心范畴，旨在解决所有权与经营权分离后，如何实现公司价值和股东回报最大化的问题。

产权结构化实质是国家、企业和个人等多元主体动态博弈的结构安排，人与人之间关于财产的社会关系。各种产权主体的博弈程度增强，各项权利受限性增强，整个运行体系的制衡性增强。

治理机制安排与产权结构化同生，密不可分。产权行使的受限制又可能来自产权的分解。产权分解意味着同一产权结构内并存着多种权利，每一种权利只能在规定的范围内行使，超出这个范围就会对其他权利造成损害，从而要受到其他权利的约束（杨瑞龙，1996）。此外，由于契约的不完全性，必然产生"剩余权利"，也随之会产生"争夺"。"剩余权利"相对于"特定权利"而言，属于不确定性的权利，同样属于产权范畴，也同样是基于人与人之间的权利关系。产权结构化及行使过程中，总会出现类似斯蒂格利茨提出的产权失效（property rights fall）情况，如：未明确界定的产权（ill-defined property rights）、有限制的产权（restricted property rights）等。

公有产权容易存在德姆塞茨所谓的"所有权的残缺"（the truncation of ownership），或巴泽尔提出的"产权的稀释"（attenuation of rights）。一旦出现产权结构自身存在缺陷，利用财产获利的能力就会降低，同时，部分权利的价值会因此落入公共领域（public domain），成为各方攫

① 胡一帆、宋敏、张俊喜：《竞争、产权、公司治理三大理论的相对重要性及交互关系》，《经济研究》2005 年第 9 期。

取（capture）的对象。在严重的情况下，就会产生利益集团开展非生产性寻租。很多相关者可能会围绕公共领域中价值或者说租金进行争夺，进而导致租金的耗散，在产权改革进程中必须进行相应治理机制安排。

企业作为一系列契约的连接，产权的各类主体以及利益相关者均在其中，如股东、雇员、债权人和供应商等，必然存在着各种博弈行为。每一个主体的产权残缺都可能影响企业的经营和效率。"剩余权利"在很大程度上决定着所有权结构、治理机制安排。

产权、价格与损益这三个 P（Property，Price，Profit/loss）为动态经济提供激励、信息和创新这三个 I（Incentives，Infermation，Innovation）。高效的激励，分散信息的动员和利用，持续努力的创新是界定兴旺的主要指标（彼得·波特克，2007）。综上所述，不论是产权不完全、产权残缺或失效，还是相应的结构化，都离不开适宜的治理机制，否则，产权的行使、交易和收益分配等都无法有序、高效开展。

（二）SGP 基本范式：闭环的相互作用，权责利对称

1. 理论借鉴：产业组织理论或产业经济学 SCP 理论

在产业组织的研究领域，通常认为垄断的市场结构会导致市场的非效率。20 世纪 30 年代哈佛学派提出了"结构—行为—绩效（SCP）"的结构主义理论，即"市场结构—市场行为—市场绩效（market structure - market conduct - market performance，SCP）"分析框架。SCP 分析框架揭示了三者之间是一种简单的、单向的及静态的因果关系，即市场结构决定市场行为，进而影响市场绩效。20 世纪 70 年代后，经济学家们又丰富了上述框架——动态变化、相互作用。从产业组织理论、制度经济学等角度看，垄断的效率之争也未达成一致意见。经济学普遍认为垄断存在种种弊端，如损害消费者权益，阻碍技术进步，经济效率低下等。鲍莫尔等人提出的"可竞争理论"及后续的理论和实践都对其提出了质疑。垄断结构并不必然产生垄断行为，几者之间并不存在单一、既定的关联，部分企业的垄断地位正是其较高的效率所实现和保证的。

从反垄断相关法律实践来看，反垄断转向行为主义，不再是简单的反垄断结构，以美国微软公司垄断案为例，法律层面也更注重经营者"滥用市场支配地位的行为"的垄断标准。垄断作为市场失灵的情形之一，一般会采用国营或加强规则等方法应对，但也会出现规制俘获。竞争走向垄断并扼杀自由竞争，"马歇尔冲突"即确保市场竞争活力和规

模经济之间的均衡是垄断改革的"两难问题"。

2. SGP（Structuring—Governance—Performance）耦合范式的提出

产权制度是企业制度的核心，直接影响企业的运行效率。正如前述，产权不完备性日益增强、效率稳定性变弱，通常会出现产权失效（property rights fall）或产权残缺现象。

西方经济学强调，不管谁享有权利，只要权利被清楚界定，收入就会自动实现最大化，是站不住脚的。产权的效率很大程度上取决于权利行使行为，尤其是"剩余权利"如何行使、并受到怎样的保障，产权的行为性具有主观能动性、受限性及所处环境的博弈性，组织治理和行为对效率的影响也非常大。基于此，本书提出了产权结构化 SGP 耦合范式，即 Structuring 结构化—Governance 治理与行为—Performance 绩效，并以此作为逻辑和理论分析的重要框架。

该范式中，产权结构化（Structuring）作为一个动名词，主要形成了三种结构，宏观上的公有产权、私有产权结构，中观层面上的垄断与竞争的市场结构，微观层面的各种产权形式和组织形式。大体上形成宏观产权制度和微观产权制度安排（具体的企业产权）。其中，企业产权是社会产权关系构成的基础，宏观产权结构是运行框架和范畴。宏观产权制度是国家意识形态、法律层面的反映，主要是就一定地域或者产业领域等范围内的产权关系做出的宏观制度规范，也包括对一些重要资源所有权等方面的界定。如军工领域、自然垄断领域要国有控股，这种宏观产权安排下，必然呈现国有产权垄断格局，如为了加大竞争，可以进行拆分，如原有的国家电力公司拆分为五大电力公司、两大电网公司。这样，尽管都是公共产权主导，但是，经过产权主体重组，治理机制变化，效率得到了提升。在微观的企业产权结构安排上，也要注意竞争与治理安排。

组织治理与行为（Governance）主要包括公共治理、公司治理行为两个层面，分别是政府层面的产权制度安排、运行层面的组织运营和管控。组织绩效（Performance）主要是指企业或组织的效率。

产权结构化是一组多维的（时间和空间的）结构，不同的结构会导致不同的收益—报酬结构。最优产权结构化是使交易费用得以减少的产权安排，即以最小成本解决信息问题、激励和代理问题等。对社会主义市场经济来说，市场缺乏私人产权并不是问题的所有根源，问题在于缺乏竞争、激励和分权。

3. 闭环的相互作用的产权结构化 SGP 耦合范式

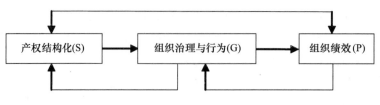

图6—7　产权结构化 SGP 耦合范式

　　产权结构决定组织绩效是线性的、片面的。企业业绩和国有股比例呈现负相关关系（张维迎，1995），这一现象并不是必然或永恒的，这与当时所处的外界环境、条件有关，后续的大量实证研究也证明了这一点。鉴于此，本书提出了如图 6—7 所示的产权结构化 SGP 耦合范式，即产权结构化（Structuring）—治理与行为（Governance）—组织绩效（Performance）。其中，这里的组织泛指政府、企业等各类机构。其中，耦合是工程学科的概念，主要是指两个或两个以上主体及客体之间存在紧密配合与相互影响，相互依赖于对方的一个量度。管理过程就是产权配置过程，产权结构与组织结构是相伴而行的，这就意味着管理模式必须随着产权结构的变化而动。

　　以组织治理与行为为基点看。治理机制的安排必然表现相应的行为，可以创造出不同的激励和约束机制，也直接影响绩效，反过来产权结构也需随之作为适配性调整。从历史与逻辑的角度分析，组织绩效更应关注的是产权的行为权。一般来说，产权的分解或重组主要体现在行为权上，这与社会分工的趋势是一致的。社会分工越发达，行为权的分裂现象就越普遍、越复杂。Yarrow（1986）发现市场结构对绩效的影响超过产权对绩效的影响，尽管民营企业通常在监督经理人员方面具有更大优势，但竞争和监管的环境仍然是构建经理人员激励的主要因素。[①] 组织绩效很大程度上取决于市场竞争，竞争越激烈，信息越充分，提高效率的努力程度就越高。即治理机制与行为与组织绩效正相关，同时，对产权结构亦有反馈和倒逼机制，如 MBO、管理

---

① Yarrow, George. 1986. "Privatization in Theory and Practice." Economic Policy, 2: 324-364.

层持股等安排。

以产权结构化为基点看。通常的产权效率观，认为企业股权结构与企业绩效正相关，即多元化、私有化产权结构能提高组织绩效。事实上，产权结构并不一定对组织绩效发生正向作用，可能发生"异化"。当股权集中时，可能存在大股东与公司管理人员合谋侵占小股东利益。如采用支付超额现金股利、关联资产购销、转移定价和借款担保等手段。股权过度分散时，小股东更倾向于"搭便车"，专注于短期股票投资收益。产权结构化直接影响组织治理安排与组织行为，后者也直接影响了组织绩效，但产权结构对组织绩效有影响，但是无法直接决定组织绩效。通常情况下，多元主体可以形成有效监管、竞争，有利于解决信息对称和激励问题，提高绩效。

当然，绩效反过来影响组织治理、产权结构调整。如计划经济时代的国企效率低下，则面临着产权结构改革，治理机制完善。

综上所述，结构、治理及绩效这三者之间不是简单的线性决定关系，三者呈现闭环的相互作用，相互影响、互为前提，在产权改革过程中是交互的，更好地体现了博弈、均衡后对应的权责利。

（三）以提高效率为导向的相机治理

1. 治理

完善治理及行为，可以进一步促进市场竞争，提高经济效率。通过合理的治理机制安排，可以形成相对充分的信息，国有企业就可以获得与私有企业一样的经营绩效。治理是各种机构或个人管理其共同事务多方面的总和，调解不同利益主体并相互合作实现目标的持续过程。它是多元主体之间持续的互动、协调过程，不是单向的、强制的。治理强调以系统的方法解决问题，前瞻性，协同和集成，而不是碎片化。

2. 内外部治理、公共治理 + 公司治理

在进行公司治理的国家间比较时，研究层面也由微观（董事会结构、经理层薪酬等）和中观层面（控制权市场、经理人市场等）转变到宏观层面（法律、政治、文化、历史等）。[①] 与产权结构化的宏观层面、运行层面相对应，治理机制从宏观与运行层面简化分为公共治理

---

① 陈仕华：《公司治理理论的最新进展：一个新的分析框架》，《管理世界》2010 年第 2 期。

（public governance）、公司治理（corporate governance）。

　　广义的治理结构包括内部治理结构和外部治理结构两种，如图6—8。只要内外部竞争环境和机制建立起来了，信息就会更充分，激励与约束机制就更有效，组织绩效就可能得到更大提高。在一个显失公平、缺乏竞争的环境中，资源配置就会发生扭曲，创租、卖租现象就会非常普遍，生产性活动下降，产权的效率就无从谈起。内部、外部竞争环境都非常重要，对经营者都能形成一种压力和动力。

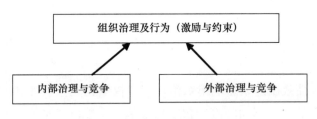

图6—8　组织治理及行为构成

　　对产权结构化而言，不能脱离政府、市场两个层面。公共治理、公司治理不同层面互相促进，并可以进行一定程度的相互替代。公共治理不同于政府治理，它是指政府及其他组织组成自组织网络，共同参与公共事务管理，谋求公共利益的最大化，并共同承担责任的治理形式。20世纪80年代以后，新公共管理运动和治理运动催生了一种新的公共治理模式，其特点包括：从服务供给看，这是一种多主体参与下的伙伴关系；在目标上，注重结果与顾客导向；在手段上，利用契约与市场；在结构上，这是一种网络化的政策体系；在政治上，强调民主化，注重公众参与。全球化时代的到来和公民社会的勃兴，政府财政危机、政府失灵成为治理思想萌发和兴起的直接原因。公司治理机制的有效性与市场竞争、信誉机制和薪酬与晋升方面的激励制度等密切相关。

　　公司治理与公共治理形成呼应和补充。在宏观产权安排、公共产权对接市场方面，尤其是打破垄断、引入竞争方面，都与公共治理安排休戚相关。公司治理主要包括董事会运行、股东的参与、反收购措施和投资者保护等。一般而言，对于企业所有者与管理层之间、控股大股东和小股东之间可能存在的这两种利益冲突，有两类不同的解决机制。第一类是内部机制（如董事会、高管人员薪酬、股权结构、财务信息披露和透明度等），第二类是外部机制（如外部并购市场、法律体系、对中小股东的保护机制、市场竞争等）。[①] 在公司治理方面，狭义的公司治理结构通常包括产权结构、资本结构、制衡机制、激励机制和信息披露制度等。其中，最重要的是产权结构、制衡机制和激励机制，制衡机制即股东大会—董事会—经理—监事会的相互监督和制衡。公司外部治理机制包括：产品市场、股票市场、经理市场、法律环境、宏观经济环境和政治环境等。

3. 重视相机治理、法治构建

20 世纪 90 年代以来，人力资本产权重要性日益凸显，利益相关者共治也为许多企业所认可。随着信息技术、知识经济的兴起，投入企业的各种资源的稀缺性发生了相对转移，公司治理面临一系列新的矛盾。主要表现在向企业投入了各种专用性资产的多元利益主体要求参与公司治理，分享剩余权，由此产生了多元利益冲突。利益相关者包括股东、债权人、经理、生产者、消费者和供应商等。企业作为契约的联结，背后的各类产权主体是平等、独立的，产权的行使应对他人权益予以尊重和保护。在德国、法国和日本等国家，公司的股权主要由机构股东包括银行和非银行的金融中介机构集中持有，主银行既拥有公司的大量股权，还持有公司的大量债权，这种银行主导型治理模式更强调大股东和大债权人的监管作用。[②] 基于剩余共享，按照利益相关主体对剩余形成的贡献程度以及风险的承担程度为依据，以效用最大化和动态调整为原则来设计分配制度成为主流思想。治理结构主体多元化是现代产权内涵的逻辑延伸。治理运作核心有两个，其一是委托人—代理人关系，其二是大股东与小股东关系。董事会负有诚信责任，要以整体股东利益作为决策标准。

新的变化改变了以往"资本雇佣劳动"的单边治理逻辑，将权利在多元利益主体之间重新配置，以此来激励各个主体共同提高效率。与股东至上主义逻辑的最大差异，就在于企业目标是为包括股东在内的利益相关者服务，而不仅仅是追求股东利益的最大化。各个市场主体所处的

① 白重恩、刘俏、陆洲、宋敏、张俊喜：《中国上市公司治理结构的实证研究》，《经济研究》2005 年第 2 期。

② 姚伟、黄卓、郭磊：《公司治理理论前沿综述》，《经济研究》2003 年第 5 期。

环境不同、发展阶段不同，在治理模式安排上通常应结合具体情景抉择，选择适宜的"相机治理"治理模式。如果企业只是一种简单协作关系，非企业家的人力资本并不重要，则"资本雇佣劳动"的治理安排可能是恰当的。如果组织成员的目标函数和组织目标函数高度重合或完全一致，且成员高度自治、不存在机会主义倾向，"劳动雇佣资本"是最优的。但更多的情况下，共同治理是企业所有权安排的常态和发展趋势。

企业的最优治理安排是基于剩余索取权和控制权的对应安排，取决于企业核心知识和能力的积累过程中组织成员知识积累的专用性程度。我国产权改革的问题在于缺乏竞争、激励和分权。无论是私有产权还是公共产权，其产权制度安排主要是解决信息不对称带来的激励问题。随着经济日益金融化和产权的社会化和结构化，未来的剩余索取权具有非常大的确定性，控制权收益往往对经理或代理人更具吸引力，同时，委托者可能存在短期化、投机性等特点，其追求长期利润的目标可能发生偏移。

在当前社会发展形势下，知识产权与人力资本产权是创新产权激励的两个重要点。其中，知识产权是激励创新的外显维度，人力资本产权是促进创新的内在维度。我们必须将公司治理的焦点从减少股东与经理之间的代理成本转到研究给予企业向人力资本提供激励的机制，对经理人报偿制度的研究重点应落在企业家精神的激发机制设计上，即一个能兼顾代理人利益与公司利益的制度是解决代理问题的途径（Mueller and Yun，1997）。[①]

无论何种治理方式，都应注重法治（the Rule of Law）。这与人治是根本相对立的，意指法律是社会最高的规则，具有凌驾一切的地位。哈耶克的《通往奴役之路》说："法治的意思就是指政府在一切行动中都受到事前规定并宣布的规则约束——这种规则使得一切个人均有可能十分确定地预见到在某一情况中会怎样运用其强制权力，并根据这个预期来规划自己的事务。"法治强调"法律至上""制约权力""保障权利"，包括立法权、行政权及司法权都在法下，充分保护产权、限制政

---

① Mueller，Dennis C. and S. Lawrence Yun，1997，"Managerial Discretion and Managerial Compensation"，International Journal of Industrial Organization，15，pp. 441 – 454.

府权力。

三 公私所有制都面临着具体实现形式的创新和适度产权结构化

任何可以规避风险、获得收益的资产或权利配置、运行方式都属于产权改革范畴，都是所有制实现形式的重要手段和途径。

西方公有制经济比例很小，本质上是保障市场运行、保障私人产权与自由、"资本为王"，社会主义国家公有制经济更应在制度安排上"更胜一筹"。私有产权界定的"你的、我的"并没有消除资源的稀缺性、贫富差距等问题，仍然会导致"一部分人"反对"一部分人"的战争。

公私所有制都面临着进一步产权改革，私有产权高度结构化、发展到一定程度一样具有公共性，同样可能带来财政负担和公共风险，公共产权则面临着结构化不足、与市场经济结合机制僵化等问题。不论是何种所有制企业如果经营失败、监管失控，就可能演化为重大社会事件、甚至是经济危机，将风险异化为公共风险。

适度产权结构化和恰当的治理模式是产权改革的路径选择。在计划经济条件下，由于单纯强调资源的公有制，从而导致资源利用率极低，社会经济发展受到很大限制。而在市场经济条件下，国有或集体资产如国有土地、集体土地通过用益物权的方式进入市场，从而极大地提高了资源的利用率，创造巨大的物质财富，促进了经济的高速发展。[①]

随着经济金融化程度的加深、经济联系的加强，经过有效的产权结构化获得有效的所有制实现形式后，公私所有制的制度属性本身重要性下降、公私所有制尖锐的对立现象已经缓和并趋于融合。尤其是混合经济体中所有权、产权的权能多次分解、重组，产权背后的"公""私"划分也日益模糊。公私所有制都面临着进一步产权改革，产权改革也不排斥任何所有制，应围绕产权与市场经济兼容、防范社会公共风险展开，在产权结构化基础上形成有效的制度安排。

公共产权制度改革要超越所有制意识形态，更要超越私有化，更加注重公有制实现形式的社会化和结构化，建立多层次的产权结构。改革

① 刘宝明等：《论中西方产权研究的不同范式及产权残缺》，《清华大学学报》（哲学社会科学版）1999 年第 2 期。

的基本原则应是，既要保持公有制在抑制贫富差距方面的积极作用，同时又不妨碍资源的市场化配置。公共产权与私人产权应一律平等，取消行政垄断。公共财产和私人财产应受到宪法和法律的平等保护，而且两者之间可能会相互转化，其边界并非固定不变，不过这种转化必须遵守法度与履行程序。

公共产权是产权改革的难点和重点。市场经济需要私人产权和市场公平竞争机制，但同时也需要公共产权、公共财政以弥补市场失效或失灵以及社会公平正义问题。公共产权进入市场必然面临着产权界定、交易，资源配置效率、收益共享的体现都系于公共产权制度安排。此外，公共资源在中央与地方之间如何界定权属，国家所有权的各项权能，如使用权、处分权和收益权等如何分解进而进行社会化和结构化，这些问题长期悬而未决，都必须要面对和解决。

第七章 有效的公有制实现形式 及其产权结构化与改革

第一节 社会主义与公有制理论的 与时俱进和发展

一 公有制主体地位、贫富差距、市场经济

我国国有企业在国民经济占比低于 50%，并且，随着市场化改革步伐加快，国有企业占比可能进一步下降。2003—2012 年近 10 年期间，全国规模以上的工业企业在结构调整中，私企数量增长 2.84 倍，资产总量增长 17.4 倍；同期，国有及国有控股工业企业的户数占比由 17.47% 下降到 5.19%，资产总额由 55.99% 下降到 40.62%。从绝对数量上看，国有企业已无法保持主体地位。

马克思和恩格斯合著的《德意志意识形态》提出共产主义产生的前提是消灭私有制，公有制既是共产主义社会的首要经济特征，又是计划经济和按劳分配的前提。[①] 显然，按照传统社会主义理论，我国实行市场经济后，国有经济不占优，对公有制为主体、多种所有制经济共同发展的基本经济制度、社会主义特征提出了挑战。与此同时，我国近年来贫富差距问题较为严重，长期基尼系统高于 0.4 的"国际警戒线"。较为严重的贫富差距问题对社会主义的本质特征——共同富裕——也提出了挑战。

如前所述，没有私人产权，则市场经济无法存在，同理，在维持完全的公有产权基础上是不可能建立起市场经济的。传统的公有制主导的计划经济体制下，经济内部的个体或局部利益的实现只能通过行政性或

---

① 《马克思恩格斯选集》第 1 卷，人民出版社 1972 年版。

计划性分配，而不能通过市场交换。而市场经济的本质需要建立起普遍的交换关系、多元利益主体，故而建立市场经济体制时私有产权必不可少。

当前，改革进入了深水区，渐进式改革、增量改革的空间被大大压缩。这就需要我们回答公有制如何兼容市场经济，促进共同富裕，并需要进一步回答何为社会主义本质和特征。这也意味着理论需与时俱进，要突破发展。产权改革的政策是复杂的，充满着不确定性，这就要求我们避免那些权威性的、通用的答案，而是采取实际可行的执行战略（布德罗克斯，2007）。

二 公有制范畴、社会主义目的

公有制或公共产权与公共财政存在互相转换机制。公共财政由私产产权让渡（如税收）、公共产权出让或经营收益获得，公共产权往往是指财政资金和利用财政资金形成的财产或制度安排形成（如公共资源国有化）。国有财产与财政资金往往可以相互转化，很多国有企业、国有资产均是财政资金投入形成的。如果财政资金投资形成实体，就成为国有企业，由国企来生产、提供产品或服务；如果财政资金只是简单地向私人采购相应的服务或产品，则不会形成国有企业。在两种路径和支出方式下，虽然政府获得产品或服务一致，但前者却增加了或产生了国有企业，看似公有制比重和存量增大了。后者似乎与公有制无关，这通常是西方国家的做法。

不能仅仅从国有企业来理解国有资产或公有制，缩小概念范畴加以批评。如美、英、德等资本主义国家除了有一定数量的国有企业外，为了应对两极分化和市场失灵，这些西方国家更多地通过财政支出来补贴部分领域的私有企业或通过政府向私人购买公共服务或产品。这些财政资金或补贴，也完全可以通过设立国有企业或通过投资行为来实现，两种方式只不过是形态不同、手段不同，实质上是无异的，但很多时候这部分"全民所有的国有资产"被忽略了。从另一个角度看，西方国家的这些做法可能有助于市场经济，但效率并不一定比设立国企这种方式高、风险并不一定能控制。通过公共财政支出购买产品或服务与通过国企提供产品或服务的方式相比，本质上都是动用的公有资产，只是运行方式不同而已。一般民众对财政支出绩效不太关注，反而一味批评国有企业低效也值得反思。故此，应全面、动态的看待公有制。

要全面理解和认识公有制。事实上，公有制也远远超越国有企业范畴，国有产权应包括至少四个方面：其一是参与市场经济活动的市场主体，即国有企业、金融企业；其二，行政、事业、军事等单位的非经营性资产；其三，未做其他排他性产权界定的土地、自然资源等；其四，政府征税获得财政收入等。其中，现代国家的财政收入具有公共性、民生导向，可以转化为国有企业、政府大楼等这一类偏实物性的国有资产，也可以通过购买私人服务这一类费用性支出满足政府基本运转或公共服务需求。国有产权、公有制也在动态变化，超越资产、实体，尤其是公共财政与国有资产可以双向转化。这些资产或资源作为生产资料的组成部分是不可分割的，它们共同构成发展生产力和从事各项社会活动的物质基础。公有制范围内的大量自然资源采用国家或集体所有，体现了这些资源的公共性或重要性，同时，避免人们为争夺稀缺资源而发生冲突。以国有制或全民所有制为例，与其说是一种民法上的所有权形式，不如说是一种确保全民可平等地享用或享受其利益的一种制度措施，是确保重要财产合理利用和实现社会平衡与持续发展的策略，关键在于如何界定、行使、分配及处置，即采取何种公共产权制度。

公共产权是国家、集体拥有的产权，主要包括自然资源（含土地）、国有企业（含金融企业）等各类公有制基础上的所有权及其衍生的各类产权形式，已经超越原来物质资料所有权的范畴。这也说明了公共产权的复杂性、复合性及动态性，其结构化成为必然和常态。目前公有制范畴不仅包括国有企业，还包括其他各类公共资源，公有制不能只看静态的存量，更应注重流量管理，注重产权的结构化效应及收益。

我国基本经济制度的核心是公有制的主体地位，通常以公有资产及其收入在社会总资产及总产值中占优势（通常认为超过50%）为衡量标准。但实际上，随着经济社会发展，尤其是市场化改革加快，国有企业在数量的绝对占比上已不占优，这种传统观点需要修正。故此，主体地位的体现应动态地看。其一，要全面地看待公有制范畴，而不局限于国有企业，尤其是大量公共资源不能忽略；其二，要更多从收益角度看，而不是从资产总量、资产归属看，因为产权行使方式多样，本质是收益权、收益的实现；其三，要从结构化、竞争力和风险角度看，不要从总量上看公有制，公有制应在一些特殊领域、重要行业发挥重要影响力、控制力，而不是"全面开花"。故此，公有制主体地位量度，首先要口径全覆盖，并基于增强经济活力、培育核心竞争力及降低公共风险角度出发，从收益和结构上综合衡量，而不是简单的数量占比。否则，市场经济改革难以深化，公有制的活力、效率及效益难以更好地发挥。

以往产权改革普遍性存在对社会主义、公有制、所有权与产权的片面理解。在产权改革过程中，应以动态、发展、全面的视角看公有制和社会主义。所有制实现形式取决于国家制度选择、产权的结构化及相应的制度安排。以公有经营性资产占社会总资产比例来判断公有制主体地位、社会主义社会性质是不全面的、狭隘的。社会主义社会的终极目的，既不是公有制，也不是发展生产力，但公有制是社会主义社会必要条件之一。社会主义本质和最终目的是保障社会公平正义、推动人民共同富裕、促进个人全面发展。公有制本身具有制度价值和特殊的经济价值，不能仅从意识形态和狭窄、凝固的视角来理解。

社会主义及公有制都注重公平价值与效率，而市场经济更注重效率，市场经济本质是自由、民主和法治经济。产权作为人与人之间的经济利益关系，秉承的基本属性是排他性、可分解性及交易性，必须在平等的权利框架下运行。公有制、产权及市场经济三者有机联系和结合的纽带或依托是产权改革，必须进行产权主体、客体及契约的重构。

三 公有制基础上的产权改革

当前公有制要与市场经济更好地结合，无疑要进行改造，关键是公有制的载体——公有制企业能否成为独立的市场主体，各类公有生产要素是否能高效率配置、收益能实现全民或集体共享。产权的本质是一组不完全的契约结构。存在交易费用的情况下，通常产权是很难完全界定的，所以产权明晰的实质的意义也应理解为产权契约是否能更好增进经济的效率。产权改革的实质是在产权结构化基础上建立一套有效的合约或制度安排，最大程度降低外部性、交易成本，激励生产性活动而不是攫取租金。产权改革并不是特指私有化，名义上的产权界定清晰与否并不必然产生高绩效，关键看产权制度安排是否能够提供有效信息和充分的激励。

公有制与私有制的产权改革的出发点及定位不同，但可以相得益彰。公有制与私有制有各自的存在价值和使命，但是进入市场后遵循同样的市场经济规则。公有制应着力于宏观层面的战略布局，重点聚焦于少数重要行业和关键领域，从防范公共风险角度出发，重在优化经济结构、弥补市场失灵和有助于整个社会公平。私有制主要是从微观效率出发，在"无形的手"作用下，在追求个体利益过程中推动经济发展。

公有制本身具有制度价值和特殊的经济价值，不能仅从意识形态来理解。社会主义社会的终极目的，既不是目前简单的两种公有制，也不是局限于发展生产力，社会主义本质是保障社会公平正义、推动人民共同富裕、促进个人全面发展。并且，目前的两种公有制也必须全面理解。公有制范畴不仅包括国有企业，还包括各类公共资源，公有制不能只看静态的存量，更应注重流量管理。公有制更需要注重价值管理和效率提升，通过产权结构化，进行杠杆放大，提高公有制的影响力、控制力和经营效率。

公有制与私有制两种所有制的定位在不同历史时期、不同发展阶段具有差异性，需要动态地调整，并逐步融合、共生发展。在传统的公有制的诸多领域，包括公共产品及服务领域，都应适当放开准入、进行机制和模式创新。目前公共领域普遍缺乏竞争或者竞争不充分，应引入公私合作、实施公共产品和服务的多元供给，以提高竞争效率。从公共利益出发制定规则，创设独立的公共监管机构，严格监管经营行为和维护社会公众利益，创造性地实现公共利益整合、维护和分配。公有制基础上的产权改革任务仍然艰巨，需要创新和突破。

第二节　公共产权改革是公有制与市场经济有机联系的桥梁

一　公共产权改革的历史条件分析

古今中外都有以所有制为核心的基本经济制度，形成或以公有制，或以私有制为基础的基本经济制度。大量自然资源采用国家或集体所有，体现了这些资源的公共性或重要性，同时避免人们为争夺稀缺资源而发生冲突。公有制产权改革适当，则有助于社会的公平正义和共同富裕。公有制并不是和社会主义、贫穷落后画等号的。同样，私有制也并不是简单与剥削及与资本主义画等号。这些都要基于当时的历史条件出发来分析。

西方经济学具有私有制及私有产权的依赖和偏好性，西方经济学、西方产权经济学奉行的哲学观和方法论主要表现为个人主义、功利主义和自由主义。在强调绝对所有权的市场经济早期，私有制是当时市场经济的历史起点，促进了西方经济的增长和繁荣。西方经济学通常认为产权的起源就是指私有权的起源，对公有制普遍性存在歧视或排斥性。他们认为，非私有产权是一种无权利状态、非权利属性的混沌社会形式，对经济结构中私有产权的界定和保护都非常重视。西方市场经济国家都是以私有制为主体，这是历史的选择，市场经济是随着资本主义的兴起而发展起来的，但并不表明市场经济与私有制天然密不可分。

任何产权条件都是历史的、具体的和不断变化的，没有静止不变的固定资源条件可以用以公平地分配财产权，实现纯粹的公平和正义。从工具视角观察，公私所有制两者并无好坏之分，是中性的，关键是如何使用这个工具。对于所有制的过分意识形态化，会产生了不同的价值判断和偏见。实行公有制的国家大都比较落后，也强化了这样的判断。

我国选择公有制为主体的基本经济制度，有其历史条件。我国以公有制作为市场经济的历史起点，这也是历史的选择。马克思也认为"在将来的某个特定的时刻，应该做些什么，应该马上做些什么，这当然完全取决于人民将不得不在其中活动的那个特定的历史环境"。我们不可能抛弃当前的历史条件搞全面私有化、推倒重来，结果必然是导致权贵资本主义，普通民众利益会受到更大的损失。产权改革也绝不只是计划经济下的公有制产权模式和自由竞争下的私有制产权模式两种路径，这两种路径都是在特定历史条件下的绝对化。

私有化并不是解决国企低效率的充分条件。苏联私有化就是惨痛的案例。在公有制基础上公共产权转化为私人产权，在没有原始契约的条件下将变得极为困难。"合法占有"国有资产和内部人自己制定价格的特权，是在位者凭借权力（power）获取私人产权的方式，起点可能就不公正，这种方式形成的私人产权必然引起广大公民的不满。不考虑历史、行业特性及法治基础，贸然进行大规模私有化必然损害产业竞争力、加剧收入分配不公，保护消费者利益、保障公共利益也无从谈起。

应先分析前提和条件，再分析特定结构下的交互关系。分析产权变迁不能离开特定的经济结构、政治框架。马克思认为，"所谓'社会主义'不是一成不变的东西，而应当和任何其他社会制度一样，把它看成经常变化和改革的社会"。改革要遵循历史与逻辑相统一的"历史逻辑"。产权改革必须置于历史形成的既有的宪法的规范下，才能找到产权改革真正的"历史逻辑起点"。从这个意义上说，单纯的寻利性的产权改革会面临整个改革的合法性危机。改革的合法性同时意味着改革的始点必须公平。

如何发挥公有制作用，让其与市场经济兼容、并成为共同富裕的加速器则是我们应该着力解决的问题。产权改革必须从目前的历史条件出发，公共产权改革存在"路径依赖"特征，既有的路径约束必然影响制度变迁和创新模式。从计划经济走向市场经济转型，从传统的农业社会转向工业社会的发展转型，这个过程没有结束，产权改革也处在这个历史进程之中。

囿于所有权讨论公共产权改革，往往是固守计划经济模式，或者私有化。很显然，在当前国家制度、法律体系下，我国私有化安排会遇到谈判成本和社会成本等问题，还可能导致无效率或社会动荡。不可忽视的是，大多数西方国家对重要的公共资源采用的是国有或共有模式。如在矿产领域，法国、巴西等国实行矿产资源国家所有产权模式，德、日等国家实行土地所有者和国家共有模式，土地所有权人不享有或共同享有某些地下矿产开发权利。即便是一些资源完全私有化的国家，也没有绝对所有权和自由化，这些国家会通过价格、税收和环保等进行规制。

从工具视角观察，公私所有制两者并无好坏之分，是中性的。因此，产权改革应重新审视原有的静态、线性思维，不囿于股份制改造这一单一方式、不局限于国企改革这一狭窄视角。以自然资源行业为例，传统的公有制改革中往往被忽略、弱化。事实上，使用权交易安排的缺失是我国自然资源配置低效的主要制度根源之一。实际上，从产权、市场经济的本质出发，公共资源的他物权安排至关重要，尤其是使用权合理化进入市场、有效地流转。我国在体制转型中，产权改革是突破口，是主线；在发展转型中，产权界定和产权清晰是动力源泉（厉以宁，2013）。我国公共产权改革必须基于当前条件，进行相适应的框架构建和制度安排。

所有制实现方式本身没有任何制度属性，无论公私所有制都面临着实现形式的创新，否则容易造成"悬置"。只不过，私有制与市场经济从一开始就结合在一起，具体实现形式是在自然的演进过程中完成的。

而公有制则不同，从一开始就是与计划经济结合在一起的，传统公有制形式与市场经济在运行上存在一定的排斥。实现公有制与市场经济有机结合与兼容，必须在两者之间架起一座"桥梁"，这就需要通过公共产权改革来创新公有制的实现形式，构建公共产权制度体系这一连接"桥梁"。

二　公共产权改革要破解几大关系

（一）经济与法律关系

制度条件（尤其是法律规则）对产权和交易的约束非常关键。如果法律无法有效地保护产权、促进产权流转，则人们通常会缺乏稳定的预期，不愿从事长期性的生产和投资活动，经济活动将会面临全面下降，进而降低社会总产出。法律不仅要保护产权免于私人的侵犯，更要防范来自政府的剥夺（expropriation）。通常，私法要求保护个人自由，而公法更关注公共利益。对我国而言，公共产权涉及公法、私法，更需要通过有效改革来加强相应立法。公共产权改革应重视法治，尤其是保护公民的权利和限制政府的权力。

公共产权在经济运行层面和法律层面存在着偏差。法律层面的公有制、国家所有权相对是清楚的。但是，公有制在进入经济运行层面后，产权的界定、行使、流转和分配等都是不甚清晰的。

我国对产权、国有产权的认识在不断深入，法规层面也在不断修正。国有资产或产权作为股权、权益而非实物资产的概念逐步深入。2004 年实施的《企业国有产权转让管理暂行办法》中对企业国有产权的定义是，指国家对企业以各种形式投入形成的权益、国有及国有控股企业各种投资所形成的应享有的权益，以及依法认定为国家所有的其他权益。自 2007 年 10 月 1 日起实施的《中华人民共和国物权法》[①] 规定，国家、集体和私人所有的不动产或者动产，投到企业的，由出资人按照约定或者出资比例享有资产收益、重大决策以及选择经营管理者等权利并履行义务。自 2009 年 5 月 1 日起施行的《中华人民共和国企业国有资产法》[②] 第 2 条规定，企业国有资产是指国家对企业各种形式的

---

① 参见《中华人民共和国物权法》。
② 参见《中华人民共和国企业国有资产法》。

出资所形成的权益；第21条规定，国家出资企业对其所出资企业依法享有资产收益、参与重大决策和选择管理者等出资人权利。由此可见，从立法上也在逐步关注经济运行，强调"权益所有"而非"资产所有"，更注重价值形态。

此外，对国有产权的范畴和认识也在逐步深入，更具有权利包容性。1993年《国有资产产权界定和产权纠纷处理暂行办法》中产权系指"财产所有权以及与财产所有权有关的经营权、使用权等财产权，不包括债权"，即在早期不把债权作为产权形式的一种。2003年10月第十六届中央委员会第三次全体会议通过《中共中央关于完善社会主义市场经济体制若干问题的决定》中认为，产权是所有制的核心和主要内容，包括物权、债权、股权和知识产权等各类财产权。2004年11月25日起施行的《上海市产权交易市场管理办法》规定："本办法所称的产权，是指包括物权、债权、股权和知识产权等各类财产权利。"故产权范畴逐步扩大，权利更多样化。

产权体现的不是物与人的关系，而是在法律规范和法权保障下作用于物的承载者——人与人之间的社会关系。公有制基础上产权主体很多是基于国家意识形态、法律所确立的，被更加鲜明地赋予上层建筑领域的司法意义和国家权能。这就意味着产权主体需要进一步"改造"，否则主体虚置、权利耗散不可避免。

对我国产权改革而言，应进一步明确各类产权或权利的平等性。大陆法系预设权利类型优先性对产权的平等保护而言是并不完全适用。通常认为，物权优先于债权，所有权具有"完全之权限"、高于用益物权，这些观念可能会造成故意侵害，偏离产权改革要义。举例而言，甲是一处房产的所有人，将房子租赁给乙，乙为向丙借款将此房子作为抵押。甲乙丙三人分别对此房子享有了自由持有（free hold estate）产权、租赁持有（lease holdestate）产权和抵押产权。这三种权利作为产权是平等的，理应受到同等保护而不是前优于后。再如当前不经过合法程序、合理协商，依据"国家所有权""集体所有权"名义开展的各种强行征地等行为，将所有权置于用益物权之上是不合法的，也不符合平等产权保护的原则。

综上所述，公有制的所有权从法律到经济层面的融合发展，还需要一个深化改革过程，经过产权结构化后，必须是可以平等交易的法权，而不是进入市场的特权。法律与经济层面需要不断协调、融合，公有制层面进行产权改革的其中一个重大转变就是将"公共权力"变为民事的、与私人平等的"公共权利"，与多种所有制进一步融合。

（二）各种主体间关系

1. 各公共产权主体之间的各类关系

公共产权改革必须处理好各种横向与纵向关系。长期以来，我国对国有资产一直沿用"国家统一所有，政府分级监管，单位占有使用"的管理模式，单位占用演变成了单位所有。故此，在各公共产权主体之间要厘清关系，尤其是中央与地方关系、各部门之间及全民与集体之间的关系。

作为单一制的中央集权制国家，中央与地方的关系问题关系到一国稳定与动乱、兴盛与衰亡。其中，财政的集权与分权是中央地方关系的重要方面，公共产权也是其中一部分。中央与地方的关系从 1994 年分税制以来，变得尤为突出。这不仅涉及行政分权，还涉及经济分权或"分产"问题。其中，产权关系一直缺乏明晰的界定。中央与地方关系除了行政分权的内容之外，还有一个重要方面，那就是国家所有权。法律规定，国务院行使所有者权利，即国家所有权代表是中央，地方无法律资格来行使国家所有权。但现实的情形却与国家所有权的法律规定相去甚远。这不是现实错了，而是改革滞后了，没有及时地在中央与地方之间进行所有权权能分解，并建立相应的公共产权制度。改革与发展中的许多现实矛盾和问题皆由此而生。国家所有权制度已无法适应社会主义市场经济的发展，亟须加快推进公共产权改革。

各类公共产权在部门之间的监管也需进一步理顺。我国已建立了生产性、实体性经营性国有资产的监督管理体制，即国资委已建立，但金融性国有资产、非经营性国有资产和资源性国有资产的监管体系尚未明确。1998 年国资局撤销之后，行政事业单位的资产，或由各级机关事务管理局管理，或由财政部门管理，或由地方平台公司管理，监管体系不统一。金融性资产方面，一行三会（央行、证监会、保监会）、中央汇金及财政部都在监管。资源性国有资产则处于相对无序状态，1998 年，地质矿产部、国家土地管理局、国家海洋局和国家测绘局共同组建国土资源部，监管体系前进了一大步。但是，行政管理职能被分割在各个部委，如农业部负责海洋渔业资源管理，水利部和林业局则分别行使对水资源和森林资源的管理，客观上增加了监督管理难度。在实际操作中，"主导权"实际在地方政府手中，控制权和收益权大都置于地方。

在国有和集体产权之间，也存在互相侵犯利益的现象。最典型的是征地，只有地方政府享有征地权、规划权及出让权，农业用地变为国有建设用地之间的级差地租大部分被地方政府拿走，某种程度上，地方政府损害或侵害了集体和农民利益。但也有许多集体侵害国有资产的情形，如许多矿产资源属于国家所有，但现实中，许多矿产资源被村集体、村办实体偷挖和偷采，造成效率低下、环境破坏和资源浪费。在"靠山吃山靠水吃水""法不责众"的一些思维下，导致一些农村集体、农民个人侵占、侵害国有资源变得理直气壮、顺理成章。有些地方处于"维稳""和谐"的考虑，或视而不见或听之任之。然而，社会抨击声音更多放在批评地方政府"侵权"上。综上所述，公共产权改革必须进一步理顺各种管理关系、利益关系，否则，必将形成条块分割，各自为战，导致公共利益流失。

2. 其他关系：城乡关系、国企与民企关系等

城乡关系也是当前国有和集体、城镇化不可回避的话题。我国传统的计划经济体制确立于20世纪50年代，以城市户口和农村户口并存的城乡二元体制为重要标志，至少存在两大支柱：一是政企不分、产权界限不清晰的国有企业体制；二是城乡分割、限制城乡生产要素流动的城乡二元体制（厉以宁，2013）。总体上看，由于体制因素和发展阶段差异造成城乡二元结构，直到今天，城乡一体化程度还是很低。城乡之间的土地权益、劳动力市场、社会保障、金融供给和公共服务配置等各个方面存在很大差距。即便是农村内部也由于区位、土地价值等存在较大差异而导致贫富差距、苦乐不均。公共产权改革必须高度关注城乡差距、三农问题。

公共产权与私有产权相区分，与政府边界密切联系，与公共财政密切相关。这就意味着公共产权改革必须处理好国企与民企关系、处理好垄断与竞争关系，只有这样，各种所有制才能融合、共生及共同发展。与此同时，对于自然资源的利用、收益分配也关系到当期与远期关系、代际关系，出让、开发不能只顾眼前，收益分配不能只顾当代，还需要考虑环境与生态、可持续性发展。当前，不能以宏观调控、运动式打黑等名义强行收购、侵占私人产权。反过来，也不能以国企低效之名进行

暗箱操作、瓜分国有资产。公共产权改革应在法制轨道上改革创新，促进公平竞争、效率提升及融合发展。

（三）"三元"治理关系：政府、市场、社会

公共产权改革应放在政府、市场和社会三维立体坐标系来分析和展开。这其中包含了三对相互关系。首当其冲的是政府与市场的关系。政府与市场的关系，在我国有两层含义：一是作为经济社会管理者的政府与市场的关系。过去30多年的改革开放，就是围绕政府与市场的关系来展开的，让市场在资源配置中发挥基础性、决定性的作用，以提高效率为导向。在当前各种场合谈论的政府与市场关系多是基于此。二是作为所有权人的政府与市场的关系。这在当前关于改革的讨论中多被忽略，仅仅在谈到所有制问题时才会涉及。基于宪法和现实，第二层含义的政府与市场关系极为重要，哪怕正确处理好了第一层关系，若第二层关系未能处理好，也将严重妨碍改革与发展。从我国实际出发，完整的政府与市场关系应当包含上述两个方面。

作为所有权人，在公共资源领域的政府与市场的关系，就是所有权与产权的关系。公共资源的所有权主体是政府（依据相关法律规定），进入市场以后，公共资源的产权主体却是市场各类主体。所有权权能可以分解，可以为不同的经济主体持有，即成为既与所有权主体相联系，而又相对独立的产权主体。例如，拥有矿产资源勘探权、开发权的任何企业，包括民营企业和外资企业，其产权的取得来自国家所有权。在计划经济体制下，所有权与产权是合一的，甚至没有"产权"的概念。改革开放后提出所有权与经营权可以分开，突破了传统的所有权理论，表明产权可以独立于所有权而存在。但遗憾的是，没有产生基于国家所有权权能裂变而形成的公共产权理论，在实践中，这类公共产权的行使也极不规范，既有政府损害产权主体权益的行为，也有产权主体损害政府所有者权益的行为。政府的所有权与行政权混合行使，更是加剧了这种情况，违背了"市场对资源配置的决定性作用"的机制。

对于政府与社会的关系、市场与社会的关系，皆和社会发育、社会自治能力有关。长期以来，在"二分法"（政府、市场）的改革思维下，在"强政府、弱社会"的格局下，政府大包大揽，直接造成了公民社会不发达，社会自治能力较差，社会公共责任机制薄弱。目前，政府应向市场放权、向社会放权，积极培育、发展各类社会组织，激发市

场和社会的活力和创造力。

对政府来说，哪些交给市场，哪些交给社会，仍未解决好。公共产权改革也需要在三元体系下寻求平衡，而不是边界不清或大包大揽或放任自流。

三　基本经济制度和产权分类框架分析

（一）分产与分税相结合

我国实行的是公有制为主体、多种所有制经济共同发展的基本经济制度，它是社会主义制度的重要支柱与社会主义市场经济的根基。公共产权领域存在大量的资源性收益，在现有基础上，收益要么大量流失或散落、要么无法做到收益全民共享。公共产权制度的缺失，是导致大量公共产权收益流失的根本原因。这也致使公有制未能在国家财政上规范地体现出来，而是以一种扭曲的形式来反映，如"土地财政"就是典型。

西方社会以私有产权为主导，其财政收入主要是税收，而我国目前的社会产权结构是以公共产权为主导，但我国的财政收入忽视了以公共产权为基础的其他收入形式，由此导致公共产权不能在价值上得到充分实现。1994年的财税改革更多是"分税"，而没有"分产"，公共资源大多成为地方的"第二财政"。

故此，我国的基本经济制度框架下，应对公有制在宏观定位及安排上清晰，在具体运行上要注重动态、全面地构建公共产权制度和体系，注重公共产权的完整性、收益分配的公平性，促进所有制公平竞争和融合发展。公共产权制度是社会主义市场经济与基本经济制度的重要组成部分。公、私两种所有制的定位在不同历史时期和不同发展阶段具有差异性，需要动态地调整。

从政府所有的财产来看，国外一般采取分别所有原则，美国分为联邦、州和市镇所有财产，澳大利亚分为联邦、州和地方政府三级所有财产等。[①] 国外一般很少有国家所有权的概念，关于国有财产一般是以政府所有权、公法人所有权或公共所有权形式出现，即使使用"国家所有权"概念也是解释为中央政府的所有权。鉴于我国采用的是"国家统

---

① 李昌庚：《国家所有权理论拷辨》，《政治与法律》2011年第12期。

一所有，分级管理"，可以考虑以行政法人，如财政部、国资委等机构形式替代国家所有权，缩短链条、落实责任主体。在此基础上，中央为地方确权，形成中央、地方共享或各种所有的产权关系。

（二）区分公产与私产

作为大陆法系的法国将国有财产划分为国家公产与国家私产，在德国、日本和台湾地区被称之为公物，二者含义并无太大不同。划分公、私产主要是基于大陆法系的公法与私法的背景。英、美、法系国家大多数没有公、私法划分，但这些国家依然存在公产，并用特别法予以调整，如《天然资源法》《水法》，判例上通常以公共信托理论为依据。由此可见，将国有资产以是否设立排他性私权为标准分为"公有公用"和"公有私用"两种情形，也即公产、私产是非常有必要的。

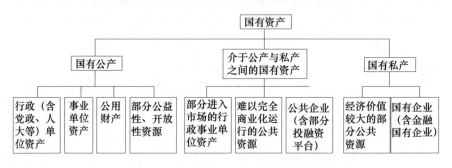

图7—1 国有资产"公产—私产"框架

如图7—1所示，结合我国国有资产情况，我们可以将其分为三类，包括公产、私产和介于二者之间的国有资产。国有私产通常是经济价值较高、市场化相对容易的各种国有资产或资源，如商业类或竞争性国有企业（含金融企业），经济价值较大的公共资源，如土地、矿产资源、海域、森林、草原和有偿使用的无线电频谱资源等。国有公产主要是行政单位、事业单位以及政府管理的公用财产。国有公产还包括部分公益性、开放性资源，如河流、湖泊等，这类自然资源对于公众具有特殊的生态、科学、文化、休闲和审美等价值。介于公产与私产之间的国有资产包括特定目的或政策性为主的公共企业或公益性企业，主要以保障民生、服务社会为目标，如中储粮、中储棉等，以及进入市场获得收益的部分公产，如收费型公园、政府大楼部分出租等。这一类介于二者之间国有资产进入市场，但通常难以完全按商业化运作或难以获得充足的市场化收益。但各类公产、私产之间也存在有条件转换的可能性，受到政治、技术及经济条件影响，并不是固定不变的。

当国有资产用于公用时，法律上需要对其特别限制，以保证其使用符合公共利益之目的；同时又应予以特别保护，以保障其能够持续服务于公共目的。而当国有资产用于经营活动时，此时的国家或政府是私法主体，此时的国有资产与私人所有的资产平等地适用私法规范和调整。国有公产、私产以及二者之间的资产应适用不同的监管方式和产权改革路径。

四 公共产权制度是实现效率与公平的制度基础

市场经济基石是产权制度，在我国亦是如此。产权制度是一套复杂的程序、规则以及法律体系。它也是由于资源的"拥挤""稀缺"引起的由社会的强制力量来组织和规范其财产关系的制度安排。产权制度是对各种经济主体在产权关系中的权利、责任和义务进行合理有效的组合、调节的规则。市场经济中的一切交易，在本质上都是产权交易。在市场经济体系中，任何收益的形成、分配和使用，都是基于各种不同形式的产权。经济学的问题，或价格如何决定的问题，实质上是产权应如何界定与交换以及应采取怎样的形式的问题（菲吕博腾和配杰威齐，1972）。可以说，与市场经济相适应的制度必与产权制度高度正相关。健全的产权制度是市场有效配置资源的基础。

在公有制领域，产权制度与所有权制度是不同的，后者仅是前者的一部分而已。现代社会的产权制度在不断演进，传统所有权理论已经不符合现代经济需要。建立了公共资源所有权制度，并不意味着产权制度的建立。

公共产权改革是社会主义与市场经济有机联系的桥梁，通过公共产权改革，可以使公有制与市场经济兼容、并成为共同富裕的加速器。有效的公有制实现形式取决于公共产权成效（进入市场）。公有制经济普遍存在产权结构化不足、效率不高现象，发达国家的部分领域普遍存在产权结构化程度过高、风险监控失控现象。进行合理的产权结构化、有效的产权制度安排可以实现所有制实现形式的多样化、创新化，提高资源效率和收益。

建立公共产权制度的重点就是要构建国有私产与私人产权平等市场竞争秩序，以及两者以混合所有制等多种方式的结构化。国有私产追求利益最大化为目标，与一般私人的经营性资产无区别，故应与其他的私产处于相同的法律地位，适用同样的规则，进行相同力度的保护。二者应相互竞争、合作及融合，以优势互补，放大公共产权的杠杆、控制力，并获得更高效率。

同时，要严格规范、限制国有公产的使用，特别是对国有公产用于经营活动。由于公产的取得和使用具有低成本、强权性质，如不加限制、规范必然引发诸多问题。一方面要防止公产私用情形，防止公产主体"内部分配"甚至落入个人腰包等腐败行为。另一方面，要坚决遏制公权力对私有财产权的侵害，并防止公产主体利用公产破坏市场公平竞争秩序。譬如公权主体利用划拨土地进行商品房的开发建设，进行内部分配、对外销售等行为。此外，政府基于公共利益的需要可对私有财产实施征收、征用及其他限制，但只能限于公用利益或者公共需要，最终形成的国有公产而非国有私产，如进行经营活动，政府只能以民事主体的身份采用私法手段以合理性对价取得。

公有制理论不仅要考虑效率及其绩效问题，还要考虑产权的公正性及其分配功能问题。对于公共产权改革一方面要注重效率，另一方面要注重公平。效率作为法律经济学运动压倒一切的关怀，虽然是对传统的僵化研究方式的一种强有力挑战，但它毕竟无法完全替代正义、社会责任等价值。[①]只有从根本上防止利益集团的固化和寻租行为的泛化，产权改革和社会主义市场经济体制的完善才能顺利地进行。这种正当性和公平性，应在实体价值上表现为社会正义，在程序意义上体现为财政民主。故此，必须加强公共财政职能在公共产权改革中的基础性地位，实现收益的全民共享，这也是建立与市场经济相适应的公共产权制度不可回避的问题。公共产权制度构建要同时实现公平与效率的兼容，一方面要加大产权结构化改革，另一方面要通过民主参与、监督、预算和问责等制度安排。

加快推进公共产权改革是实现全民共享的前提。公共资源属于国家所有的生产要素，要进入市场优化配置，形成公共收益，必须建立在公

共产权制度基础之上。公共收益的分配，也要以公共产权制度为依据，公共产权制度的构建是经济效率、收益共享的制度性基础。公共产权制度同时也是公共产权改革的落脚点和支撑。

五　公共产权改革的方向、思路与运行

（一）公共产权改革的方向与思路

1. 基于机制设计、公私合作、公共风险理论的思考

（1）机制设计（Mechanism Design）信息、激励与创新

公共产权改革一个非常核心的问题是解决激励兼容问题，即需要进行激励机制设计。赫尔维茨（1960，1972）提出了该理论，主要是针对任意给定的一个经济或社会目标，在自由选择、自愿交换和信息不完全等分散化决策条件下，能否设计以及怎样设计出一个经济机制，使经济活动参与者的个人利益和设计者既定的目标一致。机制设计理论可以看作博弈论和社会选择理论的综合运用。一个好的经济制度应满足三个要求：资源的有效配置、有效利用信息及激励兼容。这些要求是评价一个经济机制优劣和选择经济机制的基本判断标准。

机制设计理论在某种程度上可以顺应公共产权改革的思路，能否设计一套机制（规则或制度）来达到既定目标。产权制度研究需要结合所处的制度环境、市场机制等方面进行深入研究。

根据哈特的不完全合同理论，企业所有者在拥有剩余控制权带来的剩余收入的同时，必须承担最终的风险责任。无论所有制和产权结构如何，无论所有者、经营者、使用者的责权利界限如何，都必须满足权力和责任对等的基本原则，否则必然形成道德风险。我们应该重新审视政府、市场及第三部门之间的关系，同时要将企业知识资本、人力资本激活，形成适应的治理机制或相机治理机制，进行合理的机制设计。通过合理的机制设计为产权改革提供激励、信息和创新这三个 I（Incentives，Information，Innovation），即应注重高效的激励，分散信息的动员和利用，持续努力的创新。

（2）公共风险——信息不完全、未来不确定

风险表现为损失的不确定性。目前各种产权制度的研究依然存在"碎片化""条块分割式"，尚需进一步厘清背后的驱动因素、责任边界，否则易形成"风险大锅饭"（刘尚希，2003）。故此，需在现有的

产权制度体系基础上，结合我国实际，从风险视角出发，进一步厘清背后的机理和制度设计。

从历史和逻辑上看，公共产权基于公共价值判断的一种制度安排，出发点是防范公共风险，以增进全社会或者某一特定群体共同利益为目的，在社会公平基础上寻求高效率。公共产权制度是社会管理和社会伦理价值共同作用的结果，也是公共选择的结果，无疑，公共风险推动了公共产权制度的变迁。

随着风险的不确定性加强、政府财政支出日益膨胀的背景下，一方面，形成多层次、公私结合的产权体系，降低或转移部分公共风险。如采用单一政府供给主体，实际上是政府承担了过多的公共风险，造成了制度设计缺陷、财政支出的低效。另一方面，由于经济社会系统的关联性及复杂性增强，应控制私人风险向公共风险转化，私人领域的"过度产权结构化"同样具有非常大的外部性，私人产权、尤其是金融领域产权也应强调公共责任，并纳入公共政策框架加以监管。

政府可以有效地依托公共权力、利用公共资源进行风险预防、风险转移和风险补偿，改变风险的分布、调节风险的强度、控制或利用风险效应。即合理控制其风险敞口的同时实现相应的政策目标。故此，政府的公共治理作用对公共产权的宏观层面起到引导、把控作用。

由于信息不完全、未来不确定，公私所有制都面临着进一步产权改革，产权改革也不排斥任何所有制，应围绕产权与市场经济兼容、防范社会公共风险展开，在产权结构化基础上形成有效的制度安排。在市场经济条件下，公私所有制都面临各类确定性或不确定性风险，都需要依托产权改革来找到自己的实现形式。公有制不等于"公有公用公营"，私有制也不一定"私有私营"。股份公司的出现，是资本主义私有制实现形式发展变化的产物，也是公有制实现形式的重要手段。公有制产权改革不是简单的私有化，同时，公有制产权改革仅仅股份化是不够的，单一的国有控股模式也很难迈得开改革步伐。

（3）公产与私产分类改革与公私合作（Public—Private—Partnership，PPP）

基于前述，公共产权改革应立足于"国有公产—国有私产"的框架进行分类改革、区别监管。公产、私产以及介于二者之间的国有资产的定位不同，在效率与公平的侧重上不同，在改革的逻辑、路径上也有所区别。

公私合作制（PPP）有利于提高公共物品供给效率，同时，有助于推动市场化改革，提升政府治理能力。PPP作为政府与私人部门在公共物品服务领域的一种合作关系，通过"契约约束机制"明确公、私各方的具体权利和义务，其本质是政府以市场方式寻找匹配的合作伙伴，将非国有经济成分引入公共服务领域，提升公共资源配置效率。公私合作PPP既是混合所有制经济改革的具体形式，也是转变政府职能、拓宽公共服务和公共产品供给的重要方式。通过市场竞争机制寻找匹配的合作伙伴，引入私人部门的资金、技术及其他优势，形成混合机制来提高资源配置的效率。同时，政府应通过规范公私合作契约，创设以公共利益为核心的审慎监管制度。政府职责的重点是掌舵，而不是划桨，角色应转变为规制者、合作者。PPP具有清晰的委托—代理关系，有利于提高问责效率，强化治理约束，平滑财政支出压力，提高公共服务效率。PPP能有效形成利益共享、风险共担及长期伙伴关系格局，实现多方共赢、物有所值之目的。

2. 改革方向与思路

（1）改革方向。公共产权改革的方向是：兼容市场经济、促进社会公平正义及有助于共同富裕。公有制应着力于宏观层面的战略布局，以提高产业竞争力、形成有效竞争的宏观产权结构安排。同时，从防范公共风险角度出发，重在提高宏观效率、弥补市场失灵和有助于整个社会公平。在改革的路径和方式选择上，应注重区别对待、分类改革及差别监管。

（2）当前应以"增加收益、降低风险、激励相容"为导向，在产权结构化基础上加大公共产权改革力度。实际上，任何可以规避风险、获得收益的资产或权利配置、运行方式都属于产权改革范畴，都是所有制实现形式的重要手段和途径。通过公共产权改革，可以使公有制与市场经济更好兼容，促进共同富裕，控制公共风险扩大。尤其应重视PPP模式的广泛应用，采用PPP模式中的不同的运作方式，配置不同的股权结构，形成混合所有制形态，构建公共服务供给的多元化主体。公共产权的界定、使用、交易和分配等都应符合实质公正和程序公正，遵循法治化、制度化、透明化及市场化原则。以此为基础加大产权结构化力度，增加竞争活力，提高资源配置效率。

（3）有效衔接行政体制改革与公共财政改革，将公共产权收益全面纳入财政预算，探索建立独立的公共产权预算管理体系，健全公共产权制度。公有制理论不仅要考虑效率及其绩效问题，还要考虑产权的公正性及其分配功能问题。从根本上防止利益集团的固化和寻租行为的泛化，产权改革和社会主义市场经济体制的完善才能顺利地进行。进一步明确地方政府拥有"一级政权、一级事权、一级财权、一级税基、一级预算、一级产权、一级举债权"的原则，来完善以分税制为基础的分级财政（贾康，2003，2010）。这都需要结合财政体制改革等系统安排、稳妥推进，进一步完善市场机制、预算机制，更直接、有效地体现公有制的权益和公平性。

（二）公共产权在运行层面的产权结构化改革

1. 公共产权的界定

按照市场经济的通行规则，任何要素进入市场，都以产权的界定与明晰为前提。否则，这个市场就会成为一个变异的市场。一个明晰、完善的产权制度是提高市场效率、降低交易费用及降低外部性影响的基本条件。所有权的各项权能以及派生权益的界定要明晰具体，而不能像现在这样抽象和含糊不清。我国资源要素市场的各种乱象，与产权的界定与明晰不到位紧密地联系在一起。由于长期以来理论上的混乱，认为所有权界定、明晰就是产权界定、明晰，导致提出的"产权明晰"长期以来落空，收益共享也就无从实现。

对于公共产权而言，最直接的就是中央政府如何向地方"确权"，如何清晰界定各级的公共产权（非所有权），这将直接关系到收益划分、地方政府动力与行为。"分级所有"是西方国家的通行做法，但在我国这种单一制国家，与法律抵触，也不利于中央调控。如矿产资源的"所有权"不转让，但与使用、收益以及处分等权利匹配的探矿权、采矿权等部分权利则可以转让。"国家所有，分级产权"对政府间公共产权管理更具有理论和现实意义。各级政府作为代表应享有产权中的哪些产权权利？至少涉及两个层面，一个层面是横向权能的分解安排，即占有权、使用权、收益权和处置权等权能安排需要相对明确，另一个层面是纵向的各级政府和部门，中央、省、市和县或区，责权利要明确。

公共产权属于全民（或集体）所有，具体行使需要层层委托，包括政府间关系，也存在民事主体关系，这些都需要界定清楚。当前，应在"分级产权"（非所有权）的模式下，建立中央和地方国有资产边界合理、协调共生发展关系，实现地方政府的财权、事权及产权的有机统一。对于国家所有权而言，由于主体的集合性、抽象性，缺乏行为能力进而导致难以克服治理或代理成本增加的难题。这个时候，通常要缩短链条、减少管理层级。从某种意义上说，从私人所有权视角去解构法人所有权更具有现实意义。可以采用具体的政府所有或公法人作为所有权主体以避免抽象化的"国家"或"全民"。

此外，产权日益呈现非物质、权利类产权（知识产权、人力资本产权等），产权明晰已不限于所有权的明晰，而是围绕同一物或多物（含无体物）而形成的多种财产主体的具体的权责利的明晰，以及各自经济利益和行为权限的明晰。其中，人力资本等产权界定与治理机制安排密切相关，也是未来国企改革的难点和重点所在。

2. 公共产权进入市场行使

所有权可以结构化，形成多层次的产权结构。公有制、私有制是两个静态概念，侧重点在于界定所有权最终归属问题，是高度抽象化的概念，无法完全反映产权运动的具体内容、具体过程及具体形式。公共资源之上的国家所有权的部分权能，如占有权、使用权，可进入市场交换，形成国家所有权为源头的产权链，不同主体都拥有相应的产权，并获得相应的收益。例如，集体土地承包权就是在集体所有权的基础上形成的用益物权，农户成为产权主体，这也使得一段时期内农业生产力获得巨大提升。

产权必须是可以平等交易的法权，而不是不能进入市场的特权。公有制经过产权改革与市场经济兼容必然要求降低其背后的公权力属性。当公有制进入市场，必将从公共权力变为民事的、与私人平等的"公共权利"，而不是"公共权力"，通过产权结构化与私有制进一步融合。公私所有制都面临着产权结构化，所有制实现形式均可多样化，但进入市场后遵循同样的规制、程序和法律规范，产权改革的制度化安排应该没有本质性区别。

不论是要素类公共产权，还是经营主体类公共产权，其行使要么是公权必须紧密服务市场、对接市场，要么就是直接融入市场、公平竞争。其中，为了确保公平竞争、提升效率必须有恰当的治理机制作为依托，包括公共治理机制、公司治理机制。在公共产权行使过程中，必须有适宜的治理机制配套，并保障产权的排他性、可交易性以及必要的退出机制。

3. 公共产权收益共享

收益权是产权的核心体现，对于公共产权而言，其公平性和制度性很大程度上体现在收益共享上。至于公共收益全民共享，显然不是指向国民发红包，人人有份，若那样，收益共享就变成简单化、一般性福利安排。姑且不论这种模式的操作性，但这显然与市场经济的要求是不吻合的。公共收益不是天上掉馅饼，而是进入市场配置之后产生的收益。不同的配置会产生不同的收益，其共享的基础和分配的结果是不一样的。既然不是人人发钱，也不是私有化，那么，公共收益共享的内涵，首先应当是机会均等、规则公平，国民拥有相同的机会使用或开发公共资源来获取相应的收益。通过公平竞争，把公共资源配置给最有效使用公共资源的市场主体，也就是说，市场机制是保障全民共享公共资源收益的首要机制。其次是所有者权益通过国家预算安排，为公共服务提供财力保障，即公共资源进入市场时，所有权人应获得的收益通过合理的预算机制来实现全民共享。

财政是国家治理的基础和重要支柱，财政制度安排应充分体现政府与市场、政府与社会及中央和地方的关系。公共产权收益可以为弥补社保支付"缺口"提供依据，也是为社保统筹逐渐扩大到全国范围及深化社会保障体制改革提供支持。从产权的本质和公共产权的目的来说，应加大中央对公共产权收益的统筹，加大全民共享收益的力度。

第三节　公有制实现形式与公共产权改革的框架、体制与机制安排

一　SGPB（结构化—治理—绩效—预算）分类改革与整体框架

（一）公共产权结构化过程中的定位和内涵

1. 经济、社会效益的协同

（1）经济效应：以效率为导向

公私所有制的结构化在经济层面是等同的，只不过公共产权尤其应注重产权的可交易性、退出性及利益支配的合法合理性。如农民进入城

市，原有土地这一类财产及农民身份安排非常重要，农地产权的可交易性、流动性、退出机制安排可以更好地促进人员以及资源优化配置。

在激励与收益分配方面，公共产权要注重剩余权分享、公共收益分享两个层面。第一个层面突出了人力资本产权的重要性，对公私所有制企业均如此。尽管国有企业经营者分享剩余索取权受到非议，但关键在于激励与约束机制的有效性、合理性。后一个则突出了"公共"或全民的利益诉求，也是所有者权益的根本体现，与私有制区别在于分享的方式、路径上。

在产权的结构化裂变、重组过程中，以利用为中心，注重公共产权的主体多元、客体多维，充分利用和保护使用权、租赁权和用益权等各种分解权能或产权，更有效地配置各种资源。

（2）社会效应：只体现在宏观层面的定位、分配效应

公共产权的宏观结构方面，主要表现在所有制进入行业或领域的规定与公共资源所有及收益归谁等方面。公共产权在宏观层面要有战略性安排（有进有退、有保有压），在体制上应体现收益的预算与分配效应。一旦宏观层面的经济制度、法律框架确立下来，公共产权在微观及运行层面要尽可能剥离社会效应，基本不考虑社会目标。不管是国有企业还是私有企业，都可以在"规范的公共选择"机制下以政府采购、PPP等方式参与提供公共品，进行多重目标剥离。政府则侧重于治理、规制能力提升，公共服务效率的提高。

2. 多元产权主体身份有机协同

第一，建立基于民主法治原则的"规范的公共选择"机制。公共资源进入市场前，政府以行政主体身份为主、民事主体身份为辅。政府应保障市场的程序和规则公平、合法，形成一个公开、公平及公正的对接市场的环境。政府必须承担起"受托人"的责任，加强制度建设，用法规和制度来保护产权的实现，提升公共决策的透明度，强化与社会公众的协商与合作。第二，公共产权进入市场，政府则以民事主体身份为主。公私所有制基础上结构化相似，进入市场遵循同样市场规则、法律规范，不干预私法自治。

从全过程来看，应实现政府的行政主体与市场的公共产权民事主体身份有机协同、但不混同。即按政治程序和政策引导机制进行供给和分配，按市场规律和经济原则组织生产和经营，充分保障公权合法合理

行使，产权平等竞争与交易。

3. 公共产权结构化内涵

（1）两类结构：宏观产权结构、微观产权结构

在宏观产权结构化上，主要是所有制的宏观安排，要注重战略安排、以及行业的"可竞争性"。在国有产权占据控制地位的情况下，只有当其他形式的产权充分发展，才能形成与国有产权平等谈判、充分竞争的格局，才能提高产权的交易性，促进有效率的市场的形成。[①] 对于进入领域或行业，采用非禁即入原则，私有制可充分进入；对于禁止进入行业，应采取负面清单形式，并严格论证、动态调整，总体上要尽可能少，但依然应让私有制企业进入配套、服务等非垄断环节，同时，也可形成多元公共主体产权模式，或在规模经济基础上采用横向、纵向分拆模式；对于限制性行业，可以进行股份制改造，允许私有制进入，发展混合所有制；对于一般竞争性行业、产能过剩行业，可以要求国有资本逐步退出，以私有制为主。在公有制的公共资源领域，宏观上应对所有权、分级产权有相对清晰的界定。比如土地方面，可以有条件地让集体土地进入市场，形成多个产权供给主体。

在微观产权结构化上，要注重企业产权多元化、社会化与治理机制的匹配，确保企业在运行过程中的竞争与效率在微观层面以效率或绩效为导向，注重利益相关者的竞争与合作，形成激励相容的治理机制。

（2）两种类型：要素类产权结构化、经营主体类产权结构化

要素类产权以公共资源（如各类土地、海域、林地、矿产资源等）为主要对象，经营主体类产权以国有企业（含中央与地方国有企业，金融与实体国有企业）为主要对象。

对于公共所有权，可以形成"一个所有权主体，多个产权主体，多种流转与经营模式"，形成多层次产权结构化。同时，在市场运行过程中应充分保障产权/权利可分割、可让渡、可重组。充分发挥公有制的债权、股权、物权（他物权、用益物权）和准物权等各种产权法律形式；充分扩展非所有权的产权形式，如用益权、租赁权等。应突破所有制、所有权固有思维，创新组织方式、经营模式，促进公私所有制融合发展。

---

① 张杰：《中国金融制度的结构与变迁》，中国人民大学出版社 2011 年版。

（3）有效竞争格局和恰当的相机治理机制是支撑

公共产权要与私有产权平等竞争，应确保体现出权利而非权力，应坚决反对行政垄断。公共产权主体应主动对接市场、融入市场，与宏观及运行层面的产权结构对应，应完善公共治理、公司治理两个层面，进而形成内外有效的竞争格局、合理的治理机制。

在公共治理方面，通过简政放权、放松管制来向市场和社会让渡空间，形成政府与社会、政府与市场、公权与私权之间边界清晰合理及分工合作有度的社会关系新格局，构建政府与社会、市场的新型关系，逐步形成"有效政府加有效市场"。有效政府是指政府做自己该做的事情，必须做好，有效市场是指市场做自己可以做的事情，市场能做的，政府就不要做，市场做不好的，政府就做。尽可能发挥市场这只"看不见的手"的作用，管住管好政府干预这只"看得见的手"。在宏观的产权安排、行业规制上，公共治理可以通过多元产权主体共同参与方式，形成有效的竞争格局、多元的供给市场。

在公司治理机制方面，内部的治理结构是以产权为主线的，形成股东大会、董事会、监事会、经理层的权利和责任及其相互制衡的关系；外部的治理结构应以竞争为主线进行外在制度安排。在不同的时期、企业不同发展阶段，公司治理可能是"资本雇佣劳动"或"劳动占有资本"的单边治理模式，也可能是"利益相关者共同治理"的多边治理模式。在不同的历史阶段，在不同的正式和非正式制度环境下，实现形式既可能是"股权至上"，也可能是"共同治理"，甚至可能是"人力资本至上"。在不同的情境下，可以相机抉择治理模式，采取相适宜的治理方式，并进行动态的、灵活的调整。

综上所述，公共产权结构化不仅要在宏观与微观上注重竞争、效率，还要随之形成有效的治理机制，包括宏观与微观、内外部治理，方能更加有效地推动公有制与市场经济兼容，更好地提高其效率，实现其权益分配的公平性、正义性。

（二）整体改革框架和着力点分析

1. 以"国有公产—国有私产"框架为基础的差异定位

国有公产、私产以及介于二者之间的国有资产这三类国有资产的定位与目的有差异，产权改革的路径、方式也不同。其中，公共产权结构化的程度、难度也有较大的区别。公共产权结构化的重点是国有私产，尤其是经营性国有企业（含金融企业），经济价值较大的公共资源，如土地、矿产资源、海域、森林、草原和有偿使用的无线电频谱资源等。公共产权改革的难点是介于二者之间的国有资产，尤其是特定目的或政策性为主的公共企业或公益性企业，以及进入市场获得收益的部分公产。

2. 以 SGPB 为基本范式展开的分类改革

（1）企业类产权改革的 SGPB 范式和着力点

对于国有私产中的国企，以及介于公私产之间的公共企业或公益性企业改革都可以采用如图 7—2 所示的国有私产 SGPB 产权改革框架。其中，国有私产中的国企通常为竞争性领域的一般性国有企业，介于公私产之间的公共企业或公益性企业通常为功能性、公益性国有企业。两者收益都应纳入公共财政、实现全民收益共享，但是，定位、运作机制有所区别。

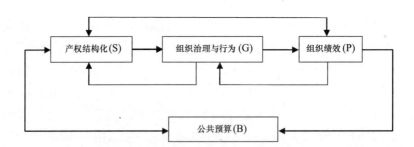

图 7—2　国有私产企业类 SGPB 产权改革框架

对于国有私产的国企或竞争性国企，这类企业完全以效率为导向，与一般私人企业没有区别，都采用私法治理，其改革着力点为以下几个方面。产权结构方面（S）——产权结构化程度最高，应采取混合所有制、金融结构化工具等方式加大产权结构化程度，以形成竞争、提升效率。但在产权结构安排中应考虑多元混合主体，同时，应充分考虑经理人的人力资本分享剩余机制的安排。公司治理方面（G）——运作机制完全实行市场化、去行政化。其中，董事会以外部专业人士、独立董事为主，也包括私人企业高管，公共产权主体或政府只是委派董事会少量成员参与管理，不得干预日常经营运作。经理层完全采取市场化方式招募，薪酬也与市场接轨。此外，私产类的国企应加大信息披露力度，不得低于上市公司信息披露力度，接受政府、全社会监督。绩效（P）方面——完全以效率为导向，剥离所有非经营性事务，通过绩效考核来问责。在公共财政预算（B）方面——所有公共产权收益纳入公共财政，同时，公共财政根据国有企业市场绩效、目前政府财力情况，考虑增持或减持其股份以调整其产权结构。公共财政对此类企业承担有限责任，不承担财政救助、兜底责任，并根据需要选择退出或适当进入，但通常不实现绝对控股地位。

介于公私产之间的公共企业通常为功能性、公益性国有企业，这类企业以政策性或辖区民众福利为导向，与私人企业、一般国有企业有较大区别。确切地讲，这类企业不属于公司法人范畴，故可考虑采用公法、私法混合治理方式或特别法，其改革着力点为以下几个方面。产权结构方面（S）——产权结构化程度适度或较低，以全资、控股为主，也可采取混合所有制等方式。在宏观产权或市场机构中，以适当保持"可竞争性"，或采用竞争模拟等方式提升效率。通常，经理人在这类企业不分享或少分享剩余。公司治理方面（G）——运作机制适当市场化。其中，董事会可以有外部专业人士，包括私人企业高管，但是，其任命需经过特别程序，确保其超然性、独立性行使权利。经理层主要采取市场化招募，薪酬也与市场接轨，公务人员在这类企业中任取时，其薪酬在参考公务员工资基础上适当上浮、并与绩效挂钩。此外，加大信息披露力度，接受政府、全社会监督，确保大众全面知情。绩效（P）方面——以公共利益为导向，采用综合性绩效考核方式，兼顾成本、质量、效率等指标，同样应通过绩效考核问责。在公共财政预算（B）方面——所有公共产权收益纳入公共财政，同时，公共财政也根据其运营情况通过公开程序，进行必要的政策性补贴、担保。公共财政根据业务特性，适时将竞争性环节、商业化业务剥离或部分出售，以调整其产权结构。公共财政对此类企业承担连带责任或必要的救助、兜底责任，根据情况并入政府资产负债表。

（2）自然资源等要素类产权改革 SGPB 范式和着力点

如图 7—3 所示，自然资源等要素类产权改革框架与企业类产权改革框架基本一致，但构成要素的逻辑和运行不同。对于国有公产和私产中的自然资源，采用公法、私法混合治理方式，其改革着力点为以下几个方面。产权结构方面（S）——可以考虑转化为股权，也可以考虑将

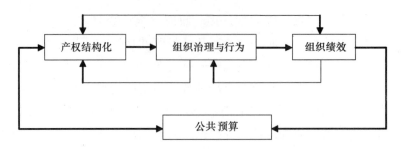

图7—3　自然资源等要素类 SGPB 产权改革框架

其所有权分离、出让其用益物权（如土地使用权、采矿权等）。同时，应考虑公共资源的持有主体，可以以具体的行政法人替代国家所有权，同时，应对中央与地方各个层级主体进行合理确权。治理方面（G）——注重公权的正当性、私权的平等性。在对接市场过程中，注重资源规划、用途管制和有效规制，同时，应加强价值评估、信息披露等市场化运作，以获得更高收益。绩效（P）方面——以效益为导向，同时兼顾外部性、资源与发展的可持续性。在公共财政预算（B）方面——所有公共产权收益纳入公共财政，同时，公共财政也根据其运营情况通过公开程序，进行必要的政策性补贴。在一级市场应充分利用好公权，推动市场化机制获得最大效益，在二级市场，注重资源产权的流动性、外部性以更有效的配置资源。

3. SGPB 为基础的整体改革框架

本书提出图7—4所示公有制实现形式及公共产权改革整体分析框架，认为可以从公共产权改革范式、体制保障及机制构建几个方面入手。公有产权改革的核心环节是公共产权制度的构建，公共产权制度是重要落脚点和制度基础。由于长时期公共所有者权益无法体现，收益大量流失，一些收益散落在地方、各个部门，支配不规范现象严重。从资源利用角度看，无法体现出效率；从收益分配看，也无公平而言，引起了社会普遍不满。全民所有异化为地方、部门所有，甚至个人所有，市场机制不健全、预算机制不规范，导致公共产权制度残缺，亟须通过构建公共产权制度改变这一局面。建立公共产权制度必须协调好政府与市场、社会关系，还需要向地方"确权"，理顺管理机制，同时，必须结合行政体制改革、财政体制改革进一步完善市场机制、预算机制，以提高公共产权的收益水平、增强全民收益共享程度。

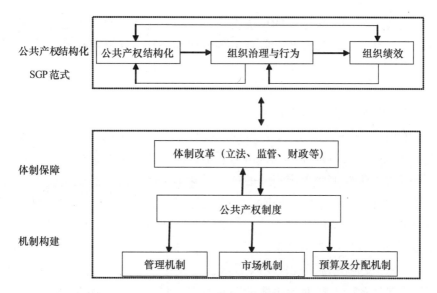

图7—4　公有制实现形式及公共产权改革整体分析框架

公共产权制度的构建必须依赖于体制改革，包括立法、行政和财政等多个方面的深化改革和配套。在公共产权制度构建过程中，要合理地处理政府与市场关系、中央与地方关系。在政府与市场之间的产权关系中，则需要实现潜在的各种市场主体的公平竞争，充分显示市场或竞争信息，实现资源的配置效率最大化。在公共资源领域，需要通过完整的资源价格反映公共资源的稀缺性、外部性及其预期收益。中央政府向地方"确权"，不仅关系到公共资源收益共享，更是涉及地方政府行为，与当前社会议论的土地财政等问题联系在一起。这些都需要通过体制改革来系统推进以发挥中央和地方两个积极性。

公共产权结构化是重要的手段和支撑。宏观、中观层面上要形成竞争格局的产权结构，微观层面要形成具有活力和效率的各种产权结构和组织形式。在市场多变性、金融复杂性条件下，产权的明晰化、契约的完备性和治理的有效性等均影响效率，产权的效率与产权形式密切相关，但非线性决定关系，通过动态的产权结构化来寻求效率成为必然。公有制经过产权结构化后，必须是可以平等交易的法权，而不是不能进入市场的特权，必将从"公共权力"变为民事的、与私人平等的"公共权利"。

公有产权结构化过程的顶层设计、制度安排尤其重要，必须注重产权使用、交易、流转和收益等环节的效率和公平，尤其是机会平等、规制公平和权利对等，否则，公有制则会异化、扭曲。

二 体制保障：纳入民主化、法治化、市场化轨道

法治发展的程度同民主发展的程度是相一致的，也与产权改革紧密联系在一起。法治是以民主自由为基础，但如产权没有保障，人们就会花费资源去争夺那些界定不清的产权，毫不奇怪，这些民主制度本身常常是短命的 。[1] 市场经济同时也是民主经济、法治经济，公共产权改革必须纳入民主、法治及市场轨道。建立公共产权制度，必须从立法、行政体制及财政体制改革入手，厘清边界、理顺机制，相关着力点如下：

（一）立法先行，授权明晰

如何处理个人理性和集体理性的冲突，将直接影响法律的效率，进而影响法律的公正。公共产权改革应同时注重实体正义和程序正义。当前应立法先行、不断修法，在"分税"基础上进行合理"分产"。重点是建立健全国有资产管理法律、完善中央和地方财政关系及公共产权收益分配制度，同时适当考虑利益相关主体的激励问题。

根据国有资产分门别类进行立法的修订、完善。重点考虑针对属于国有公产或介公私产之间的国有企业制定法律，如制定《公共企业法》，其性质兼顾公法、私法，可以采取"一企一策"方式制定相应法律。一般性国有企业或竞争性、商业类国有企业属于国有私产范畴，遵循《企业国有资产法》，属私法的特别法范畴，可结合当前国企改革进一步修订完善。此外，重点制定《公共资源法》，其调整对象包括国有私产部分公共资源、介于公产与私产之间的公共资源，如土地、矿产、无线电频谱、航线和公共空间等。资源法在性质上兼具公法与私法的双重性质，其开发使用要进行合理的规划、严格的监管与保护，在资源的配置上必须遵循市场规律、提高资源的出让收益、使用效率。

进一步明确授权内容、行使方式，尽可能地实现依法行政，避免红头文件大于国家法律的现象。产权的界定、出让、流转、交易及保护过程中，要强化公共产权的效率性、公平性，赋予相同的产权法律地位，

---

① 约兰姆·巴塞尔：《产权和国家的演进》，《经济社会体制比较》2011 年第 6 期。

减少或杜绝以权谋私、腐败和低效。有统计结果显示，产权的保护程度每增加一个标准差，投资相对于 GDP 的比率将提高 4.02%。[1] 衡量一项举措是否违反法治的标准是：该法律中的权利义务是依法而定的还是由人裁量而定，以及该法律的制定是根据已知程序（包括善意的制衡）制定的，还是任意武断地制定的。[2]

提高非所有权类型的产权的法律位阶，保障各类产权，尤其是用益权及使用权的法律效力。在产权结构化的立体构建上，各产权主体很多处于相邻关系，一方行使权利不得损害他人合法权益。此外，除了极少数特殊情形，应在法律法规上，重点确保公有、私有产权享受同等法律保护和国民待遇，在价格、税收、市场准入、信贷和法律地位等方面公平对待。

（二）合理确权，有序监管

进一步明确"国家（或集体）统一所有，分别行使产权，专门机构监管，授权委托经营"的公共产权管理体制框架，实现合理的授权，有序的监管。进一步完善金融资产、自然资源及非经营性资产的监管体制，实现全面覆盖、管理有序的公共产权管理体系。

应当明确包括行政事业单位、企业等在内的法人单位对其财产享有法人所有权。国家所有权属于国家或中央，但收益权可划给地方或者中央与地方分享，中央也可以为地方"确权"。目前，可以再进一步清晰界定中央与地方产权主体、明确各级责权利安排，地方也可进一步界定省、市、县等各级权益。可以考虑以具体的政府所有或公法人所有形式出现，作为公共产权主体。在所有权的各项权能上进行划分或设置共享模式，明确每一项权能的权利与责任，适应市场经济体制需要。

在监管模式上，可以根据实际情况灵活考虑如下模式。其一是双重监管模式，即财政部代表国家行使国有资产的所有权，有关的主管部门负责对本行业实施纵向管理，各自分别承担不同的责任和权限。其二是中央主管部门为主导的监管模式，如国资委模式。其三是专门机构统管所有权下的各控股公司具体管理模式，以各控股公司为中介，通过控

---

① Svensson, Jakob, 1998. "Investment, Property Rights and Political Instability: Theory and Evidence", European Economic Review 42: 1317-1341.

② 冯兴元、毛寿龙：《经济、法律与公共政策的规则》，重庆大学出版社 2013 年版。

股、参股等方式实施国有资产的产权运作，如新加坡淡马锡模式。当然，也可将几种模式结合、创新，将出资人代表与监管机构分离也是可以重点考虑的模式。

（三）改革公共财政，提升公共治理

1. 改革公共财政

在国有资产领域，坚持资产管理与预算管理和财务管理相统一的原则，确保增量管理与存量管理的有机结合。建立资产集中管理和调剂制度，加强资产处置管理，提高资产利用效率。此外，应大力推进政府资产负债表的试编工作，逐步建立相对规范和完善的政府资产负债表。在政府资产中，土地、自然资源和文化遗产等一部分资产难以用货币指标反映其价值或服务潜能大小，但可以暂用实物量（或名义价值）来度量。但仍应逐步明确度量其价值，真正摸清家底，实现阳光行政、阳光融资及阳光监管。

将公共产权纳入统一管控，体现所有者权益，形成阳光的、民主的财政预算和有效的人大监管。建立相对独立的"公共产权预算"制度，在预算支出层面强化民生导向，更为清晰和直接地体现全民或集体共享；同时要完善分税制为基础的财政管理体制，理顺政府间财政关系，将资源收益纳入规范的财政体制分配范畴，促进公共资源收益全民共享。

2. 全面提升政府治理能力

传统公有制产权改革思维认为，公有制要么政府集中化管理即国有化，要么进行私有化，但两种方式都具有局限性和极端性。在公有制体系下的私有化方案首先就会遇到谈判成本和社会成本问题，还会遇到排他权界定问题，不仅限制了有效率交易的进行，甚至可能阻止交易或引起社会动荡。政府集权、国有化治理，很难解决实施过程中的信息、激励和监督等问题。因此，也不应将政府的边界任意扩大，更不能滥用公权力，否则将难以避免"政府失灵"问题。故此，我们应全面考虑所面对的一组社会、历史和政治体制等约束条件，并倡导"激励相容"（incentive compatibility）机制，在尊重、利用及满足个人利益最大化的理性选择基础上达到集体理性。

公共产权制度改革应强调主体多元化，政府、市场、社区及社会组织相互合作，放宽民间资本进入领域，优化社会力量兴办公益事业、进入公共产品供给领域的制度环境。市场经济需要经济自由、产权保障和法律等基础条件。政府应营造一个好的制度环境，支持公平竞争和维护市场秩序。重视事前各类风险防范而不仅仅是对事后风险损失进行补偿，提高各类主体应对风险的整体能力。应建立可行的产权结构化风险分散及补偿机制，明确政府、企业、社会组织、家庭及个人各方责任。例如，前述土地重划是一种充分尊重私有产权的土地再开发模式，通过多方协作以更加温和、互利的方式进行再开发。

在宏观的公共产权治理层面，坚持宏观调控和微观搞活并举。在市场"无形之手"主导下，政府以"扶持之手"面貌出现，各级人大以监管方出现，同时根据需要建立超然的规制机构。

综上所述，当前应健全和完善公共治理机制，形成中央、部门、地方政府、企业、社会组织和个人等多元参与的治理体系。必要时考虑引入代理者的竞争机制，即引入政府间的竞争、第三方监管。真正实现多方共建、共享和共赢！

三　机制构建：建立健全公共产权制度

健全公共产权制度应进一步理顺关系、完善机制、做对价格及搞好激励，形成合理收益、高效利用及公平分配的路径和方式。公共产权制度的构建，需形成全面统一的管理机制、公平有效的市场机制及合理分享的预算机制。只有这些保障机制建立起来了，才能提高资源配置效率、获取较高的预期收益，全民收益共享才有了更坚实的基础和保障。

（一）全面覆盖、权责分明的管理机制

1. 高效统一、监管有序的管理体系

改变公有制"统一所有，分级管理"体制，建立全面覆盖、授权明确及运转协调的公共产权管理体系，实行分类与统一相结合的管理机制。同时，要整体推进，重点突破，如完善当前的国企改革、农地改革和自然资源产权改革等热点与难点领域的管理体系。

当前公共产权改革应从宏观上健全、完善全面覆盖的国有产权管理体系，明确公共产权管理机构的责权利，建立清晰的分权制衡和激励体系，以促进公平的、市场化的产权市场的形成。一是进一步理顺条条与块块的关系，覆盖中央和地方，涵盖经营资产（国企、金融）、非经营资产（行政、事业单位）、自然资源、无形资产和知识产权和外汇等，将所有权回归全国人民代表大会，人大获得权利金、政府获得管理费及税收。二是重塑政府间产权关系及其收益分配关系，将地方和中央的公共产权收入纳入统一财政管理，严格监控其用途与支出绩效，充分考虑各种外部性治理、可持续性机制的建立。三是进一步完善产权交易市场，包括场内交易、场外交易，涵盖所有权交易、各种使用权或用益权的出让及流转市场。

把各国有资产纳入统一的国资管理体系，实现"全口径、全覆盖"。国有资产属于全体人民，可以选择让全国人民代表大会代表国家行使国有财产所有权，下设专门委员会来负责统一监管。如下设资源和环境委员会，统一行使国土、矿产、林业、农业和环保等公共资源所有权职能；设立国有资产及金融委员会，统一行使一般性国有企业、公共企业或公益性企业和金融国有企业等所有权职能。全国人大可以授权国资委、财政部等公法人作为股东，将抽象意义上的国家所有权解构为政府的公法人所有权。全国人大行使全民所有及委托人的监督职能，相关机构应当定期向人大报告国资运营、重大人事任命情况。涉及重大公共利益的国有资产的决策需全国人大批准。

2. 有效对接市场的运作体系

对于自然资源等要素类国有资产，要建立起程序合法合规、有效对接市场的体系。在公法层面，要严格执行公共资源用途管制、规划。同时，要建立起资源的评估、公示、公开出让及监督体系。在私法层面，让所有市场主体公平参与、获得公平利用资源的机会，通过充分竞争，充分体现资源的真实价值，避免跑冒滴漏、寻租腐败。

建立有效的国有资本经营与管控体系。对于国有私产性质的一般性国有企业，不按照行政隶属关系管控，更好地对接市场、融入市场。在具体的体系构建上，需要建立"公权"与市场的对接体系，可以设置一个中间层次、"人格化"的管理机构。即组建中间层次的国有资本运营或投资公司，不具体做微观的生产经营管理工作，主要做资本运营即价值形态的保值增值运作。其下属的国有企业与私有制企业一样，相互之间开展竞争与合作，包括形成必要的退出或破产安排机制。对于公共企业或公益性企业，则按照公法、私法协同治理方式进行改革。

（二）平等竞争、激励相容的市场机制

从"产权结构、治理机制"两端同时发力，以市场和绩效为导向，强化公平竞争，注重产权交易过程中的效率与公平。这样有助于提供更充分的市场内外部信息，有助于更好实现激励与监督。

对于资源类国有公产或私产，强化私法自治、市场竞争，让所有人均平等有机会选择使用资源，同时，国家也获得更高收益。这些用益物权中有些完全具有私法上用益物权的性质（如国有土地使用权），有些虽然由公法创设（如排污权），具有公法上的物权属性，但是这种物权的流转仍应遵循私法上的交易规则。

对于国有企业，要进一步消除身份差别、破除行政垄断，打破"公有、公用、公营"范式。在宏观产权结构安排上，从多元化主体、行业与市场有效竞争格局等层面考量，形成公私所有制平等竞争、共同发展的格局。此外，需要完善董事会、管理层和信息披露等治理机制。

积极考虑各种经营模式和产权方式创新，如采用国有民营、PPP 模式等。此外，应通过市场机制、竞争机制，进一步完善经理人选择机制、薪酬机制及管理层持股或股权期权等制度，以便更好地形成激励与约束机制。

（三）公平分享、和谐共富的预算机制

公共产权收益分配应以公共产权制度为依据，做到应收尽收、高效使用及合理分配。可考虑建立相对独立的"公共产权预算"制度。应纳入财政预算的各项收入包括国有股东分得的股息、红利和股利，处置国有资本收入及其他收入，租赁、出让、转让土地和矿产等国有资源的使用权、特许经营权、开采权等的收入，以及以资源性国有资产投资的作价收入，非经营性资产转经营性资产收入（出租、出售、出让、转让等），部分专项基金收入等。可以根据需要，在资本市场进行必要的股权减持以扩大财政收入。

同时，公共产权收益的支出要做出更明确的规范，在预算支出层面强化民生导向，更为清晰和直接地体现全民共享。支出程序的正当性表现为以参与性为核心、以公开性为前提及以救济性为保障。通过合理的财政支出安排、收益分配方式，如加大公共服务、社会保障的均等化力度等，更好地实现更大程度上的全民收益共享。综上所述，全民收益共享意味着，通过有效的市场机制、预算机制安排，使全民在权利公平、机会公平及规则公平前提下公正合理的分享发展和收益成果。这将有助于提高公共产权收益水平，更好的维护社会公平正义、更有效的促进共同富裕。

第四节　探索在公共财政框架下整合新建
相对独立的"公共产权预算"

我国是以公有制为主体的社会主义国家，政府既是社会的管理者，又是大量国有资产的所有者或代表，财政体制也应与西方市场经济国家有所不同。目前，我国已初步建立了包括公共财政预算、政府性基金预算、国有资本经营预算及社会保险基金预算在内的财政预算体系。我国关于全口径预算管理的表述最早出现在 2003 年 10 月党的十六届三中全会通过的《中共中央关于完善社会主义市场经济体制若干问题的决定》中。党的十八大再次提出"加强对政府全口径预算决算的审查和监督"。从 2011 年起，各级政府的收入和支出都基本纳入预算管理，预算外概念已不复存在，但我国预算管理中还存在预算体系不够规范、完整等问题。对公有制领域而言，一方面，公共产权的二级、三级等多级代理以及监管失序，造成公共产权收益"地方化""部门化"甚至私人化，另一方面，公共产权效率、与市场经济的融合也需要进一步提高。故此，加快完善公共产权管理制度及财政预算管理体制势在必行，否则，公共产权的效率与公平兼失。

一　完善"分税、分产"，优化政府间财政关系

（一）完善分税、分产，改善事权与支出责任

在西方市场经济国家，税收在财政收入中处于绝对主导地位，非税收入中的公共产权收益很小，非税收入在级次低的地方政府占比较大。这些国家中央政府非税收入一般占本级财政收入的 10% 以下，州或省级非税收入占本级财政收入的 20% 左右。这与公有制为主体的国家财政显然不同。

在公有制领域，我国实行的是"统一所有，分级管理"体制。这是计划经济条件下确立的体制，是与当时集中统一的财政体制相适应的。在"分灶吃饭"特别是 1994 年分税制以后，这一体制的不适应性开始逐渐凸显。

税费与产权收入是不同类别的收入，本应明确分开的，而在我国是混同的。由于受到"归属"思维的所有权思想影响，在产权制度建

设上严重滞后，公共资源的产权收益、行政性收费和资源性税收在认识上是混淆的。尤其是非税收入这部分，有的是依据政府权力或行政服务获得的财政性资金，有的则是依据政府信誉、国家资源及国有资产取得的财政性资金，后者基本上可归为财产权行使获得的收入。在实际操作上也由于行政权与财产权混合行使，不同性质的收益边界不清。由于法规、执行和监管等多方面问题，非税收入的实施不像"分税制"那样清晰、规范，造成了中央与地方博弈、地方各层级政府间的博弈。

现实中产生了权利界定不清，统一所有常常演变为部门所有或地方所有，导致国家作为所有者的权益遭到不同方式的"侵蚀"。中央与地方政府的分权过程中，不可避免地遇到"分产"或"分利"问题。中央政府放权让利的结果，造成了二级、三级代理人（省、市地方政府或更低层级的地方政府）通过转让国家所有的各类公共资源产权而获利，而且这个获利的过程中还夹杂着不少暗箱操作以及权力设租、寻租等违法行为。中央与地方的财政关系不完整，以至于像"土地财政"之类的问题陷入剪不断理还乱的纷争之中。

在公共产权政府间管理体制改革方面，通常有两种思路：第一种是改"统一所有，分级管理"为"国家所有，分级产权"，即国务院或全国人大为终极所有者，所有者给地方"确权"，如委托、转让和承包等，进而形成地方的产权，让地方拥有部分收益权；第二种是改为"两级所有"，即将资源按其重要性程度来划分类别，由中央和地方来分别行使所有者职权，中央控制涉及国民经济命脉、基础性、战略性以及跨区域分布的资源，地方政府拥有行政辖区内与地方经济发展相关的经济性资源。第二种思路在西方一些国家较为普遍，但在我国则涉及修改宪法，需要重新界定各自的所有者权限。从与法律和体制兼容的可行性来看，现阶段宜选择第一种模式。因此，中央政府应该通过管理、规范这个"分利"的过程，对于大量的公共资源、国有企业和行政事业单位资产等有相对清晰的责权利界定。针对公共资源收益"地方化"的问题，应加快完善分税制财政管理体制，将资源收益纳入规范的体制分配范畴。

地方政府在"分产"时，应注重地方治理过程中事权与支出责任相适应机制构建，并建立地方财政辖区责任机制。在明确公共事务治理责任范围的基础上，以公共品的重要性、受益范围，特别是公共服务大致均等化供给与分享等原则，明确划分政府间事权范围，或中央事权、或地方事权、或共同承担事权。在地方内部，即省以下政府之间也应进行同样的事权改革，分门别类、因地制宜，可把一些决策权下移到市一级或县一级，同时把一些执行权上移到市一级或省一级。进一步强化辖区财政责任，促进区域财政能力的均等化，落实主体功能区规划要求。

综上所述，我国应继续坚守"分税制"的方向，进一步调整政府间财政关系，建立事权与支出责任相适应的制度，构建分税、分产相结合的分级财政管理体制。

（二）建立并逐步完善政府资产负债表，摸清家底、明晰责任、防控风险

我国还没有完整意义上的政府资产负债表。目前我国全口径预算主要侧重于政府收支，这对预算的完整性来说是不够的，应全面将政府资产和负债纳入"全口径"管控。目前我国政府会计依据主要是现金收付制，难以从整体上准确判断政府的目前及中长期偿债能力。我国政府的负债方难以准确、全面反映各类隐性债务、间接债务，尤其是地方债务，资产方则存在难以准确估计土地、国有资源等价值难题。国内的马骏、曹远征和李扬等学者牵头编制的政府资产负债表的编制结构、评估价值相差甚大。窄口径的政府资产包括行政事业单位国有资产、国有企业资产和金融类国有企业资产和社保基金等，宽口径则还包括国有土地、自然资源资产和国有无形资产等。政府负债包括主权外债、中央财政及各部门债务、地方政府性债务（包括地方政府融资平台）、非金融国有企业债务、政策性银行金融债、银行不良资产和养老金隐形债务等。

按宽口径匡算，2011年我国政府资产净值为87万亿元，窄口径资产净值为21.6万亿元。大量土地、自然资源的数量及价格难以准确预测，受多个因素影响，变现能力也存在不确定性。我国公共产权的价值量较大，相当长时期内我国发生主权债务危机的可能性极低，但是我们的流动性、结构性风险依然存在。

当前应推动国家资产负债表从局部到整体、依据权责发生制编制，有助于推进国家治理能力的提高。通过公共产权改革及预算管理，推动市场化改革和政府转型，使资产与债务显性化、透明化，进一步调整经

济结构、降低系统风险。当前应严禁地方政府违法违规举债，但应赋予地方政府规范的、透明的及适度举债权。地方政府在摸清家底的同时，可以统筹"公共产权、举债权"，进行存量债务风险缓释、化解。此外，有机结合"事权、财权"，优化财政支出结构、绩效，进一步完善政府间财政关系。

二 整合、重构新建独立的公共产权预算，形成全口径预算体系

（一）公共产权预算收入来源及范围

根据宪法和《物权法》，我国矿藏、水流、海域、森林、山岭、草原、荒地、滩涂和无线电频谱资源等都属于国家或集体所有，都属于公有制的重要基础和公共产权的构成部分，其收入主要体现为所有者或所有者代表的收入，是公共产权预算收入的主要来源。

政府所有的收入都可归为公共收入，包括税收收入和非税收入。同时，政府兼具公共管理者、公共产权行使者/所有者代表双重身份。税收收入是政府根据国家权力强制性、无偿性获得收入，非税收入中很大一部分收入则是所有者的经济权利或产权带来的利益。由此，又可将公共收入分为公共权力收入、公共产权收入两部分。严格意义上讲，公共产权收入不同于西方国家的预算体制，应将产权收入、税费及经营主体的利润进行有效区分。

公共权力收入包括税收收入、部分非税收入。其中，非税收入包括工商、司法收费、部分政府性基金、罚没收入和捐赠收入等。公共产权收入包括国有资产收益、国有资源有偿使用收入、国有资本经营收益、部分政府性收费、部分政府性基金（如土地出让金）和特许权收入等。其中，特许权与公共权力（行政管辖权）相关，但主要源于资源性载体或无形资产，包括广告、证照牌号拍卖收入、无线电频道收入、烟草及盐业特许收入和免税商品等特许收入等。这些是指从公共产权中分解出来的使用权或经营权的授予或让渡，通过市场机制或准市场机制产生的经济利益，可归为公共产权收入。

（二）有效区分产权、税费、利润

当前，应改变公有、公用及公营模式，健全市场竞争机制和要素价格形成机制，实现资源要素的市场化改革，充分体现公共产权收入，将产权、税费及利润进行有效区分。

如果一些个人或企业低价或无偿占有要素资源（公共产权），实际上，要素的租金或产权收益无法得到充分体现，即公共产权收入中部分或全部进入了个人口袋或企业的利润。如果是国有企业占有了这部分资源要素，同样会面临虚增利润、不公平竞争及内部人分享剩余索取权等现象。尤其是早期很多国企低价或无偿获得了一些优质的土地、矿产及特许经营权，随着经济发展，这些资源价值进一步凸显。这在垄断性国企，如石油行业、电力、电信行业和烟草行业等行业非常突出。如果是私人或民营企业低价或无偿占有了这部分要素资源，相比较而言，可能在利税上对国家贡献上更差一些，对社会福利损失更大一些。这将直接导致公共产权收入下降，虽然也有部分进入了税费，但是总体收入流失了绝大部分，全民收益共享无法得到有效体现。此外，也会造成生产性活动下降，寻租腐败、权贵主义盛行，扭曲经济和产业结构，不利于公平的市场经济体制构建。故此，应相对清晰界定产权，强化公平竞争和要素资源价格形成机制，有效区分产权收入、税费及利润，不可混为一谈。

（三）统一归集，整合新建公共产权预算体系

现实中，我国的公共资源产权收入大都进入了非税收入、政府性基金预算。有的出让收益作为专项收入（比如矿产资源专项收入，包括矿产资源补偿费收入及探矿权采矿权使用费收入及探矿权采矿权价款收入）纳入了公共财政预算，有的纳入了政府性基金预算（比如国有土地使用权出让收入、新增建设用地土地有偿使用费收入、煤炭可持续发展基金收入等），有的则游离于政府预算管理之外。我国将国有土地出让收入纳入政府性基金预算，但从性质而言，土地出让收入是公共资源产权收益，与其他政府性基金收入性质不同。因此，建议将土地出让收入从政府性基金预算中独立出来，放入新设置的"公共产权预算"体系，并将其他类型的公共产权收益均纳入其中。

国有资本经营预算并不包括国有金融类企业。国有金融类企业经营收入和国有资产（资源）有偿收入在公共财政预算（一般预算收入）的非税收入中核算。国有资本经营预算收入主要来源于国企的税后利润，2012年中央和地方国有资本经营预算收入仅为1495.9亿元，其中，中央国有资本经营预算收入为970亿元。

相关各预算之间分类、关联并不明晰，可以考虑统一归集，形成相

对独立的公共产权预算，实现公共产权收入的全覆盖。可以考虑将部分公共财政预算中的非税收入、部分政府性基金预算项目调整出来，与国有资本经营预算一起合并为公共产权预算。其一，在公共财政预算中，尤其是非税收入方面，部分预算收入纳入公共产权预算收入。如专项收入（2014 年预算数为 425 亿元）中的矿产资源补偿费、探矿权采矿权使用费及价款，国有资本经营收入（2014 年预算数为 1280 亿元）中的金融机构分红、国有资本经营收益调入等，国有资源（资产）有偿使用收入（2014 年预算数为 210 亿元），石油特别收益金收入等。其二，政府性基金收入预算中的一些国有资源特许收入也可纳入公共产权收入预算。如彩票公益金收入（2014 年预算数为 468.36 亿元）、长江口航道维护收入（2014 年预算数为 5.69 亿元）、无线电频率占用费（2014 年预算数为 39 亿元）、烟草企业上缴专项收入（2014 年预算数为 375 亿元）和铁路资产变现收入等。此外，列入地方政府性基金本级收入的国有土地使用权收入通常也达到数万亿元，在许多地方成为当地政府的"第二财政"，甚至超过了一般预算收入。如 2013 年国土资源部公布的土地出让合同价款为 4.2 万亿元，财政部 2012 年国有土地使用权出让收入决算数为 28517.82 亿元，包括国有土地使用权出让金收入 26652.40 亿元、新增建设用地土地有偿使用费收入 773.24 亿元、国有土地收益基金收入 897.32 亿元及农业土地开发资金收入 194.86 亿元。其三，将国有资本经营预算收入全部纳入公共产权收入预算，包括利润收入，股利、股息收入，产权转让收入，国有股权、股份清算收入等。即建立相对独立的"公共产权预算"，逐步将部分非税收入、政府性基金收入等调整进来，整合国有资本经营预算收入、整体并入。建立原预算中用于提供基本公共服务以及主要用于人员和机构运转等方面的项目收支转列一般公共预算。

（四）形成完善的全口径预算管理体系

以建立公开、透明、规范及完整的预算体制为目标，切实改进预算管理制度，建立包括政府公共预算、公共产权预算及社会保障预算在内的全口径政府"复式预算体系"。其中，政府公共预算由一般预算、基金预算及债务预算构成，尤其应将政府性债务也纳入预算之中。加强构建各个预算之间的有机衔接，建立规范、明确及透明的资金往来渠道，也可建立其他的特别预算或专门预算。统一在预算这个大盘子中，形成具体细分而又总量有数的政府预算。

政府收入都应纳入全口径预算管理，建立相对独立而又统筹协调衔接的预算体系。全口径预算管理基本内涵就是政府的收入、支出应全部纳入预算管理，接受人大的审查和监督。从"完善立法"入手提高各项政府收入，尤其是各种专项收入和政府性基金的立法层次，通过税费改革等措施调整、整合及规范各类政府收入。所有政府收支都应由财政部门统揽，所有政府收支规模、收入筹集及支出用途都必须由各级人大授权，接受人大及社会公众的监督。但如何在坚守"分税制"的同时，清晰、明确地界定及划分各级公共产权收益也是一个难点，这需要统筹、协调好中央与地方及地方各级政府间利益分配关系，尤其是在后续改革中要均衡各级政府的财权、事权与产权。

建立基于权责发生制、涵盖政府资产负债表在内的政府综合财务报告体系，是改进预算管理制度的一个重要基础。应从局部到整体、循序渐进不断完善。通过公共产权改革及预算管理，推动民生、法治及阳光财政建设和政府转型，有助于公有制与市场经济兼容、全民收益共享。

三 更为直接体现公共产权收益的公共性、公平性

公共产权的收入散落在非税收入、地方政府性基金收入等预算中，总金额看似不大，但是归集起来则显得非常庞大，初步估计这部分预算收入在5万亿元以上（考虑土地、矿产资源，各类央企、国有金融企业、地方国有企业等），约占公共财政收入的50%左右。如何协调好各方利益、提高各方积极性，统筹好公共产权收入，众所周知，我国的资源分布不均衡，资源禀赋差异必然导致公共产权收益的差异。矿产资源在东西部差异大，即使在西部不同地区也差异很大。土地在沿海和内地、中心城市和中小城市之间价值也差异极大。在考虑生态、环境等外部成本的补偿后，应适当提高公共产权收入的统筹管理级次，适当调高中央和省级财政分享比例。在过渡时期，应加大中央对公共产权收益统筹调节，以避免不同地区资源禀赋差异导致经济社会发展失衡扩大。即考虑完成本（含环境生态成本）后，应协调好中央、地方、集体和农民等多个主体的利益关系，并充分考虑公共产权的全民收益共享性、代际关系公平性等。

就财政预算管理而言，则需要提高预算透明度，打造阳光财政、透

明财政。就公共产权预算而言，则应是"民生财政"为导向，明确预算的支出范围和重点，加强统筹协调。公共产权预算要具有公开性、透明度、完整性、事前确定、严格执行、追求绩效和可问责。

应统筹使用的资金列入一般公共预算的机制，加大公共产权预算资金调入一般公共预算、社保预算的力度。当公共产权预算有结余时，可以依照相应的规定和程序流向公共预算、补充公共预算缺口，但主要可以考虑与社会保障预算进行衔接，当然，社保的资金缺口也可由公共产权预算进行补充。随着中央和地方事权关系的调整，有必要加大中央对公共产权收益统筹调节。在预算支出安排上，要更大比重地用于保障和改善民生的教育、卫生、社保、就业和环保等支出领域，以更好地体现公共资源收益的全民共享（或集体所有的所有成员共享）。

建议将公共产权收益部分定向用于建立一项全民标准均等化的"国民基础社会保障包"制度。通过转持给社保基金等产权社会化方式能更好体现全民受益，从而实现国有企业等公共产权或国有资产"人民主权"的真正回归。从促进人口自由流动、保障国民基本社会权益、带动资源优化配置和生产率提高的角度出发设计并实施。也可以建立"全民受益权信托基金"，构建一个全民所有权不变、收益权为全民共享的制度安排，具体分享方式可以再做安排。

简言之，在预算支出方面，让广大民众更大范围、更加直接以及更加公平地分享公共产权带来的收益。如何管好、用好这些钱，体现出产权的权益性、公平分享性是一个非常棘手而复杂的事情，这需要与公共治理、行政体制改革及财政体制改革结合起来。

第五节　小结

公共产权改革是社会主义与市场经济有机联系的桥梁，是公有制与市场经济兼容的纽带，也是公有制实现形式的依托。社会主义的最终目的是保障社会公平正义、推动人民共同富裕及促进个人全面发展。应全面认识公有制，更注重流量管理、价值管理。公有制与市场经济结合，需深入改造公有制的载体、主体及运行机制。在基本经济制度框架下，应全面重构公共产权制度，注重公有制基础上产权改革的完整性、正当性、公平性及效率性。在"国有公产—国有私产"以及 SGPB（结构化—治理—绩效—预算）的改革框架下，进行区别对待、分类改革及差别监管，更注重系统推进各项改革。

公共产权改革应注重良法善治、公私融合及改革创新。欲达到善治，首先必须实现善政，应全面提升治理能力。公共产权界定要相对清晰，产权行使更凸显公平竞争、规范利用，以更好地对接市场、融入市场，但收益分配上更为体现公共收益共享的直接性、公平性。同时，公共产权改革要注重主体多元、有效竞争和治理，运行上要注重商业模式、经营模式要创新，分类、差别性提高结构化程度。

公共产权改革是当前改革的难点和重心，其重点应实现三个分享：公私所有制应公平竞争以共赢分享市场，人力资本应充分激励以合理分享剩余权，公共产权收益应全盘纳入预算以为全民平等分享。同时完善公共产权制度的三个机制：全面覆盖、权责分明的管理机制，平等竞争、激励相容的市场机制，公平分享、和谐共富的预算机制。通过加大公共产权改革力度，更好实现公有制与市场经济兼容、人民共同富裕。

在当今社会，民主化、法治化及市场化改革步伐不断加快，公私产权改革不应局限于对立思维，也不应局限于产权改革本身。所有制实现形式都应注重产权结构化改革，以竞争与效率导向，注重融合共进、治理机制完善。公共产权改革应有效对接市场经济同时，有效衔接行政体制改革、公共财政体制改革。正确处理好政府、市场与社会之间的关系，完善政府间财政关系。在合理划分事权基础上，统筹好"税权、公共产权、举债权"三者关系，构建民生、法治及阳光的公共财政。

第八章 关于我国公共产权重点领域的改革设想

第一节 完善农地产权改革的建议

一 回顾与改革思路

农村土地与农民收入密切相关，也是农民最重要的财产性收入来源。农民土地收益来源大体上分为三部分。第一部分是农业生产收益，主要是从事农业生产或种地收益，这部分收益主要来源于国家补贴和农产品收入，对大多数"人多地少"的农村家庭而言，总体收益是微薄的。第二部分收益是农地流转收益，例如转包给他人，这部分的收入主要包括国家补贴、转包收入等，总体也很小。第三部分是农地非农化收益，主要是开发房地产、盖工厂等方面衍生收益，可能的收益来源于征地补偿、集体分红和资产持有收益等，这一部分收益与工业化、城市化有密切关系，对农民收入贡献最大，但这种"级差地租"引发的社会矛盾也最多。通常而言，农地非农化收益最大，农业生产收益、农地流转收益都很有限。当然，农民可以进城打工或创业获得工资性、经营性收入。提高农民收入、解决"三农"问题，必须面对土地征地、流转、农地非农化和农民变市民等一系列问题。

1958年所建立的城市、农村两种户口的城乡二元体制，成为传统计划经济的重要基础，但也将农村居民降为"二等公民"，长期以来限制人员、要素（土地）流动一直到今天还没有重大突破。近年来，农民在购房、就业、创业和社保等方面因为农民身份、户口问题而遇到各种障碍。给农民另类身份，源于所有制关系的不同，严重的机会不均等，严重限制了农民收入增长（刘尚希，2012）。农民的土地财产权未能得到有效体现，使用、收益及保护都存在限制或歧视，经济发展的受益程度也不够。

简单回顾农地产权存在的问题就是：产权界定不清晰、产权流转和交易受限制、产权收益分配不公平及产权保护不严格，其根源在于城乡分割、限制生产要素流动及财产权不完整，这与我们对产权认识不足、公有制固化思维、法律法规与经济层面有偏差等均相关。我国农地制度凸显产权主体模糊、产权代表人越位、所有权优位于承包经营权和承包经营权缺乏稳定性等缺陷与不足。土地承包经营权流转的限制性因素则表现在城乡二元分割的户籍制度、非均衡的社会保障制度，以及偏低的农业比较收益率与缺乏保障与稳定的承包经营权等。在上述综合因素的影响下，使得土地流转不顺畅，易受到基层政府、村集体的干预。城市化和工业化推进过程中的农地制度安排不合理导致了农民在土地增值的利益分配格局中没能得到合理的价值补偿，从而诱发了各种征地拆迁矛盾、不合规产权交易等。在现有框架下，集体和农民个人之间的产权关系长期模糊不清。集体和农民个人各自拥有哪些土地产权权利、如何分享土地利益及权利如何实现呢？

收入差距拉大、权益无法得到有效保护和均衡，源于农民土地财产权残缺和制度安排失当。农民并不是市场自然发育和权利平等博弈的结果，而是城乡隔离的二元体制和户籍管理制度的产物，是对公民权利歧视和分级的产物。如果简单提高征地补偿、无上限的补偿会在城市周围出现一个个暴富群体，造成新的不公，如何平衡集体内部成员的利益，如何平衡城郊与偏远地区农民巨大收益差距？如处理不当，农村土地作为集体所有制实际上也存在"名存实亡"之虞。

那是不是转向有些专家提出的废除集体土地所有制，实行农村土地私有制呢？从理论上讲，土地私有制可以解决集体土地产权虚置、使农民有了完全的土地产权。这样土地私有制可以保护农民利益，提高规模化效率。但是，我国"三农"存在很多特点，譬如，人多地少、农业自然条件的弱质性和农民自治能力以及权益保护能力差等多个问题。土地私有制会很快导致土地兼并、农民贫富两极分化，特别是面对庞大农民群体（8亿农民，含2亿多农民工），很容易造成"三无"农民（无地、无业、无社会保障）大量增加，大量存在"羊吃人"的残酷现象，诱发社会动荡。实行土地私有制，则可能带来十分重大的经济、社会及政治风险，造成新一轮不公。当前的关键是，如何在现有产权制度安排上切实保障农民产权利益、维护集体权益。

　　未来农地产权制度改革的方向是：坚持农地公有制性质不变为前提，在遵循规划和用途管制基础上，赋予农民个人更完整的农地使用、收益和处分权，强化公私合作、利益分享。同时，完善农地集体所有权和集体功能，提高农民收入、壮大集体经济及推动"三农"问题解决。当前，应当在现有宪法框架下，坚决反对简单化的土地自由流转甚至私有化。应更注重土地产权的分解、流转、利用及资产化，明确各类产权主体、完善产权客体（承包经营权、使用权和他项权利）及各项权能边界，提高产权的组织化程度和效率。农地产权关系是权利主体围绕农地形成的人与人之间的财产权利关系，包括国家、地方政府、农民集体和农民等权利主体之间的关系。集体和农民个人之间的农地权利关系是整个农地产权关系的基础。此外，必须考虑耕地保护、粮食安全等问题，以及保持农村稳定、农民增收这一个重要使命。当前，应在 SGPB（结构—治理—绩效—预算或利益分享）的产权改革框架下，强化土地产权结构化、构建公共治理机制，使经营性建设用地由行政主导转为市场主导、公私合作主导，建立兼顾国家、集体及个人的土地增值收益分配机制。

二　相关产权改革建议

（一）修改相关法律法规，体现实体和程序正义

　　进一步强化两类平等：即农地的各种权利或产权的平等性，农地所有权和国有土地所有权的平等性。所有权不能随意超越使用权或其他产权来行使，国有、集体所有都是平等的，应受到同等法律保护。对各级产权主体、产权行使程序和方式和权责利等方面进行清晰界定，尤其是要清晰界定集体范畴。明确国家、集体及农民三者相应的产权主体地位，并从法律制度安排上予以确认、规范和保障。

　　进一步明确农民的财产权，程序上进一步细化和规范。明确土地承包经营权、使用权及他物权可以依法转让、抵押和继承等，允许农民以承包经营权等方式入股。确保农地征用或流转或交易中相关利益主体的知情权、参与权和合理的控制权及处置权，完善产权救济机制。完善农村合作社、集体组织的相关法律法规，解决主体资格、股份确立方式、成员权和分配方式等。

（二）尽快完成确权（三权三证）、统一土地权属管理

建议各地设立土地权属登记中心，进行确权、登记及颁证。目前，应通过确权方式明确农地权属和法律效力，以让农民获得完整的"三权三证"。三权就是农民承包土地的经营权、农民宅基地的使用权及农民在宅基地之上的自建住房的房产权，对应的三证是农民承包土地的经营权证、农民宅基地的使用权证及农民在宅基地之上的自建住房的房产证。此外，建立覆盖县、乡、村三级土地纠纷调解仲裁体系，促进农民土地经营权依法、自愿及有偿流转。

（三）赋予农民更多财产权利，培育土地使用权流转市场

农地核心是土地财产权，包括抵押、处置及最根本的交易权。结合当前经济、社会及法学发展，可以考虑丰富或修改"土地承包经营权"内容，如以"农民土地持有产权"等概念替代，完善农民在一定年限内对集体所有土地依法承受、持有利用、收益分配及有序流转的结构性权利。

赋予农民更多财产权利，探索增加农民财产性收入渠道。在集体经济中，让农民获得对集体资产股份占有、收益、有偿退出、抵押、担保和继承权等。在农民自持土地产权中，赋予农民使用、收益、流转及承包经营权抵押和担保权能。

加强村民自治组织的民主管理，推动改革农村宅基地制度，切实保障农户宅基地用益物权。基层政府与村集体加强合作，改革宅基地审批制度。稳妥推进农民住房财产权抵押、担保及转让，探索进城落户农民在集体经济组织内部自愿有偿退出或转让宅基地。

此外，可以健全用益物权、他项权利制度，如空中权、地下权、土壤改良权、种植权、养殖权、放牧权和休（复）耕权等。允许农民以承包经营权等各类用益物权和其他产权形式以入股、折股等方式开发实体经济。鼓励农民在公开市场上向专业大户、家庭农场、农民合作社及农业企业流转各类土地产权，形成规模化、产业化的新型农业经营模式。

建立"依法、自愿、有偿"的土地流转机制，推动农村产权流转交易公开、公正、规范运行。特别要防止一些工商资本到农村介入土地流转后搞非农建设、损害当地农民利益现象。不能采取强制手段，不能采用"少数服从多数""村长代理"等方式强行换地、收地等，不能直接

收回农民的土地承包权，或重新发包土地。建立农村产权流转交易市场，逐渐敞开转让、租赁和抵押等多种方式进入市场流转的路径；开展"土地换股权"、安徽"土地流转信托"和重庆"地票"等尝试。建立城乡统一的建设用地市场，以权利平等、放开准入及公平分享为重点，促进土地利用方式和经济发展方式转变。

（四）完善农地所有权、集体成员权制度

进一步明确集体性质的身份、权力内容及行使程序。在现有基础上，集体可以适当扩展，可以在原来村集体基础上，明确农地所有权法人主体为股份合作社，社员代表大会为法人最终意思表达机构。可以土地承包权或资金入股合作社，合作社会可以将土地外租、自营或合作开发。对于进城的农民，要保障其产权利益基础上，合理地设置退出补偿机制。

充分保障农民集体经济组织成员权利。农民或社员享有股份退出处置权，原则上个人股份实行最高比例限制并接受股份合作社全体成员的监督。农村土地集体所有制明确界定为农民按份共有制，农村集体经济的每一个成员都拥有按份分享农地所有权的权利，农民按份共有的农地权利可以合法继承或转让、抵押和赠送等，在实施过程中应充分考虑代际与可持续发展。

（五）多方积极参与土地规划和用途管制，加快推动农村集体经营性建设用地入市

彻底放开农村土地所有权或放开农地非农化是不可取的，我国还是应坚持对土地规划管理和用途管制，但应在现有基础上进一步优化。几乎所有国家都规定农业用地不经许可，不可随意改为非农业用途。事实上，即使土地私有制主导的美国、日本等绝大多数国家都拥有土地征用权、土地规划权和土地征税权，保留了大量的农地控制、管理和收益权利。农村土地改革必须在符合总体规划、耕地尽量不减少的情况下，建立城乡建设用地置换机制、推动农村建设用地流转，让农民获得完整的农业开发权或经营权。

进一步健全土地利用规划体系，转变土地利用计划指标模式，政府、集体及农民几方联合起来推动编制乡镇、村土地利用规划，与社会经济发展、产业布局、土地专业化与规模化经营紧密结合。彻底消除通过用途管制制度形成农地转用的城乡二元结构，农村土地在符合土地利

用规划的前提下，完善农村集体经营性建设用地产权制度，赋予农村集体经营性建设用地出让、租赁和入股等权能。

（六）改革土地征收制度，加强公私合作、提升治理能力，各方共享农地发展权及收益

防止滥用公权、公权私用，建立与现代市场经济体制相适应的土地征收制度。严格限定土地征收的条件和范围，重新划定"公益划拨地"范围，详细列举公共利益用地的目录。一切经营性用地不得随意征收农地，农村建设用地获得和国有建设用地完全对等的权利，同时进入市场交易，形成城乡统一的土地市场。对于需因公共利益进行征收的土地，要缩小征地范围，规范征地程序，适当提高征地补偿标准，完善对被征地农民合理、规范及多元保障机制。此外，对于公权机构划拨土地及其划拨土地之上的房产进入市场，也要进行补差或征税，防止国家土地产权收益流失。对于国有土地加强土地出让收入征管，调入公共预算统筹安排使用，进一步提高资金使用效益。

在严格规划和用途管制下，加强政府、集体及农民三方合作，共享农地发展权（land development right）。从农业用地转向工业、商业及城市住宅用地后，土地价值迅速攀升。土地发展权是一种未来土地使用性质权益变更的获利性，它是一种不动产的物权。地方政府、集体及农民都不应只盯着农地级差收益这一单一来源。不能简单的以让农民更多地获得补偿款为目的，关键在于重塑国家、集体、农户有关土地产权的合约，以个人利益为基础、公私兼顾，以共同富裕为目标，形成多个交易渠道、合理分享级差收益。

提升公共治理能力，强化政府、集体及农民多方合作，形成良好的"公私合作伙伴关系"，让各方均最大化分享收益。以深圳市"两层算账整村统筹"土地整备新模式为例。该模式以村集体性质的社区股份合作公司为实施主体，政府提供规划、政策、配套支持以及资金统筹，社区来统筹解决辖区内建筑物拆迁、安居民置和物业管理等问题。政府与集体算"大账"，社区与内部成员算"细账"。政府综合利用规划、土地及相关政策，与农村集体经济组织（社区）直接协商谈判，明确政府与集体的利益分成。这种公私合作方式调动了村民自身积极性，社区自行厘清土地历史遗留问题，清拆违法建筑，自行协商补偿分配方案等，政府只是起专业指导作用。打破了传统土地整备以政府为主导、强

行征收的模式，转为多方协商共治，既能减少社会矛盾，又能快速推进项目，实现社区与城市"双赢发展"、各方利益多赢的局面。

建立与现代社会发展相适应的土地财产税制度，形成公平共享的土地增值收益分配制度。合理确定中央、地方、集体及个人收益比例，如采用累进制、分段式分享和分成等多种方式。建立财政转移支付同农业转移人口市民化挂钩机制，提高土地利用率。

（七）加快构建新型农业经营体系，统筹居住、就业、社保

坚持家庭经营在农业中的基础性地位，创新集体经营、企业经营和合作经营等多种经营方式。鼓励农村发展合作经济，坚持规模化、专业化及现代化经营，发展壮大集体经济。引导资本、企业输入现代生产要素和经营模式，进入现代种养业等领域。

可考虑建立可持续性发展机制，将土地收益的一部分归集体所有，发展各种合作制的集体经济。部分收益主要用于安置村民就业、社会保障及未来转型发展。如依托增减挂钩政策，引进市场投资主体，让农民免费拥有一定面积住房、自持物业，并享有城镇社会医疗、保险保障和集体福利，同时，形成部分集体物业与资产。以此，农民个人获得更多收益、长期性保障的同时，集体亦可得以发展和壮大，对社会稳定发展也具有促进作用。

鼓励农村创新发展合作经济。可采用农地股份合作社的形式重塑农地产权，充分发挥股份制和合作社的优势。集体农地为集体组织法人所有，而集体组织成员对集体农地享有股权或社员权。但农业合作组织应坚持以农民为主体，尊重农民为意愿，以农民自主、自治及自助为特征。政府大力扶持和引导，允许企业和社会组织在农村兴办各类事业，允许财政资金直接投向符合条件的合作社。

（八）加快推进相应配套改革

推进农地产权改革是一个系统工程，必须加快推进城乡要素平等交换和公共资源均衡配置，加大金融支农力度，改革农业补贴制度，完善农业保险制度，统筹城乡基础设施建设和社区建设。

目前，应降低城市化成本，坚持走新型城镇化道路，而非简单地让农民获得更多的土地转让收益。近些年，巨大的城乡土地级差收益，造就了部分城郊农民已成为因城市化扩张而获益的既得利益集团、"食利阶层"，也造成了在公有制大体系下对远郊区农民的不公，同时，必然

增加城市化成本。政府应进行系统的制度安排，加大公共服务和转移支付力度，同时，通过房产税、财产税等调节财产收入、控制房价，补充和培育地方政府的税源和财力、加大民生（含社会保障）投入。

第二节　完善自然资源产权改革的建议

一　回顾与改革思路

自然资源是指自然界中对人类有用的一切物质和非物质要素，包括土壤、水、生物、矿产、气候和能源等资源。与一般财产有所不同，自然资源作为天然的财富，除具有经济价值外，还具有生态价值，必须充分考虑其产权效率与公共利益。在我国，矿藏、水流、森林、山岭、草原、荒地和滩涂等自然资源，都属于国家所有；由法律规定属于集体所有的森林和山岭、草原、荒地及滩涂除外。相当多的自然资源资产具有特殊性，很难用货币价值计量。我国自然资源分为国有公产、国有私产。如湖泊、海滨、自然保护区和国家森林公园等，这类专供公众使用的开放性国有自然资源，称为国家公产。如森林、草原和矿产资源等其经济价值相对突出、进入市场的自然资源称为国家私产。这些资源定位不同，适用的法律有区别，产权改革方式也不同。一些国有资源产权流转处于无规则或"无主"的混乱状态以及低效率状态。

但如何让市场主体，包括企业和个人来公平且有效地使用这些公共资源呢？在一个相当长的时期内，我国对资源的配置、利用和保护基本采用行政手段，造成资源的产权缺乏市场化机制、缺乏流动性和结构化。简要回顾自然资源产权市场存在的主要问题就是：所有权排他性弱、用益物权获得与行使不规范且市场化程度低、产权收益分配不均衡、资源环境破坏严重、资源利用效率低以及贫富差距大。长时期内，我国对资源的配置、利用和保护基本采用行政手段，公产私产不分、公权私权混用。自然资源领域的改革呈现碎片化与多轨制、沿袭计划经济等特征。我国公共资源领域一直存在"公共所有、政府管制"的计划供给或混合性供给模式，公权依然处于主导地位。自然资源领域的一个重要特点就是"占有替代所有"，行业主管部门、地方政府代表国家占有资源，掌握资源支配权力。公共资源全民所有制异化为地方所有制、部门所有制，造成国家所有者主体虚置。

如何有效协同公权与国有私产，建立一种政府与市场"对接"的机制，使自然资源的配置达到最高效率是一个难题。自然资源产权改革的重点应放在管理主体、产权主体的责权利重构上，落实"人格化"的所有权代理机构或产权行使人。核心是明晰自然资源产权及各项权能边界，完善定价机制和自然资源资产化，落实收益分配机制。当前，我们应在 SGPB（结构—治理—绩效—预算或利益分享）的产权改革框架下，强化自然资源产权结构化、公共治理机制、公共利益保障和收益共享，协同好公法与私法，实现经济、生态及社会效益有机统一。

二　相关产权改革建议

（一）公法与私法并重的立法

国家公产类的自然资源利用与保护应当适用公法规则，在保障公共利益基础上对其使用和收益应严格清晰约定。对于国家私产类的自然资源的利用和保护遵循公私兼顾的国家私产制度。作为国家私产的自然资源可以作为民法上的产权客体，按照市场化原则进行开发和利用，由此形成的法律关系主要受民法调整。对有偿使用自然资源的法律调整应该围绕"确权"展开，尽量减少直接行政控制和行政干预，按照私法自治、契约自由和自由竞争等民法理念进行调整。针对各类自然资源特性，并结合公产、私产性质以及是否进入市场，分门别类制定相关法律。即便是有些产权由公法创设（如排污权），具有公法上的物权属性，但这种物权的流转仍应遵循私法上的交易规则。资源法所调整的社会关系中既有行政关系又有民事关系，既关乎公共利益又涉及私体利益，资源法在性质上兼具公法与私法的双重性质。

在区分国家公产、私产基础上，清晰确权、规范出让或开发。完善资源出让或使用过程中的中央、地方及部门的责任权利。建立公共资源出让或使用评估、公示制度，健全社会监督机制。充分发挥企业组织和第三部门在资源有偿利用和资源市场中的积极性、能动性，保障市场主体的自主权和自由交易，推动和保障公众参与。

（二）理顺管理体制，完善政府规制

建立集中统一的资源性国有资产管理体制。可考虑国土资源部或特设机构统一行使资源性国有资产的管理权，整合水利、农业和林业等部门相关职能，建立从地面到地下、从陆地到海洋的集中统一管理体制，实现对自然资源的统筹规划。长期来看，自然资源与生态环境的高度关联性，有必要加强自然资源与生态环境管理的协同化、一体化，可以考虑按大部制原则，成立资源环境部或资源环境委员会，统一行使国土、自然资源、林业、农业和环保等职能。

全国人大代表全国人民行使所有者权力，下设专门委员会负责环境资源统一管理。授权由财政部门或特定部门作为资源性国有资产的公法人所有者代表，此外，理顺各主体（包括全国人大、中央政府、地方政府、企业、当地社区或农民）的权利、利益和责任关系。

优化政府对自然资源产权市场的规制，同时引入代理者的竞争机制。以经济性规制手段为主，兼顾行政性规制手段。行政性规制手段指政府直接使用行政管制手段对自然资源市场进行管理和约束，包括限价、进入限制、产品特征的限制和技术规制等；经济性规制手段指政府通过间接的经济手段进行规制和管理，包括费税手段、明确产权、补贴和押金—退款制度等。

（三）科学确权，集权与分权相结合、兼顾分利

要加强资源产权登记管理，对水流、森林、山岭、草原、荒地和滩涂等自然生态空间进行统一确权登记，形成归属清晰、权责明确及监管有效地自然资源资产产权制度。给地方"确权"，形成地方的产权体系。强化各级、各部门产权意识，按国家规定将产权收益上缴财政部门，纳入预算内管理，同时也适当分享相关收益。其中，重点要加强混合型资源（公共、私人）产权的登记管理，防止私人产权、公共产权之间的侵害。

对于产权边界模糊而难以界定、外部性很大的自然资源，如海洋水产资源、地下水和大气等，应继续以公共产权主体为所有者，主要由中央来统筹，可以不授权给地方政府。对于产权界限比较清晰的自然资源，如森林、草原和矿山等，管控主体主要为地方政府。对一些重要战略性资源、重大影响资源实行国家专属所有权，同时建立资源权利收益多级化的分配制度，通过合理分权及分利来形成一套中央与地方收益共享合作的制度。

（四）逐步建立健全公共资源价值化管理制度和公开透明的出让管理体制

结合政府会计制度改革，逐步建立健全公共资源价值化管理制度。

明确公共资源自然形成价值、投资形成价值的管理，并对公共资源价值定期进行动态评估。积极创新价值管理中的资源价值评估方法。目前已经形成资源资产评估方法包括净现值法、净价格法、基于资源租金的净现值法和使用者成本法等多种资源存量及资源损耗成本的估价方法。考虑建立权责发生制的政府综合财务报告制度，抓紧健全公共资源货币化确认计量、价值化管理制度。

建设资源产权交易市场和招投标统一平台。整合各类产权交易机构，成立公共资源交易管理委员会，组建公共资源交易中心。统一搭建集物权、债权、股权和知识产权等交易为一体的产权交易平台，建立统一规范、高效有序的公共资源产权交易市场。加快推进招投标体制改革，统筹各类招投标事项。

推进资源类产权的市场化配置和交易、合理的定价机制改革，确保资源的平等、公平利用。加快建立健全自然资源价值评估技术与制度建设，完善自然资源出让的"招、拍、挂"管理制度。对资源的价值进行科学评估，设定底价，同时，对外出让过程中要公开透明，不得随意设置"门槛"、排他性条款。建立有效制衡、相互监督的公共资源出让管理制度。大宗公共资源在出让之前应充分征求民意和专家意见。就出让范围、出让条件、受让主体资格和补偿方案等征询社会民意，尤其是要征询自然资源所在地及附近居住的居民的意见，避免因为自然资源出让导致社会矛盾频发。出让过程公开、透明，建立公共资源出让公示制度，健全社会监督机制。土地、海域和矿藏等资源的产权出让、流转，必须遵循法治化、制度化、透明化及市场化原则，减少或杜绝暗箱操作带来的内部人交易和以权谋私乱象。

在定价过程中，要充分考虑生态环境的保护、修复成本，全面反映市场供求、资源稀缺程度、生态环境损害成本和修复效益。从更广泛意义上看，商品的交易实际上是附着于商品之上的产权交易，商品的价格是产权的价格。所有定价问题都是产权问题，取得一项资源产权，同时负有生态环境等社会责任，其价格中应包含风险对价。资源开发的外部成本主要集中体现在资源破坏、生态衰退、环境破坏及区域可持续发展能力等方面。

创新公共资源出让方式，建立资源开发收益可持续共享机制。国家战略性公共资源的开发使用可以采取折股、公私合作经营等多种方式，以建立起公共资源开发收益的合理、可持续的分享机制。

（五）形成界定清晰、流转顺畅的多层次产权市场

根据自然资源的不同类别，建立多样性、多层次的产权制度。铁、煤和石油等耗竭性的不可再生自然资源所有权归国家所有；土地、水等非生物性的可再生资源所有权归国家与集体所有；生物性可再生自然资源，如森林、草地、鱼类和野生动植物等可构建多元主体所有。根据生态效益的大小安排所有权，对生态林、生态草地及珍稀动植物继续保持国家所有；对一般的生产性草地、经济林地等所有权，国家可通过拍卖或授权的方式转让给其他所有者。对一些非紧缺型土地资源，如沙荒地、荒山等，国家可以在规定其目标用途（如造林）后把其所有权拍卖，激励企业和农户的长期投资，避免这些土地的生态状况继续恶化。构造出国家、集体、企业、个人以及社会组织所有的多元所有权结构，以充分调动多方面的积极性，防止资源被滥用。把部分自然资源的所有权私有化，形成公权私权对接的产权混合市场。①

在使用权市场上，保障用益物权的获得规范性、交易或流转顺畅性。各个主体在公开市场以竞争性方式获得使用权或开发权，这一类产权可以在二级市场以多种方式配置。如租赁、入股、合作和拍卖等方式实现产权的优化配置，以达到效用互补、合意增效之目的。

（六）加强用途管制、空间规划，完善产权再配置机制，促进有序开发和利用

进一步健全自然资源用途管制、空间规划。建立空间规划体系，划定生产、生活及生态空间开发管制界限，形成包括重点开发区、限制开发区、禁止开发区和鼓励开发区，健全能源、水、土地节约集约使用制度。落实自然资源用途管制制度、规范的资源开发利用规划，杜绝无序开发利用，注重代际公平，严禁有关部门无序越权出让。

各类资源，尤其是不可再生资源，应从全球资源获得、国家经济安全等角度综合考虑，注意资源的开发布局、时序和技术等安排。根据经济社会发展的需求以及国际市场供求关系，形成一套由重要矿种目录管理、国家规划矿区管理等多项管理制度有机结合的宏观制度体系。严格

---

① 孙波：《公共资源治理理论研究的进展和评述》，《哈尔滨商业大学学报》（社会科学版）2012 年第 4 期。

审批、严格管理重要资源，根据实际需要进行增减调整。对于故意闲置、囤积重要资源，造成资源浪费、市场冲击的现象，可以考虑采用税费等经济杠杆规制，必要时，可以采用适当补偿基础上的产权赎回再交易。

国家出于保护环境或其他公共利益的需要，可以视情况对自然资源产权给予合理对价后征用，或者无条件、有条件收回。

（七）完善利益分配、税费改革和财政预算

我国应将矿区使用费、资源税和矿产资源补偿费等合并，统一从价征收权利金（royalty）。进一步理顺财税体系，由全国人大代表全体人民获得国有土地、自然资源的"权利金"，当地政府获得企业经营税收、负责生态环境的恢复和补偿，企业获得合理的利润。改进我国矿产资源生态补偿机制，譬如取消资源税，设立权利金，建立环境补偿税（费）体系等。

对于一些资源增值的超额收益，可以通过经济杠杆，如累进制、分段式税收方式进行个人与集体、国家（社会）的分享和分成。公共资源收益全部纳入预算，预算内容和预算过程必须公开透明。自然资源产权收益应收尽收，并足额及时上缴公共财政，这些收益应更多用于社会保障和改善民生，体现全民所有的权益。

第三节　完善国有企业产权改革的建议

一　回顾与改革思路

国有企业在世界范围内普遍存在，但是西方国家更多地将其视为一种公共政策工具，作为政府干预经济、参与经济的手段，西方国家的国有产权占比非常低，国有化和私有化根据形势和需要交替前行。这与我国的国有企业所处历史条件和发展形势有较大区别。

目前，我国国有企业改革的深度和难度空前加大。国有企业在国民经济中的地位已无法占据主导地位，从行业布局上看，国有经济布局过于分散，多集中在一般竞争性行业，且多家企业在同一行业同业竞争。截至到2013年年底，行业分布面达96%。从结构上看，目前仍有近2/3的国有企业及40%的国有资产分布在一般生产加工行业和商贸服务及其他行业。① 前一轮国有资产管理体制改革不到位，使多龙治水、政企不分问题没有得到根本解决，各级监管普遍存在"管资产、管事、管人"导致管得过多、过细和过死等问题。

在转轨经济中的"内部人控制"（Insiders Control）现象比较严重，出现国有企业的经理在企业公司化过程中获得相当大部分控制权的现象。② 一般对我国国有企业改革的批评，主要集中在所有者缺位、廉价投票权、一股独大、个人效用目标与社会目标的偏离、国进民退、效率低下、权力垄断和寻租等方面，私有化呼声一直不断。

客观上看，从 20 世纪 90 年代以来，我国国企改革已经取得很大进展。但无论是 MBO、管理者持股，还是股权分置、股票期权奖励，国企改革都以激励经营者、让其分享剩余权（剩余控制权与剩余索取权）为重要线索开展，无非是分享的路径、方式及力度大小不同而已。走出困境的关键是产权结构的改革，绕过产权问题进行国有企业改革是不现实的。

明确界定功能定位，采用不同的改革路径、运作机制。将国有企业在国有公产、私产框架下，对应分为公益类和商业类两大类。商业类国企包括竞争性国企、功能性国企，其中，功能性国企就是那些带有自然垄断性质、承担政策性业务的企业。商业类国有企业构成了国有私产，公益类国企介于国有公产和国有私产之间。商业类国有企业是以盈利为目的的一般民商法人，纳入国有资本经营预算范围，公益类国有企业主要履行社会公共服务职能、需要国家特许经营或给予财政补贴、担保，这类机构准确地说是公共企业，是特殊法人，全面纳入财政预算管理框架。

当前，应以管资本为核心，构建三层架构"出资人代表机构—国有资本运营或投资公司—国有资本出资企业（国有控股/参股企业）"，进行国有企业价值管理。改革国有资本授权经营体制，组建若干资本运营公司，改组形成资本投资公司。国有资本应服务于国家战略目标，更多投向关系国家安全、国民经济命脉的重要行业和关键领域。政府与企业

① 江龙：《新一轮国企改革：分类管理与分类监督》，《中国财政》2014 年第 18 期。
② 青木昌彦：《对内部人控制的控制：转轨经济中公司治理的若干问题》，《改革》1994年第 6 期。

保持"一臂之距",做"积极股东",减少行政干预,保障企业自主经营权,增强企业体制及运行活力。

总体来说,应在 SGPB(结构—治理—绩效—财政预算或利益分享)的产权改革框架下,坚持分类改革、分类发展、分类监管、因企施策,增强活力与强化监管相结合。各类国企的产权结构化程度、相应的治理机制有差别,但均应提升其绩效、保障全民收益共享。国有企业产权改革主要是加大产权结构化力度,形成立体化的多维的产权主体与权利客体,构建有效外部市场竞争结构和内部激励约束机制,达到有效的所有制实现形式的目的。国企产权改革也需顺应现代企业发展,建立人力资本产权与非人力资本产权共同参与企业经营控制和收益绩效分享的激励约束机制,从内部结构、外部市场等方面着手建立和完善基于多元利益主体共同治理、共同竞争的新模式。重点实现三个分享:公私所有制公平分享市场、人力资本合理分享剩余权及公共产权收益全民分享,以此来激发企业活力、创造力和竞争力,实现多方共赢、全民受益。

二 相关产权改革建议

(一)完善国有资产管理体制,构建三层架构治理,以管资本为主实行价值管理

改变九龙治水的国有企业监管架构,将大量游离在国资委监管范围外的国有资产汇集起来,形成相对统一的监管体系。可以授权让国资委、财政部等公法人直接作为国家所有权的法人。但是,国资委等出资人机构要"淡出"出资人代表职责,必须改革以往"管人、管事、管资产"的"老板 + 婆婆"方式,回归专业、超然监管者。

国有资本人格化仍需进一步深入推进,构建三层架构,即"出资人代表机构—国有资本运营或投资公司—国有资本出资企业(国有控股/参股企业)",各层功能定位不同。国资委等出资人机构只做专业监管者,淡出出资人代表职责,由若干新组建或改组的国有资本投资及运营公司行使出资人职责。监管机构将聘任权、考核权、薪酬权和投资决策权等最重要的权力彻底下放到企业董事会,监管到国有资本运营公司或投资公司层级,不再延伸监管。国资委或监管机构建立权力和责任清单,放管结合,重点放在章程管理、战略管理和预算管理等方面。国有资本投资或运营公司主要从事资本投资运营,不直接干预出资实体企业

的经营活动，破除行政化管理、达到完全去行政化。国有资本运营或投资公司作为国有资本市场化运作的平台，对所出资企业行使股东职责，促进国有资本合理流动，优化国有资本布局结构，实现保值增值。

政府通过任命董事参与国有运营或投资公司的重大决策，并形成外部董事占多数的董事会结构，授予董事会充分的经营决策权。国有资本运营或投资公司的董事会部分任命采用行政任命方式，并接受社会和媒体公开监督，确保董事服务于公共利益。同时，董事会外部成员主要是市场化专业人士，包括私人企业高管等非体制内企业家、专家。国有资本运营或投资公司经理层逐步过渡到完全采用市场化方式选任、退出。国有资本运营或投资公司自行以市场化方式组建出资的国企董事会，以完全市场化方式选任职业经理人。其中，政府任命的全职董事可以保留公务员身份，但薪酬以公务员薪酬为基准适当上浮，并与绩效目标适当挂钩奖励，其他人员薪酬采取市场化薪酬。

国有资本运营或投资公司作为一个平台，侧重于宏观上、战略上的安排国有资本布局，聚焦于战略性投资或以资本收益最大化投资，"有进有退"。主要投向关系国家安全、国民经济命脉的重要行业和关键领域，通过国有资本在所出资企业中的进入或退出，实现国有资本布局和结构的调整。一般竞争性行业则应加大股改、转换经营方式和治理模式，完全走向市场化，甚至有些行业"禁入"、有些行业则可完全退出。按照市场化规则选聘、管理下属企业，原来国有企业完全变成市场化经营主体，不再具有任何行政或"类行政"级别。

（二）清晰定位、分类改革、差别监管，加大混合所有制及产权结构化力度，形成竞争融合格局、激励相容体系

1. 合理分类、定位

在国有公产、私产框架下，将国有企业分为公益类和商业类两大类，开展针对性分类改革。其中，商业类国企包括竞争性国企与功能性国企两类，功能性国企就是那些带有自然垄断性质、承担政策性业务的企业。商业类国有企业属于国有私产范畴，公益类国企则介于国有公产和国有私产之间。

作为侧重于国有公产性质的公益性企业或公共企业，这类数量应控制在少数几个领域，并应将其商业性活动或市场化环节剥离出去。这类企业以国有独资或绝对控股为主，产权结构化要求相对较低，侧重于治

理机制安排。可以针对性开展立法、监管，采用"一企一制""一企一法"，确保企业活动始终以保障民生、服务社会公共利益为目标。

作为侧重于国有私产的商业类国有企业，承担商业功能和追求营利性经营目标，应加强产权结构化力度、市场化治理机制。一般商业性国有企业或竞争性国有企业，采用高度市场化运作方式，加大混合所有制力度，其股权结构应该由市场竞争规律决定，遵循优胜劣汰原则。对于部分特定功能性国有企业，既有商业功能，又承担了政策性功能，这类企业也应适当转型、加大混合所有制改革。股权结构以相对控股的多元化结构为主，根据发展需要再逐渐将这类企业转变为一般商业性国有企业。对从事一些普遍服务的国有企业，如供水、供气和供电等，应加大政府与社会资本合作或公私合作伙伴关系（PPP）模式推广，以社会资本为主导，形成多层次竞争，提升公共服务效率和能力。最终形成商业类国企的目标完全以营利性为主的单一性转变，走完全市场化经营道路。

2. 硬化预算约束、解决政策性负担及目标多重性问题

采取分离移交，改制重组等方式，加快剥离国有企业办社会职能，对国企在职、离退休人员实施社会化管理，妥善解决各种历史遗留问题。一般性竞争领域完全放开，各类企业遵循利润最大化和激励市场化的原则。国有资本考核及监管主要是侧重于公益性领域、政策性领域及自然垄断行业。对承担一定公共性社会目标的企业，将其目标多重性进行分离、分类应对，将垄断环节或承担社会职能环节的业务与竞争类业务有效分离、独立运作、单独核算及另行考核，设定相应的非营利性为主体的考核体系，也可以通过制度安排引入民间资本使各种所有制共同发挥作用并服务特定社会目标。对不能盈利的项目或领域，则通过公开竞标、合同授予方式，由政府给予相应补偿。如采用PPP、政府采购和国有民营等方式，在加强政府规制、严格监管基础上创新运营方式。

积极发展混合所有制经济，形成公平竞争格局。在宏观、中观层面上要形成竞争格局的产权结构，微观层面要形成具有活力和效率的各种产权形式和组织形式。进一步破除各种形式的行政垄断，同时要严格监管与自然垄断捆绑业务的垄断。一是要严格防止以自然垄断为中心的相关产业链条的垄断，二是以自然垄断为平台加载的竞争性业务垄断，对于这些业务要进行环节、业务分拆或独立核算。

3. 大力发展健康的机构投资者，加快推进混合所有制经济，形成多元化、社会化股权结构

国有资本、集体资本和私有资本等各种经济成分可以交叉持股、相互融合，注重引入基金等专业机构投资者，以形成混合所有制经济。逐步放开国企的员工持股、管理层持股安排。对于一般竞争性行业，可逐步采用在一级公司国有控股，二、三级公司由民营控股等逐次推进方式，逐步实现多元化股权机构和"宜控则控、宜参则参"的格局，实行完全市场化运作机制。

借助资本市场，结合国有资本定位，适度调整国有股权结构。对处于竞争性领域的商业类国有企业而言，借助资本市场以相对控股、参股为主，也可针对性全部退出。对于承担政策性任务、垄断领域商业类国企可以相对控股、绝对控股，但部分业务板块或增量投资部分可以参股。对于公益类国企可以独资，也可以控股。可以采用国有股协议转让、国有股回购、国有股配售、国有股放弃或部分放弃配股、增发新股、经营者认购股权、国有股转化为优先股和国有股转化为债券等多种方式。

尽快让国有资产整体上市流通，大力培育国有企业的战略投资者和机构投资者。改善治理机构，完善评估及定价机制，发挥"用脚投票"的机制。同时，大力发展基会、保险机构、信托机构和投资银行等专业性投资者。

坚持权利平等、机会平等及规则平等，形成公共产权与私人产权融合及有效竞争格局。进一步消除行政垄断，放宽垄断领域的民营资本进入壁垒，对存在垄断行为的企业进行规制或分拆，促进各种所有制企业获得公平竞争待遇，构建公私并存的竞争格局，形成"可竞争市场"。即使对于部分现阶段仍需国有控股领域，可以采用多个国有产权主体共治模式而尽量不要"一股独大"，如将部分公共产权划拨给社保基金或国有投资公司。鼓励国企与民营企业开展合作竞争，相互参股，建立混合所有制企业。鼓励国有资本以多种方式入股非国有企业，进行股权融合、战略合作及资源整合，以达到互利双赢。国企应在民营企业不愿涉足的高风险领域、市场失灵领域等起到拓荒者的作用，一旦达到市场化条件，再引入多种经济成分共同竞争或适时、适度退出。

4. 创新经营方式，大力提高国有资产流动性、证券化、产权结构化程度

推动国有出资企业的股权多元化改革，通过定向增发、向上市公司注资和剥离辅业资产等多种方式，实现整体上市。在国有资本投入增量中，可以不谋求控股、管理地位，而是搭私人股东们的"便车"，实现更好融合。统筹运用上市公司平台，加大对同行业兼并重组力度，提高国有资产证券化水平。

在经营方式、进入领域上应采用灵活的运营方式，注重流量管理、产权结构化安排。其一，通过股权转债权、转基金权以及优先股的方式实现转制和权益多样化，而将与风险对应的剩余索取权留给经营者或非国有者。当前，可以适当绕开所有制之争，将部分国有股权有条件转化为可转换优先股的方式，并按照法定条件与程序将设置优先股转化为普通股的触发机制，形成制衡的相机治理机制。其二，对一些具有公共效应或政策性较强的领域，可采用"政府支持企业"（GSE）、PPP（政府与社会资本合作、公私合作模式）、国有民营和"私有国享"等方式。企业以私人企业或混合所有制企业方式运作，政府可以提供必要的政策支持，如必要的授权、担保和补贴等，但必须保护私有产权权益、保障其独立自主经营。再比如，在"私有国享"方面，美联储基本属于私人出资，但治理结构充分体现公共利益，并且，美联储绝大部分分红都上缴给美国财政部。不管何种持股和运作方式，收益权的安排可以通过协议、法案等形式约定。即使是私人所有，但收益权一部分仍可上缴国家财政。其三，鼓励民营企业提供公共品及服务，形成多渠道、多层次的竞争格局，如大力推广PPP模式，同时，公有制在经营方式上可以实行公有民营、租赁或承包经营等各种产权结构化方式。实行以政企分开、政资分开、特许经营及政府监管为主要内容的改革。

5. 加大人力资本分享剩余力度，做好激励相容制度安排

稳妥、规范推进员工持股。国有资本投资或运营公司层面，现阶段可以暂缓员工持股计划、股票期权等激励机制，但仍要与绩效挂钩进行激励，如采用延期支付、虚拟股票等。对于国有资本出资企业，以增量改革为主，规范混合所有制企业员工持股，防止出现"平均主义"、福利主义。垄断行业、政策性业务强的行业应暂缓搞员工持股，先打破垄断、形成竞争格局和完善治理机制后，再行实施员工持股计划。

应鼓励科技人员、经营管理人员和业务骨干持股，不搞全员持股和平均持股。充分依托资本市场，规范国有资产评估、完善国有资产定价机制，坚持进场交易、竞价交易及阳光操作，确保公开透明，让法定程序和市场机制决定对价。采用渐进式、弹性化持股方式，进行初步试点、分阶段扩大员工持股比例。如早期可限定个人及其一致行动人持股比例不超过5%，根据情况再分阶段、附条件增持。此外，现阶段员工持股主要以增资扩股、出资新设等增量方式为切入点，主要依托于资本市场，条件成熟后再扩展。对于员工股权流动、股权退出等做出前瞻性规定，设置退出机制。

（三）健全运转协调、有效制衡、公开透明、激励相容的治理机制

注重部分关键性领域的金股制、分享控制权等制衡机制安排。国有股权依然可以保持参股或极少国有股，也可以采用金股制度等，必要时政府可动用"一票否决权"。分享控制权主要是以合同形式加以明确的对企业经营决策的否决权，这种否决权不同于凭借"金股"形式。

以"积极股东"方式做实董事会，形成外部董事占多数的董事会结构，授予董事会充分的经营决策权。对董事会充分授权，包括战略、投资、预决算、经理选聘及薪酬等权力。在董事会的人员构成安排上，适当地增加职工董事和外部独立董事，可以重点考虑行业类私人企业的高管，还要考虑其他利益相关主体（如债权人）的利益，可以考虑银行等债权人作为外部董事。明确股东会、董事长、监事会和经理层的职责，形成各司其职、协调运转、有效制衡的公司法人治理结构。在董事会内部引入委员会结构，使独立董事履行其在董事提名、审计、报酬和战略管理方面的职能，将目前监事会的职能侧重于外部审计。

加快发展职业经理人市场，经营者选聘实现市场化，加大经理人舞弊的机会成本，有效控制经理人的道德风险问题。建立经营者职业风险制度，逐步形成经营者的声誉机制，发挥声誉对经营者长期化行为的激励约束作用。

建立人力资本产权参与企业经营控制和收益绩效分享的激励约束机制，形成事业合伙人机制。进一步加强企业家人力资本激励与约束体系，以适当的形式（如与业绩挂钩的奖金、股权、期权等），给予经营管理人员以一定的剩余索取权，使其努力程度、风险与其自身的利益挂钩。通过适当的员工持股计划、股票期权计划、购股权计划和年薪制等

方式，促进人力资本股权化，形成真正的合伙人机制。同时，加大对经营结果的监控、考察和评估，要合理确定、严格规范管理人员薪酬水平、职务待遇、职务消费及业务消费。

完善考核及问责机制。从事竞争性、一般商业性活动的国企以盈利为目标，实行优胜劣汰、有序进退。从事政策性、社会重大职能的国企或业务板块的国企子公司，单独考核，并形成内部竞争与合作结合模式。从事公益性业务的国企以保障民生、服务社会为目标，但仍应引入多元市场供给、社会评价机制，提升公共服务效率和能力，根据情况有进有退。深化国有企业内部管理人员能上能下、员工能进能出及收入能增能减的机制体制改革，让三公经费、薪酬和福利等透明化，接受各界监督。建立长效激励约束机制，强化国有企业经营投资责任追究。

完善企业信息公开制度，加强社会监督，建设阳光国企。及时准确披露公司治理、经营情况、财务状况、关联交易和负责人薪酬等信息。董事会任命、高管任命、审计监督和财务报表等其信息公开的程度不得低于上市公司。对于公共企业或公益性企业，强化行政监督，同时，确保接受社会监督，确保与政府信息公开同步、完整，涉及国家机密等敏感信息经过论证和审批后可以不公开，但做适当说明。

（四）将国企纳入统一财政预算管理，重大决策经同级人民代表大会批准

公共财政对国有私产、商业类国企只承担有限责任，并根据需要选择减资退出或适当增持进入，纳入国有资本经营预算或公共产权预算。公共财政对国有公产、公益类国有企业承担连带责任，进行必要的补贴、担保，根据情况并入政府资产负债表。

采取差别化国有资本收益上缴制度。一般商业类国有企业，应该按照市场规范运作的方式、参照市场标准来确定国有资本收益上缴标准；公共政策性国有企业，可不要求有资本收益，例如，中国储备粮总公司、中国储备棉总公司这类公司是可以免交国有资本收益；特定功能性国有企业，可以基于其专营和垄断程度来确定其国有资本金收益上缴比例，垄断程度越高，国有资本收益上缴比例越高，反之，则国有资本收益上缴比例越低。

分别由人大、财政和主管部门对其进行全面监督，将国有资本运营或投资公司作为国资预算单位，加强与公共财政、社保预算的衔接。分

红比例、再投资等重大经营决策由国有资本运营或投资公司、各级人大批准。分类确定、适当提高国有企业的收益上缴比例，并划转部分国有资本充实社会保障基金。提高国有资本收益上缴公共财政比例，2020年提到30%，更多用于社会保障和改善民生。在国企改革进程中，全国人大应发挥积极作用，协调好改革和法治"两条腿"，突出问题导向，把控好改革的次序、节奏和力度。

（五）全面加大地方国企产权改革，纳入央企产权改革同样轨道

中央和地方国有资产的功能有区别。中央国有资本的主要功能是保障国家安全和实现战略目标，控制关系国民经济命脉的重要行业和关键领域、体现国有资本收益全民共享等。而地方国有资本功能更重要的是为地方提供公共服务以及发展重点产业促进地方经济发展，保障辖区居民公共福利和社会利益。

探索地方国企、中央企业双向重组，中央国有资本落脚点在于合理产业布局、国家核心竞争力。目前很多地方国企甚至是"政企合一"、政府附庸，要加大地方国有企业（包括各类投融资平台）改革力度，严格厘清政府与市场、社会的边界，纳入与央企产权改革的同样改革序列的轨道。实现政企分开、政资分开，实施清产、清资、清债及重组方案，有保有压，有进有退，进一步加大整合、产权改革力度。同样，地方国有企业改革过程中，要放宽市场准入、鼓励公平竞争，推动混合所有制、产权结构化，完善治理机制。

第九章　结论和讨论

第一节　结论

本书从历史和逻辑、法律和经济等多个视角，对产权理论进行了比较系统的研究，提出了产权结构化理论分析范式、框架。重点对公有制实现形式、结构化，以及公共产权改革的重要领域提出了相关思路和建议。本书整体上注重理论与现实的结合，得到如下结论。

1. 以往的产权观、公有制产权改革存在线性、静态及平面思维，本书提出了建立动态的、立体的产权结构化概念和思路。

任何产权条件都是历史的、具体的，马克思所有制理论、西方产权理论各有利弊。在运行层面，西方产权理论及其英、美、法系与现代产权的演进和发展契合度较高，但"以自然人为基础的微观产权主体"等狭隘的产权观或"市场原教旨主义"已经不能适应经济社会的发展。马克思所有制理论依然存在"归属＋权能"的所有权模式，在经济运行、微观基础层面有所局限。随着经济社会发展，产权沿着非物质化和权能裂变等多个维度组合演进，从强调"占有""归属"到以"利用""收益"为中心，最终形成多种权利的有机联结和均衡。产权结构化是指以所有权或各类权利为起点，各种权利进行不断裂变、流动、重组及衍生的过程，进而联结后呈现一种复杂的契约结构状态。这种产权结构化过程是一个动态界定、博弈，达到相对均衡的过程。

随着结构化程度加深，产权呈现一种立体化的网状、立体结构。产权的"社会化、聚合化、组织化"成为主要形态和发展趋势。这时，产权主体"人格化"、所有制属性趋于模糊，以往的"原子式""古典企业"思维已经无法适应金融化社会发展。结构化动力主要是基于风险或收益的度量，客观上可能增进市场效率、也可能进一步积累或放大风险。"产权清晰就是私有产权"是存疑的。实际上,产权只能相对清晰,产权结构化的动力机制也是促进产权不断清晰界定的博弈机制。经济的关联效应越来越强,产权结构化本身是一把"双刃剑",结构化程度过低或过高都存在风险,公私所有制都面临着进一步产权改革。

2. 公与私在博弈中融合与共进,所有制实现形式以产权结构化为支撑。

中西方对公私的认识均有其合理性,但也有局限性。中国过度"崇公抑私"会导致"公私两无"、缺乏社会自治和民主意识,但西方个人利益至上、以私制公会导致低效混乱、债台高筑和缺乏远见等。产权制度是市场经济最基本的制度,其中私人产权必不可少。在肯定私人产权的积极作用的同时,并不意味着把私人产权作用无限夸大。产权从"定分止争"向"物尽其用"转变,产权形态表现在股份制、共同基金或信托等方式上,财产本身"所有权"完全界定越来越难,公、私属性也相对模糊。公私对立的逻辑也需要进一步修正,私人产权必须得到尊重,公共产权也必须提高效率,抛开利益集团干扰,公私产权二者殊途同归。

公、私产权并非简单的对立关系,应是一个公平竞争、平等合作关系,需要在混合、协作过程中实现融合、共进。毋庸置疑,私人产权需逐步走向社会化、兼顾公共利益,公共产权也需要通过与私人产权融合、市场化机制来提高效率。具体是公多一点,还是私多一点,取决于所处的政治、经济、文化和法律等因素,也取决于最终的制度安排、竞争结果。公与私在公平的博弈、合作中可以走向融合、共进,最终提高自身收益,也间接实现了助力公共利益。公私所有制都面临着进一步产权改革。

随着经济金融化趋势,产权不完备性日益增强、效率稳定性变弱,通常会出现产权失效(property rights fall)或产权残缺现象。产权明晰难点在于同一物或多物(含无体物)而形成的多种财产主体的权责利界定,尤其是经济利益和行为权限的明晰,通常只能相对清晰,存在"剩余权"。经济金融化发展趋势下,在动态和不确定环境下,完全做到"产权明晰"非常困难或者不经济。产权明晰不是效率的充分条件,但是不可或缺的必备条件,最优产权是动态博弈下的暂时均衡,存在状态依存性。产权结构仅是组织效率一个关键影响因素,结构、治理及绩效这三者之间不是简单的线性决定关系，三者呈现闭环的相互作用、相互影响，更好的体现了博弈、均衡后对应的权责利。产权结构化要更关注组织治理机制及行为，重视宏观层面的公共治理机制、微观层面的公司治理。此外，应重视产权或权利的平等性与交易性、人力资本产权的激励和约束。

本书构建了闭环的相互影响，互为前提的产权结构化 SGP 耦合范式（Structuring 结构化——Governance 治理与行为——Performance 绩效）。在此基础上，区分"国有公产—国有私产"，提出了 SGPB（结构化——治理与行为——绩效——预算）耦合范式和分类改革框架，并以此作为公共产权改革逻辑和理论分析的重要框架。

所有制目的是社会属性层面，所有制实现形式是属于手段和工具，不能将目的和手段混同。私有产权高度结构化、发展到一定程度一样具有公共性，同样可能带来财政负担和公共风险。公共产权则面临着结构化不足、与市场经济结合机制僵化等问题。产权改革并不是特指私有化，一个有效的产权结构必须是最大程度降低外部性、交易成本，激励生产性投资而不是攫取租金。

适度加大产权结构化力度，通过相机治理机制安排，推动产权流动、融合，促进组织形式、经营模式的创新性和多样化，能更好提高绩效。产权改革就是要通过产权结构化，引入竞争、激发活力及激励相容，提高效率和竞争力，进一步促进所有制目的的实现。

3. 有效的公有制实现形式依托于公共产权结构化改革、落脚于公共产权制度构建。

以往的增量改革、渐进式改革的空间已经被大大压缩。我国产权改革的主要问题在于缺乏竞争、激励和"分权"。目前公有制范畴不仅包括国有企业，还包括各类公共资源，公有制不能只看静态的存量，更应注重流量管理和价值管理，注重产权的结构化效应及收益。公有制范畴远远超越国有企业，公有制要与市场经济结合，无疑地要进行改造，关键是在公有制的载体与主体改造、运行机制安排，即依托于公共产权改革。在公共产权领域，公共产权改革是社会主义与市场经济有机联系的桥梁，必须加大宏观产权及微观产权的结构化安排与改革，使公有制与市场经济兼容、并成为共同富裕的加速器。

本文基于 SGP 范式和"国有公产—国有私产"划分框架，提出了

SGPB（结构化—治理与行为—绩效—预算）的公共产权分类改革框架。在要素类、经营主体类公共产权领域，都应加大产权结构化力度，进一步完善"全面覆盖、权责分明的管理机制，平等竞争、激励兼容的市场机制，公平分享、和谐共富的预算及分配机制"这三大机制构建。公共产权制度的构建是经济效率、收益共享的制度性基础。

公共产权领域改革应以"兼容市场经济、降低公共风险、有助于共同富裕"为方向，在产权结构化基础上加大公共产权改革力度，有效衔接公共财政体制改革、政府体制改革。市场经济中私人产权和市场公平竞争机制是必不可少的，但同时也需要公共产权、公共财政以弥补市场失灵及社会公平正义问题。公共产权界定要相对清晰，产权行使更凸显公平竞争、规范利用，以更好地对接市场、融入市场，但收益分配上更为体现公共收益共享的直接性、公平性。同时，公共产权改革要注重主体多元、有效竞争和治理，运行上要注重商业模式、经营模式要创新，提高产权结构化程度。公共产权改革要重点实现三个分享：公私所有制应公平竞争以共赢分享市场，人力资本应充分激励以合理分享剩余权，公共产权收益应全口径纳入预算以为全民平等分享。

4. 以建立公开、透明、规范、完整的预算体制为目标，探索在公共财政框架下整合、重构建立公共产权预算体系，形成相对独立而又统筹协调衔接的全口径预算管理体系。

我国应坚守"分税制"方向，进一步完善政府间财政关系，构建分税、分租与分利相结合的财政管理体制。逐步建立基于权责发生制、涵盖政府资产负债表在内的政府综合财务报告体系，是改进预算管理制度的一个重要基础。可以考虑统一归集，形成公共产权预算，实现公共产权收入全覆盖。可考虑将部分公共财政预算中的非税收入、部分政府性基金预算项目调整出来，与国有资本经营预算合并为公共产权预算，形成包括政府公共预算、公共产权预算及社会保障预算的全口径政府"复式预算体系"。其中，政府公共预算应由一般预算、基金预算及债务预算构成，将政府性债务也纳入预算之中。在各项预算之间，应建立规范、明确与透明的资金往来渠道，也可能还需建立其他的特别预算或专门预算。在预算支出方面，让广大民众更大范围、更加直接、更加公平地分享公共产权带来的收益。在合理划分地方与中央事权基础上，有效统筹好"税权、公共产权、举债权"这三种权利，构建更为民生、法治及阳光的公共财政。

5. 基于 SGPB 框架，针对我国的农地、自然资源和国有企业等重点领域，应从体制、机制入手，在结构化力度、治理机制、运营效率及收益分配方面形成系统制度安排。

诸如产权界定不清晰、产权流转和交易受限制、产权收益分配不公平及产权保护不严格，是其普遍性问题。未来农地产权制度改革的方向是：坚持农地公有制性质不变为前提，在遵循规划和用途管制基础上，赋予农民个人更完整的产权，完善农地集体所有权和集体功能。应强化土地产权结构化、公共治理机制，使经营性建设用地由行政主导转为市场主导、公私合作主导，建立兼顾国家、集体及个人的土地增值收益分配机制。自然资源产权改革的重点应放在管理主体、产权主体的责权利重构上，应强化自然资源产权结构化、公共治理机制、公共利益保障和收益共享，协同好公法与私法，实现经济、生态及社会效益有机统一。此外，坚持分类改革、分类发展、差别监管、因企施策推进国企改革，产权结构化程度与相应的治理机制有差别，坚持增强活力与强化监管相结合，以管资本为主实行价值管理。通过界定功能、划分类别，采取差别化、针对性的产权结构化，改革手段和适宜的治理机制安排，实现国有资本布局优化、微观主体效率提升、全民收益更大程度共享。

总体上看，公共产权领域改革应在立法、产权界定和产权行使等方面与市场"对接"、提高其效率，同时完善政府间财政关系、预算分配机制，充分体现产权权益、公平分享性。公共产权改革也是当前我国全面改革深化的一个重要突破口，直接关系到"政府、市场、社会"三元良性互动、协同共治以及互融共促关系，也是健全社会主义市场经济、完善我国基本经济制度、财政预算体系的基础性理论和重要内容。

公共产权改革应注重良法善治、公私融合及改革创新。随着民主化、法治化及市场化改革步伐不断加快，公私所有制都应注重产权结构化改革，以竞争与效率导向，注重融合共进、治理机制完善。公共产权改革任务艰巨而复杂，应以区别对待、分类改革及差别监管的方式积极稳妥推进，注重创新（Innovation）、信息（Information）及激励（Incentives）等机制的运用。当前应统筹好、改革好"公共产权、税权、举债权"，理顺政府、市场及社会关系，使公有制更好与市场经济兼容、更好推动共同富裕，并更好促进经济社会健康、可持续发展。

第二节　研究的待改进之处

1. 产权的不完备性分析，产权结构化的正负效应评估、均衡点。从静态资产占有、成本角度而言，产权界定、产权实施是可以相对明晰。但从收益角度看，产权作为一种权利显然是不确定的，大都是动态变化的，与契约、合约的不完备性类似。如何区别应对产权静态、动态的不完备性，并降低不确定性是逻辑分析和定量的一个难点。此外，产权结构化的起始点通常与宏观产权制度安排、初始所有权权属相关，但是通过结构化后，初始占有权、制度属性下降、效率不确定性加大。结构化程度高或低均具有弊端，随着结构化程度加深，可导致收益增大，但可能造成风险成倍放大或多层次蔓延。如何有效平衡风险、利用其效率是具体操作过程中比较难以把握的，很难做定量、均衡分析。

此外，对于国有产权在国民经济的比重问题，仍很难定量分析。包括一些国有企业员工持股、混合所有制改革，到底占比多大合理？

2. 如何克服公共产权体系的分割性，形成体制机制的统一性安排及公共产权预算体系。公共产权涉及国有企业、非经营资产和自然资源等多个领域，法律、经济和社会等方面属性存在较大差异，如何形成中央与地方、各领域之间有机整合与协调？此外，如何体现现有公共财政预算框架中的公共产权（自然资源、国企等）预算合理性、公平性及有效性？尤其是自然资源的资源禀赋差异大、估价难情况下，如何在坚守"分税制"的同时，清晰、明确地界定及划分各级公共产权收益也是一个难点，这需要统筹协调财权、事权与产权。其中，一个基础性工作是建立基于权责发生制、涵盖政府资产负债表在内的政府综合财务报告体系，它是改进预算管理制度的一个重要基础，但是难度很大，需要局部到整体来逐步建立和完善。

以上这些问题都是在后续研究中需要关注的重点和进一步改进的地方。

参考文献

著 作

[1] ［美］巴泽尔:《产权的经济分析》,费方域、段毅才译,上海人民出版社 1997 年版。

[2] 陈弘:《从经典公有制到社会主义市场经济公有制:马克思主义所有制理论发展》,南开大学出版社 2012 年版。

[3] 程恩富:《西方产权理论评析》,当代中国出版社 1997 年版。

[4] 段文斌、陈国富、谭庆刚、董林辉:《制度经济学——制度主义与经济分析》,南开大学出版社 2003 年版。

[5] 费方域、蒋士成主编、译:《不完全合同、产权和企业理论》,上海人民出版社 2011 年版。

[6] 高德步:《产权与增长:论法律制度的效率》,中国人民大学出版社 1999 年版。

[7] 高培勇、杨志勇:《中国财政政策报告 2013/2014:将全面升化财税体制改革落到实处》,中国财政经济出版社 2014 年版。

[8] 葛扬:《经济转型期公有产权制度的演化与解释》,人民大学出版社 2009 年版。

[9] 胡川:《产业组织演进与产权制度变迁的关联研究》,武汉大学出版社 2007 年版。

[10] 华生:《中国改革:做对的和没做的》,东方出版社 2012 年版。

[11] 黄少安:《产权经济学导论》,经济科学出版社 2008 年版。

[12] 姜鑫民:《我国矿产资源产权制度改革:理论和实践》,中国经济出版社 2012 年版。

[13] 梁慧星:《中国物权法研究》,法律出版社 1998 年版。

［14］刘灿：《我国自然资源产权制度构建研究》，西南财经大学出版社 2009 年版。

［15］刘尚希：《公共风险视角下的公共财政》，经济科学出版社 2010 年版。

［16］［美］诺思著，杭行译：《制度、制度变迁与经济绩效》，格致出版社、上海人民出版社 1994 年版。

［17］汪丁丁：《经济发展与制度创新》，上海人民出版社 1995 年版。

［18］王利明：《物权法论》，中国政法大学出版社 1998 年版。

［19］［德］乌尔里希·贝克著，吴英姿、孙淑敏译：《世界风险社会》，南京大学出版社 2004 年版。

［20］吴易风、关雪凌等：《产权理论与实践》，中国人民大学出版社 2010 年版。

［21］严冰：《产权不完备性研究：兼论国有企业改革思路》，知识产权出版社 2011 年版。

［22］杨小凯、黄有光：《专业化与经济组织》，经济科学出版社 1999 年版。

［23］尹德洪：《产权理论及法律制度的经济学分析》，对外经济贸易大学出版社 2008 年版。

［24］［美］约瑟夫·E. 斯蒂格利茨著，周立群、韩亮、余文波译：《社会主义向何处去》，吉林人民出版社 1999 年版。

［25］岳福斌：《现代产权制度研究》，中央编译出版社 2007 年版。

［26］张军：《现代产权经济学》，上海三联书店、上海人民出版社 1994 年版。

［27］张维迎：《产权、激励与公司治理》，经济科学出版社 2005 年版。

［28］张维迎：《企业的企业家——契约理论》，上海三联书店、上海人民出版社 1995 年版。

［29］张维迎：《市场的逻辑》，上海大学出版社 2010 年版。

［30］张五常：《凭栏集》，香港壹出版公司 1991 年版。

［31］周其仁：《产权与制度变迁：中国改革的经验研究（增订本）》，北京大学出版社 2004 年版。

［32］［法］卢梭：《论人类不平等的起源和基础》，李常山译，商务印书馆 1982 年版。

［33］贾小雷：《公共产权收入问题研究》，中国人民大学出版社 2014 年版。

［34］冯兴元、毛寿龙：《经济、法律与公共政策的规则》，重庆大学出版社 2013 年版。

期刊论文

［35］陈学法：《公共产权条件下的管理问题与出路》，《经济管理》2005 年第 3 期。

［36］程淑娟：《论我国国家所有权的性质》，《法律科学》2009 年第 1 期。

［37］崔海蓉、何建敏、曹杰：《结构化金融产品国内外研究评述》，《经济问题探索》2012 年第 11 期。

［38］崔之元：《美国二十九州公司法变革的理论背景》，《经济研究》1996 年第 4 期。

［39］戴锦：《产权改革、竞争环境与政策工具：观照国企改革理论》，《改革》2013 年第 11 期。

［40］董君：《马克思产权理论的国内研究综述——兼与现代西方产权理论的比较》，《内蒙古财经学院学报》2010 年第 3 期。

［41］高梁：《垄断行业和国有企业改革》，《政治经济学评论》2010 年第 7 期。

［42］高文杰：《我国金融风险的量化分析》，《财经理论研究》2013 年第 5 期。

［43］郭凯明、张全升、龚六堂：《公共政策、经济增长与不平等演化》，《经济研究》2011 年第 2 期。

［44］贺建刚、刘峰：《产权、法律与公司治理》，《经济经纬》2007 年第 6 期。

［45］胡立法：《产权理论：马克思与科斯的比较中需要厘清的几个问题》，《毛泽东邓小平理论研究》2009 年第 2 期。

［46］籍吉生：《国家审计推进全口径预算管理制度的路径探析》，《审计研究》2013 年第 5 期。

［47］贾康、白景明：《中国地方财政体制安排的基本思路》，《财政研

究》2003 年第 8 期。

[48] 贾康、李全：《财政理论发展识踪——结合"公共财政"的点评》，《财政研究》2005 年第 8 期。

[49] 贾康、刘军民：《非税收入规范化管理研究》，《华中师范大学学报》2005 年第 3 期。

[50] 贾康、阎坤、傅志华：《落实科学发展观的公共收入制度与政策研究》，《财贸经济》2007 年第 1 期。

[51] 金俐：《对结构化金融模式的反思》，《上海金融》2009 年第 4 期。

[52] 李冬妍：《打造公共财政框架下全口径预算管理体系》，《财政研究》2010 年第 3 期。

[53] 李敬：《收入分配、劳动分工多重性及其制度创新》，《改革》2011 年第 10 期。

[54] 李实：《中国收入分配中的几个主要问题》，《探索与争鸣》2011 年第 4 期。

[55] 林岗、张宇：《产权分析的两种范式》，《中国社会科学》2000 年第 1 期。

[56] 林青松：《改革以来中国工业部门的效率变化及其影响因素分析》，《经济研究》1994 年第 10 期。

[57] 林毅夫、蔡昉、李周：《中国现代企业制度改革的轨迹和逻辑》，《经济研究》1997 年第 3 期。

[58] 林毅夫、李志赟：《政策性负担、道德风险与预算软约束》，《经济研究》2004 年第 2 期。

[59] 林毅夫、李志赟：《中国的国有企业与金融体制改革》，《经济学（季刊）》2005 年第 3 期。

[60] 林毅夫：《发展战略、自生能力和经济收敛》，《经济学》2002 年第 2 期。

[61] 刘宝明等：《论中西方产权研究的不同范式及产权残缺》，《清华大学学报》（哲学社会科学版）1999 年第 2 期。

[62] 刘浩：《论公有制经济效率的认识误区》，《财经研究》2004 年第 3 期。

[63] 刘尚希、杨良初、李成威：《优化公共收入结构：财政增收的重

要途径之一》，《杭州师范学院学报》（社会科学版）2005 年第 5 期。

［64］刘尚希：《财政改革的前瞻性思考》，《中国发展观察》2013 年第
　　　10 期。

［65］刘尚希：《分配改革：应重构国家、企业和居民三者关系》，《改
　　　革》2012 年第 12 期。

［66］刘尚希：《拓展经济改革的逻辑与思路》，《经济研究参考》2013
　　　年第 32 期。

［67］刘芍佳、李骥：《超产权论与企业绩效》，《经济研究》1998 年第
　　　8 期。

［68］刘天旭：《财政国家理论研究述评》，《上海行政学院学报》2008
　　　年第 3 期。

［69］刘伟、李风圣：《产权范畴的理论分歧及其与我国改革的特殊意
　　　义》，《经济研究》1997 年第 1 期。

［70］刘小玄：《中国工业企业的所有制结构对效率差异的影响——
　　　1995 年全国工业企业普查数据的实证分析》，《经济研究》2000 年第
　　　2 期。

［71］刘志广：《财政社会学视野下的财政制度变迁与社会经济转
　　　型——兼论 20 世纪末社会经济转型的实质及其发展趋势》，《经济与
　　　管理研究》2007 年第 2 期。

［72］马俊驹、梅夏英：《财产制度的历史评析和现实思考》，《中国社
　　　会科学》1999 年第 1 期。

［73］潘石、张晓刚：《产权范畴的多维解析与内涵新释》，《吉林大学
　　　社会科学学报》2009 年第 5 期。

［74］彭美玉、叶子龙、王成璋：《当代中国农村土地制度中的权力依
　　　附论》，《华东经济管理》2006 年第 2 期。

［75］戚聿东、范合君：《放松规制：中国垄断行业改革的方向》，《中
　　　国工业经济》2009 年第 4 期。

［76］祁志钢：《两大法系财产权概念比较研究》，《法制与社会》2011
　　　年第 6 期。

［77］冉昊：《论英美财产法中的产权概念及其制度功能》，《法律科学
　　　年——西北政法学院学报期》2006 年第 5 期。

［78］荣兆梓：《论公有产权的内在矛盾》，《经济研究》1996 年第

9 期。

[79] 宋冬林、金成晓：《论国有资本的人格化经营》，《经济研究》
1996 年第 5 期。

[80] 孙波：《公共资源治理理论研究的进展和评述》，《哈尔滨商业大
学学报》（社会科学版）2012 年第 4 期。

[81] 万举：《公共产权、集体产权与中国转型经济》，《财经问题研究》
2007 年第 5 期。

[82] 汪洋：《罗马法"所有权"概念的演进及其对两大法系所有权制
度的影响》，《环球法律评论》2012 年第 4 期。

[83] 汪丁丁：《产权博弈》，《经济研究》1996 年第 10 期。

[84] 王洪：《作为不完全契约的产权：一个注释》，《改革》2000 年第
5 期。

[85] 王建民、周滨：《资本中的人力资本》，《财经问题研究》1999 年
第 3 期。

[86] 王俊豪：《论深化中国垄断行业改革的政策思路》，《中国行政管
理》2009 年第 9 期。

[87] 王小鲁：《改善收入分配要靠制度改革》，《中国党政干部论坛》
2013 年第 3 期。

[88] 王晓阳：《重新审视土地出让金改革——一个国有产权和公共财
政的框架》，《当代财经》2007 年第 2 期。

[89] 王涌：《所有权概念分析》，《中外法学》2000 年第 5 期。

[90] 王中保：《企业公有性、效率与经济发展》，《当代经济研究》
2008 年第 6 期。

[91] 魏建国：《宪政民主制：支撑英国市场经济生成的制度根基——
以产权、市场、公共财政的发展为考察线索》，《南京大学法律评论》
2010 年秋季卷。

[92] 吴宣恭：《论法人财产权》，《中国社会科学》1995 年第 2 期。

[93] 吴易风：《不能让新制度经济学产权理论误导我国国有企业产权
改革》，《宏观经济研究》2004 年第 11 期。

[94] 吴易风：《产权理论：马克思和科斯的比较》，《中国社会科学》
2007 年第 2 期。

[95] 向显湖、钟文：《试论企业经营者股权激励与人力资本产权收

益》，《会计研究》2010 年第 10 期。

[96] 徐光东：《产权、法律与中国经济改革》，《政法论坛》2010 年第 1 期。

[97] 徐汉明：《论公有产权的新模式——农民土地持有产权制度研究》，《法学评论》2010 年第 4 期。

[98] 徐瑄：《财产年第权期及其交互性对价——马克思和科斯发现了什么》，《暨南学报》（哲学社会科学版）2013 年第 1 期。

[99] 颜鹏飞、刘会闯：《当代资本主义再认识：当代资本主义基本矛盾的新解读》，《理论学刊》2013 年第 9 期。

[100] 杨瑞龙、刘刚：《双重成本约束下的最优企业所有权安排——企业共同治理的经济学分析》，《经济学（季刊）》2002 年第 2 期。

[101] 杨瑞龙、陈放鸣：《马克思产权观与现代产权体系的渊源》，《中国特色社会主义研究》2000 年第 2 期。

[102] 杨瑞龙、杨其静：《专用性、专有性与企业制度》，《经济研究》2001 年第 3 期。

[103] 杨瑞龙、周业安：《一个关于企业所有权安排的规范性分析框架及其理论含义》，《经济研究》1997 年第 1 期。

[104] 姚洋、章奇：《中国工业企业技术效率分析》，《经济研究》2001 年第 10 期。

[105] 于鸿军：《产权与产权的起源——马克思产权理论与西方产权理论比较研究》，《马克思主义研究》1996 年第 6 期。

[106] 余能斌、范中超：《所有权社会化的考察与反思》，《法学》2002 年第 1 期。

[107] 袁铖：《国外农村土地产权制度变迁及启示》，《经济与管理论丛》2006 年第 3 期。

[108] 袁绪程：《公有制的缺陷呼唤产权改革——超越公有与私有之争》，《改革内参》2006 年第 19 期。

[109] 苑广睿：《政府非税收入的理论分析与政策取向》，《财政研究》2007 年第 4 期。

[110] 张曙光、程炼：《复杂产权论和有效产权论——中国地权变迁的一个分析框架》，《经济学》2012 年第 4 期。

[111] 张维迎：《所有制、治理结构和委托—代理关系——兼评崔之元

和周其仁的一些观点》，《经济研究》1996 年第 9 期。

[112] 张文魁、熊志军、李曙光、杜珂：《国企改革再上路》，《中国改革》2010 年第 10 期。

[113] 张昕竹：《论垄断行业改革的理论基础》，《经济社会体制比较（双月刊）》2011 年第 3 期。

[114] 张昭俊、马若驰：《"共同治理"逻辑下的企业剩余收益问题研究》，《科学管理研究》2011 年第 3 期。

[115] 张志华、陆逊：《两次国企改革争论的比较与反思》，《财经科学》2005 年第 1 期。

[116] 张卓元：《垄断行业改革任重道远》，《当代财经》2011 年第 8 期。

[117] 赵海怡、李斌：《"产权"概念的法学辨析——兼大陆法系与英美法系财产法律制度之比较》，《制度经济学研究》2003 年第 2 期。

[118] 甄红伦：《区域性国有资产监管与运营初探》，《上海国资》2004 年第 6 期。

[119] 甄红线：《结构化金融产品发展现状分析》，《金融教学与研究》2010 年第 6 期。

[120] 周其仁：《公有制企业的性质》，《经济研究》2000 年第 11 期。

[121] 周其仁：《市场里的企业：一个人力资本与非人力资本的特别合约》，《经济研究》1996 年第 6 期。

[122] 邹东涛、马骁：《新制度经济学视角下我国政府间财政关系及路径选择》，《深圳大学学报（人文社会科学版）》2013 年第 4 期。

[123] 陈富良：《垄断行业的效率、改革与规制重构——转型经济中的经验与教训研讨会观点综述》，《中国工业经济》2009 年第 12 期。

[124] 陈建兵、王宏波：《论产权社会化与产权明晰化》，《经济社会体制比较》2008 年第 4 期。

[125] 朴勤：《公共信托、国家所有权与自然资源保护：美国经验与中国发展》，《科学社会主义》2013 年第 6 期。

[126] 李培锋：《英美信托财产权难以融入大陆法物权体系的根源》，《环球法律评论》2009 年第 5 期。

[127] 于海涌：《论信托财产的所有权归属》，《中山大学学报》（社会科学版）2010 年第 2 期。

［128］吴汉东：《论财产权体系》，《中国法学》2005 年第 2 期。

［129］钱弘道：《法律的经济分析工具》，《法学研究》2004 年第 4 期。

［130］丁以升：《法律经济学的意义、困境和出路》，《政治与法律》2004 年第 4 期。

［131］李立新、柴丽杰：《我国信托财产所有权归属问题研究——从法经济学角度的分析》，《金融与经济》2013 年第 5 期。

［132］简新华：《为什么我国实行土地私有化是有害的》，《红旗文稿》2013 年第 19 期。

［133］徐光东：《产权、法律与中国经济改革》，《政法论坛》2010 年第 1 期。

［134］钟杰：《从"公有制"到"共有制"：实现中国信托价值的理论探讨》，《西南金融》2013 年第 5 期。

［135］吴卫星：《论自然资源公共信托原则及其启示》，《南京社会科学》2013 年第 8 期。

［136］张一鸣：《自然资源国家所有权及其实现》，《人民论坛》2014 年第 1 期。

［137］王克稳：《论国有资产的不同性质与制度创设》，《行政法学研究》2009 年第 1 期。

［138］张力：《所有权社会化对国家所有权制度的适用性》，《改革与战略》2011 年第 10 期。

［139］王卫国：《现代财产法的理论建构》，《中国社会科学》2012 年第 1 期。

［140］刘剑文、王桦宇：《公共财产法的概念及其法治逻辑》，《中国社会科学》2014 年第 8 期。

［141］赵旭东：《公司法人财产权与公司治理》，《北方法学》2008 年第 1 期。

［142］税兵：《自然资源国家所有权双阶构造说》，《法学研究》2013 年第 5 期。

［143］王旭：《论自然资源国家所有权的宪法规制功能》，《中国法学》2013 年第 6 期。

［144］陈婉玲：《公私合作制的源流、价值与政府责任》，《上海财经大学学报》2015 年第 5 期。

［145］周冰：《市场经济发展和产权制度的公私观念比较》，《天津社会科学》2012 年第 5 期。

［146］包路芳、徐平：《公私分野与道路自信》，《科学社会主义（双月刊)》2014 年第 6 期。

［147］唐清利、何真：《私有财产权的比较研究》，《北京行政学院学报》2005 年第 6 期。

［148］关晓丽、刘威：《从"崇公抑私"到"尚公重私"》，《道德与文明》2009 年第 2 期。

［149］刘中建：《"大公无私"与"公私两无"———对中国传统"崇公抑私"政治思维方式的反思》，《山东大学学报》2008 年第 4 期。

［150］赵世勇、陈其广：《产权改革模式与企业技术效率———基于中国制造业改制企业数据的实证研究》，《经济研究》2007 年第 11 期。

［151］金碚、刘戒骄：《美国的国有企业治理及其对中国的启示》，《经济管理》2004 年第 16 期。

［152］王彤：《世界各国国有资产管理体制比较》，《经济与管理研究》2006 年第 6 期。

［153］李俊江、史本叶：《美国国有企业发展及其近期私有化改革研究》，《吉林大学社会科学学报》2006 年第 1 期。

［154］朱冬亮：《村庄社区产权实践与重构：关于集体林权纠纷的一个分析框架》，《中国社会科学》2013 年第 11 期。

［155］谭荣、曲福田：《中国农地发展权之路：治理结构》，《改革代替产权结构改革》，《管理世界》2010 年第 6 期。

［156］李新春、苏琦、董文卓：《公司治理与企业家精神》，《经济研究》2006 年第 2 期。

［157］白重恩、刘俏、陆洲、宋敏、张俊喜：《中国上市公司治理结构的实证研究》，《经济研究》2005 年第 2 期。

［158］宋洪远、高强：《农村集体产权制度改革轨迹及其困境摆脱》，《改革》2015 年第 2 期。

［159］王朝明、李中秋：《关于当前国有企业改革的几个问题》，《当代经济研究》2015 年第 3 期。

［160］张玲：《基于收入流动性视角的国民收入倍增研究》，《管理观察》2013 年第 34 期。

［161］王洪亮、刘志彪、孙文华、胡棋智：《中国居民获取收入的机会是否公平：基于收入流动性的微观计量》，《世界经济》2012 年第 1 期。

［162］冉昊：《两大法系法律实施系统比较——财产法律的视角》，《中国社会科学》2006 年第 1 期。

学位论文

［163］方涌：《规则变迁与国企经营者行为——基于博弈的分析》，博士学位论文，重庆大学，2009 年。

［164］费章凤：《国有资产营运机构治理模式的研究》，博士学位论文，上海交通大学，2005 年。

［165］顾钰民：《马克思主义制度经济学》，博士学位论文，上海财经大学，2000 年。

［166］胡莉琳：《以知识产权出资方式选择为视角》，博士学位论文，华东政法大学，2012 年。

［167］黄萍：《自然资源使用权制度研究》，博士学位论文，复旦大学，2012 年。

［168］黄善明：《企业劳动契约剩余研究》，博士学位论文，四川大学，2005 年。

［169］晋入勤：《企业国有产权交易法律制度创新论》，博士学位论文，华东政法大学，2010 年。

［170］孔有利：《农村城镇化进程中农村集体经济组织产权制度变迁》，博士学位论文，南京农业大学，2004 年。

［171］李斌：《经济发展与贸易区域化：一个新兴古典理论框架及其启示》，博士学位论文，西北大学，2002 年。

［172］刘宛晨：《新制度经济学视角下的公有产权变革公平与效率问题研究》，博士学位论文，湖南大学，2005 年。

［173］彭成洪：《公共财政框架下的经营性的国有资产管理研究》，博士学位论文，武汉华中科技大学，2003 年。

［174］邱爽：《产权、创新与经济增长——基于知识产权与人力资本产权的分析视角》，博士学位论文，西南财经大学，2008 年。

[175] 史言信：《国有资产产权：中央与地方关系研究》，博士学位论文，江西财经大学，2008 年。

[176] 苏平：《知识产权变动模式研究》，博士学位论文，重庆大学，2011 年。

[177] 孙彬彬：《农户参与分享土地市场化收益的机制研究》，博士学位论文，复旦大学，2009 年。

[178] 陶银球：《市场化条件下我国农地产权制度研究》，博士学位论文，中南大学，2011 年。

[179] 王万山：《自然资源混合市场机制及其优化研究——兼论中国自然资源混合市场建设》，博士学位论文，复旦大学，2003 年。

[180] 王希：《国有企业改革与最优产权安排》，博士学位论文，华中科技大学，2009 年。

[181] 魏纪泳：《多元利益主体共同治理机制研究》，博士学位论文，中国科学技术大学，2006 年。

[182] 吴民许：《无体财产保护的制度变迁和理论演进——以知识产权为主要视角》，博士学位论文，中国政法大学，2007 年。

[183] 严正：《国有企业退出方式研究》，博士学位论文，华中科技大学，2012 年。

[184] 张国宝：《市值管理机制设计研究》，博士学位论文，中国海洋大学，2010 年。

[185] 张瑞琰：《国有资本经营预算性质与管理研究》，博士学位论文，西南财经大学，2008 年。

[186] 张晓刚：《产权的社会化选择与公有制实现：兼论产权流通价值的经济学意义》，博士学位论文，吉林大学，2007 年。

[187] 郑财贵：《农地产权制度建设研究》，博士学位论文，西南大学，2010 年。

[188] 周山清：《公共财政与国有资产监管研究》，博士学位论文，西南财经大学，2006 年。

外国文献

[189] Birks，P. The Roman concept of dominium and idea of absolute own-

ership". ActaJuridica, 1986.

[190] Chuang, Stenven. "the Contractual Nature of the Firm". Journal of Law and Economics, 1983, 26 (1): 1 – 21.

[191] Grossman, S. and J. Moore. "the costs and benefits of ownership: a theory of vertical and lateral integration". Journal of Political Economy, 1986, 94.

[192] H art, O. D. Firm s, Contracts and Financial Structure. Clarendon Press. Oxford. 1995b: 15 – 73.

[193] Heller, Michael A. The tragedy of the anticommons: property in the transition from Marx to Market. Harvard Law Review, 1998 (111): 621 – 688.

[194] Hart, O, J. Moore . Property rights and the nature of the firm". Journal of Political Economy, 1990 (98) .

[195] Svensson, Jakob. Investment, Property Rights and Political In stability: Theory and Evidence. European Economic Review. 1998 (42): 1317 – 13.

[196] H. I. GROSSMAN. The cneation of Effective Property Rights. American Economic Review, 2001 (91): 347 – 352.